Tout su

iPad mini

POUR LES NULS

Paul Durand Degranges

FIRST
> Interactive

Tout sur mon iPad mini pour les Nuls

Éditions First-Gründ
60, rue Mazarine
75006 Paris - France
Tél. 01 45 49 60 00
Fax 01 45 49 60 01
Courriel : firstinfo@efirst.com
Internet : www.editionsfirst.fr

ISBN : 978-2-7540-4930-6
Dépôt légal : janvier 2013
Mise en page : MADmac

Sommaire

Présentation

Bienvenue dans *Tout sur mon iPad mini pour les Nuls* ! Grâce à cet ouvrage, vous saurez tout sur votre tablette.

Devenir un expert

Que vous soyez un débutant ou un utilisateur déjà expérimenté, vous trouverez dans cet ouvrage les réponses à toutes les questions que vous vous posez sur l'iPad mini.

Vous apprendrez à démarrer dans l'utilisation et les manipulations quotidiennes ou plus avancées, et à personnaliser et protéger votre iPad mini.

Des questions et surtout des réponses

Cet ouvrage est conçu pour vous apporter des réponses. Il est présenté sous la forme de tâches ou de questions/réponses. Vous trouverez les informations nécessaires lorsque vous en aurez besoin.

Que faire lors du premier démarrage ? Comment déverrouiller l'iPad mini ? Comment débloquer un programme ? Comment envoyer des courriels ? Voici des exemples de questions auxquelles vous trouverez une réponse dans *Tout sur mon iPad mini pour les Nuls*.

Des tâches simples et illustrées

Dans chacun des thèmes abordés, chacune des réponses de *Tout sur mon iPad mini pour les Nuls* propose des procédures ou des solutions claires.

Les captures d'écran illustrant chacune des explications permettent de repérer les zones concernées par les manipulations. Vous êtes ainsi guidé dans la mise en œuvre des solutions proposées.

Organisation de l'ouvrage

Le *chapitre 1* offre un ensemble de manipulations à connaître absolument, que vous soyez un novice ou un utilisateur aguerri de l'iPad mini.

Le *chapitre 2* vous apprendra à utiliser votre iPad mini au quotidien.

Le *chapitre 3* indique comment personnaliser et protéger l'iPad mini, mais aussi comment le débloquer en cas de problème.

Le *chapitre 4* est consacré à l'exploration du Web et les *chapitres 5* et *6* respectivement aux emails et aux messageries instantanées et solutions de téléphonie offertes par l'iPad mini.

Au *chapitre 7*, vous découvrirez comment l'iPad mini permet d'accéder aux réseaux sociaux, en particulier Twitter et Facebook.

Ensuite, place au multimédia. Le *chapitre 8* est consacré à la photographie et la vidéo avec l'iPad mini. Le *chapitre 9* présente la musique. Le *chapitre 10* explique comment visionner des vidéos. Avec le *chapitre 11*, vous allez apprendre à lire des livres électroniques sur votre iPad mini.

Grâce au *chapitre 12*, vous allez apprendre à vous orienter et à rechercher des adresses sur un plan.

Les *chapitres 13* et *14* présentent des applications pour vous organiser et gérer votre emploi du temps et vos contacts. Le *chapitre 15* présente quelques applications utiles, dont certaines ne sont pas livrées par défaut avec l'iPad mini.

Enfin, le *chapitre 16* passe en revue l'ensemble des réglages de l'iPad mini et le *chapitre 17* indique comment synchroniser votre iPad mini.

Si vous avez besoin de conseils ou si vous avez une question à propos d'un élément qui manque dans cet ouvrage, n'hésitez pas à me contacter par courriel :

`paul.durand-degranges@wanadoo.fr`.

Bonne lecture !

L'iPad mini en un coup d'œil

1. Caméra FaceTime
2. Bouton principal
3. Prise jack pour brancher un casque audio (ou un casque audio avec micro) ou de petites enceintes
4. Marche/Arrêt - Veille/Éveil
5. Haut-parleurs
6. Silencieux/Verrou de rotation
7. Volume +/-
8. Connecteur Lightning
9. Appareil photo/caméra arrière

Gestes de base

Toucher ou **Taper** ▶ Toucher la surface de l'écran pour effectuer une opération équivalente à un clic. Vous touchez, par exemple, un bouton, une icône ou une touche de clavier.

Pincer et **Écarter** ▶ Vous placez le pouce et l'index (ou le pouce et le majeur si vous trouvez cela plus pratique) sur l'écran. Lorsque vous écartez les doigts, vous effectuez un zoom avant (vous agrandissez ce qui est affiché à l'écran) et lorsque vous pincez les doigts, vous faites un zoom arrière (vous réduisez la taille de ce qui est affiché à l'écran).

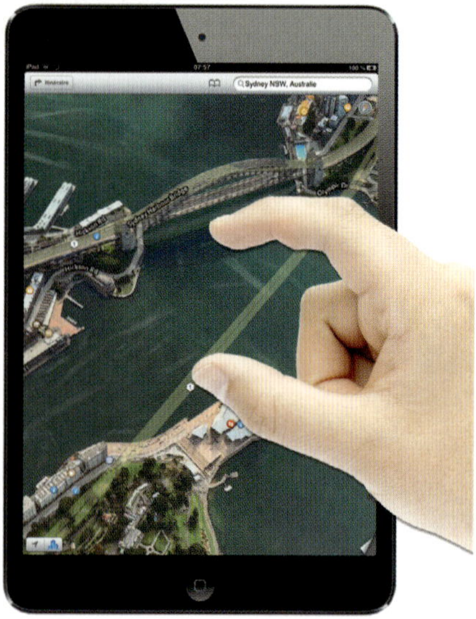

NOTE Vous modifiez le zoom uniquement avec certaines applications, par exemple, **Photos** (pour regarder les photos) ou **Safari** (pour naviguer sur le Web).

Glisser ▶ Posez votre doigt sur l'écran et faites-le glisser dans la direction où vous souhaitez déplacer l'élément sous votre doigt. C'est utile, par exemple, pour faire glisser le curseur permettant de déverrouiller l'iPad mini. Vous pouvez aussi faire glisser le contenu affiché à l'écran, par exemple, pour déplacer la carte dans l'application **Plans**.

Donner une pichenette ▶ Vous donnez une pichenette sur l'écran dans la direction où vous souhaitez faire défiler le contenu. Vous touchez l'écran pour arrêter le défilement.

Changer d'orientation ▶ Lorsque vous faites pivoter votre iPad mini, le contenu pivote automatiquement. Vous avez la possibilité de bloquer le changement automatique d'orientation afin d'éviter les modifications intempestives.

Gestes pour le multitâche

Accéder à l'écran d'accueil ▶ Pincez l'écran avec quatre ou cinq doigts pour réduire l'application au premier plan et afficher les icônes de l'écran d'accueil.

Afficher la barre multitâche ▶ Faites glisser quatre ou cinq doigts vers le haut pour révéler la barre multitâche. Faites glisser vers le bas pour masquer la barre multitâche.

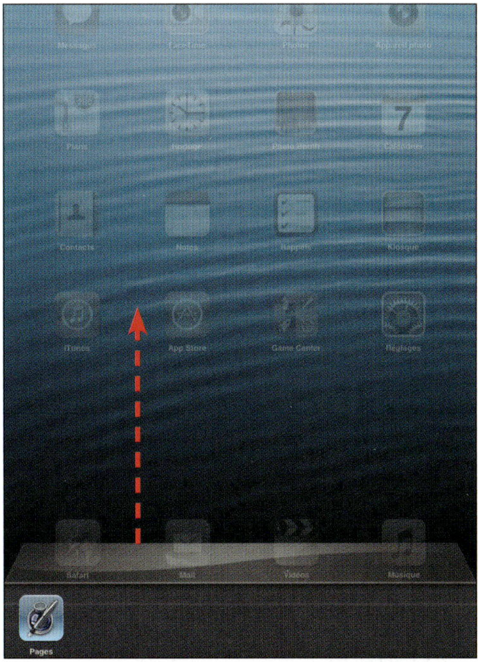

Faire défiler les applications ▶ Faites glisser quatre ou cinq doigts vers la droite ou la gauche pour passer d'une application à l'autre.

Chapitre 1

À savoir absolument

Dans ce chapitre :

- Effectuer le premier démarrage de l'iPad mini
- Mettre en marche l'iPad mini et le déverrouiller
- Mettre en veille manuellement l'iPad
- Régler le volume et choisir les alertes
- Régler les sons
- Choisir un réseau Wi-Fi
- Se connecter à un hotspot
- Désactiver l'accès à Internet
- Verrouiller l'orientation de l'écran
- Quelles sont les applications fournies avec l'iPad mini ?
- Obtenir les applications conseillées par Apple
- Démarrer une application
- Utiliser la barre multitâche
- Arrêter une application
- Qu'est-ce que le mode avion ?
- Éteindre l'iPad
- Forcer le redémarrage de l'iPad
- Recharger l'iPad

Dans ce chapitre, vous découvrirez tout ce qu'il est nécessaire de savoir à propos de votre iPad mini : l'initialisation lors du premier démarrage, mais surtout toutes les manipulations quotidiennes.

Effectuer le premier démarrage de l'iPad mini

Le premier démarrage de votre iPad mini est particulier : vous allez devoir l'activer et configurer certaines options.

> **NOTE** Si vous possédez un modèle qui se connecte au réseau cellulaire, insérez la carte SIM dans le tiroir prévu à cet effet (si la carte ne s'y trouve pas déjà). Consultez également la documentation fournie par votre opérateur pour trouver le code PIN (généralement le 0000). Attention, si vous saisissez trois fois de suite un code incorrect, l'iPad mini sera bloqué. Vous devrez contacter votre service client pour le débloquer à l'aide d'un autre code, appelé code PUK.

Configurer l'iPad mini

1 Si un écran s'affiche et vous demande de déverrouiller l'iPad mini (en plusieurs langues), placez votre doigt sur le bouton avec la flèche, puis faites glisser votre doigt vers la droite.

2 Dans l'écran suivant, choisissez votre langue (si nécessaire, touchez l'élément avec la flèche vers le bas pour afficher la totalité de la liste des langues). Une coche s'affiche en regard de la langue choisie. Touchez la flèche, en haut à droite de l'écran, pour passer à l'écran suivant.

3 Choisissez ensuite votre pays. Touchez **Autre...** s'il ne s'affiche pas dans la liste. Touchez ensuite **Suivant** (en haut à droite).

4 Dans l'écran réseau Wi-Fi, choisissez votre réseau Wi-Fi et, si nécessaire, saisissez le mot de passe pour vous connecter au réseau. Touchez **Suivant** lorsque vous êtes connecté au réseau. Un écran s'affiche vous demandant de patienter le temps de l'activation de votre iPad.

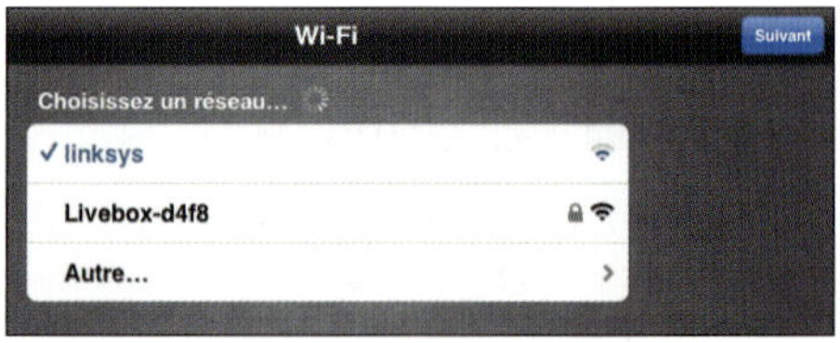

> **NOTE** Si vous n'avez pas accès à un réseau Wi-Fi, choisissez **Se connecter à iTunes**. Vous devez alors connecter votre iPad mini à un ordinateur (Mac ou PC) et démarrer iTunes (s'il ne se lance pas seul à la connexion) pour activer votre iPad.

5 Dans l'écran suivant, indiquez si vous souhaitez activer ou non la localisation. Il est conseillé de l'activer pour pouvoir utiliser confortablement les applications qui offrent ce service (par exemple, pour vous localiser sur l'application Plans). Touchez **Suivant** pour continuer.

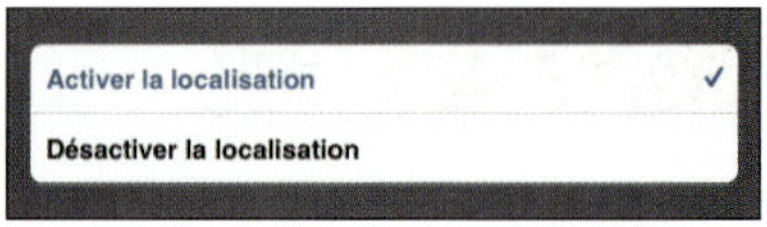

6 Indiquez ensuite si vous souhaitez utiliser votre iPad mini comme nouvel iPad ou si vous souhaitez récupérer une sauvegarde à l'aide d'iTunes ou iCloud. Faites votre choix puis touchez **Suivant**. (Pour la suite, nous choisissons **Comme nouvel iPad**.)

7 Indiquez ensuite si vous avez un identifiant Apple ou si vous souhaitez en créer un. Suivez les écrans suivants pour vous identifier ou pour créer votre nouvel identifiant.

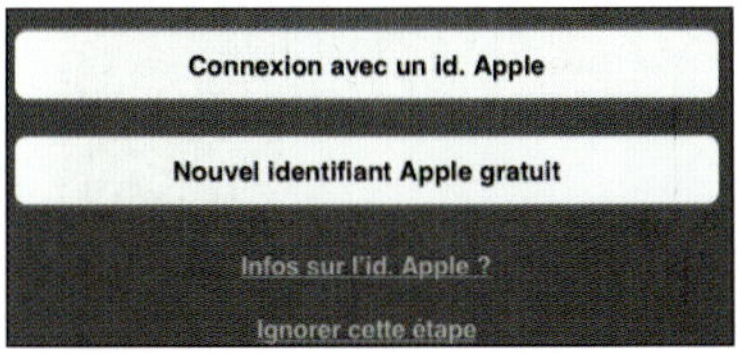

NOTE

Si vous le souhaitez, vous pouvez ignorer cette étape en touchant le lien correspondant.

8 Une fois votre identifiant configuré, un écran vous propose d'utiliser iCloud. Le service gratuit vous permet d'accéder à 5 Go de stockage en ligne et à une adresse de courriel. Il est conseillé d'en profiter. Touchez **Suivant**, lorsque vous avez fait votre choix.

9 Indiquez si vous souhaitez effectuer les sauvegardes de votre iPad mini sur iCloud ou sur votre ordinateur. Si vous choisissez sur votre ordinateur, vous devrez synchroniser votre iPad mini à votre ordinateur pour effectuer ces sauvegardes. Si vous choisissez iCloud, les sauvegardes se feront automatiquement lorsque vous serez connecté par Wi-Fi à Internet. Touchez **Suivant** pour continuer la configuration.

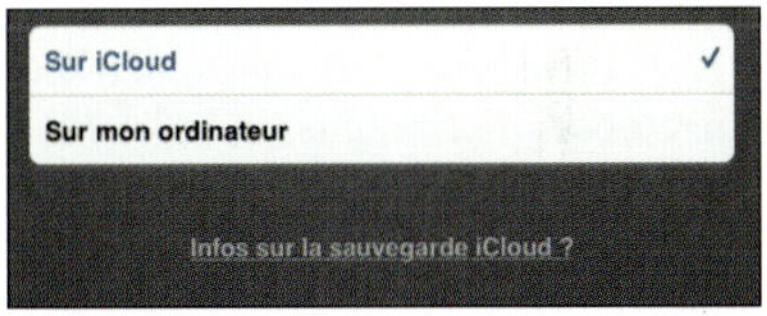

10 La fonction **Localiser mon iPad** vous permet de retrouver votre iPad mini si celui-ci est connecté à un réseau. Vous pourrez afficher un message sur l'iPad, émettre un son, le verrouiller par code ou l'effacer à distance. Vous pourrez même le localiser sur un plan. Touchez **Suivant**.

11 Si vous avez configuré un compte iCloud existant, l'assistant d'installation peut vous demander de spécifier les adresses utilisées pour iMessages et Facetime. Touchez les adresses pour placer ou retirer les coches. Vous cochez les adresses à utiliser sur votre iPad.

12 Indiquez si vous souhaitez utiliser Siri pour utiliser la commande vocale et dicter du texte. Faites votre choix, puis touchez **Suivant**.

NOTE

Apple vous demande explicitement d'activer ou non certaines fonctionnalités qui peuvent être considérées comme intrusives dans la vie privée. Vous pouvez activer ces fonctionnalités sans craindre pour votre vie privée.

13. Indiquez si vous souhaitez envoyer ou non des informations de diagnostic à Apple, puis touchez **Suivant**.

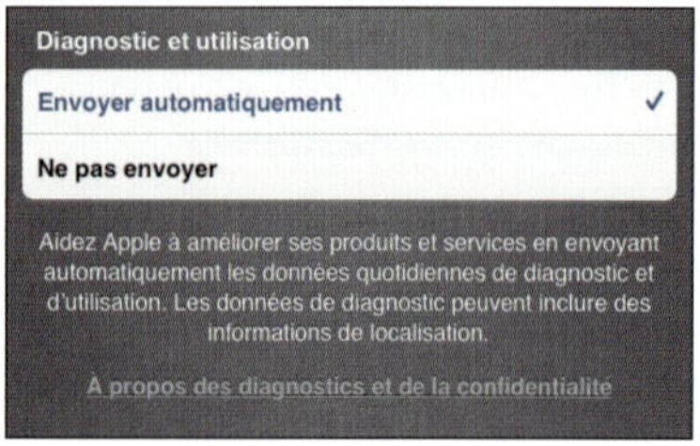

14. Un écran vous indique que la configuration est terminée. Touchez **Commencer à utiliser l'iPad**.

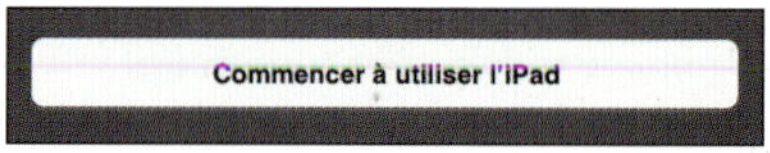

15. L'écran d'accueil de l'iPad mini s'affiche.

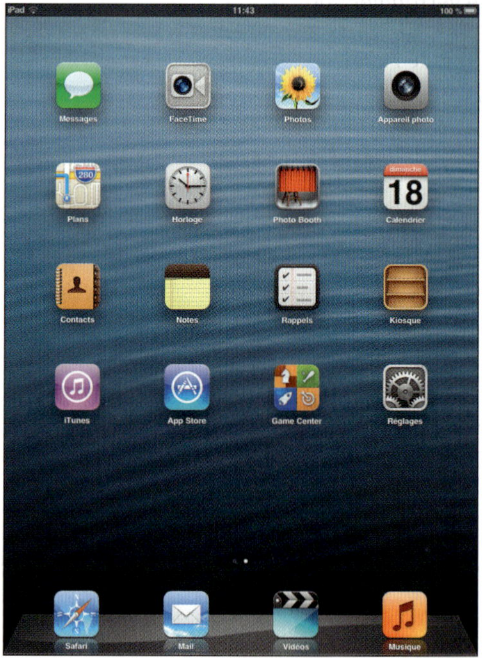

Mettre en marche l'iPad mini et le déverrouiller

Pour mettre en marche l'iPad, appuyez sur le bouton de démarrage jusqu'à ce que le logo d'Apple s'affiche à l'écran.

NOTE

Si vous possédez un modèle contenant une carte SIM pour vous connecter au réseau téléphonique cellulaire, il peut être nécessaire de saisir votre code PIN lorsque vous mettez l'iPad mini en marche.

Par défaut, l'iPad mini passe en veille et il se verrouille automatiquement au bout de deux minutes. Pour le déverrouiller, procédez comme suit :

1. Appuyez sur le bouton principal ou sur le bouton **Veille/Éveil**.
2. Sur l'écran qui s'affiche, faites glisser le curseur **Déverrouiller** vers la droite.

3. L'écran d'accueil s'affiche.

Verrouiller manuellement l'iPad mini

Vous pouvez verrouiller votre iPad mini à tout instant, sans attendre qu'il se verrouille automatiquement. C'est pratique pour éteindre l'écran et économiser la batterie. Vous prendrez très certainement l'habitude de verrouiller votre iPad mini manuellement. Pour cela, appuyez sur le bouton **Veille/ Éveil** de l'iPad.

Pour déverrouiller l'iPad, consultez la section précédente.

NOTE

Vous pouvez régler la durée avant que l'iPad mini passe automatiquement en veille. Pour cela, touchez **Réglages** ▶ **Général** ▶ **Verrouillage auto.** Choisissez la durée souhaitée ou **Jamais** pour empêcher que l'iPad mini passe en veille automatiquement.

Régler le volume et choisir les alertes

❶ Utilisez les boutons sur le côté droit de l'iPad mini pour régler le volume sonore. Lorsque vous écoutez de la musique ou regardez une vidéo, les boutons servent à régler le volume sonore. Lorsque vous êtes sur l'écran d'accueil, les boutons servent à régler le volume des alertes (sauf si vous avez désactivé cette fonction).

❷ L'interrupteur sur le côté droit permet de couper le son de l'iPad mini (sauf si vous avez configuré le bouton pour qu'il permette de bloquer l'écran de l'iPad mini afin d'éviter qu'il pivote automatiquement).

NOTE

L'iPad mini n'offre pas de vibreur. Lorsque vous coupez le son, vous n'entendez pas de sonnerie, ni de vibration.

Régler les sons

1 Touchez l'icône **Réglages** sur l'écran d'accueil.

2 Dans la page qui s'affiche, touchez **Sons** et dans la colonne de droite, utilisez les différentes commandes.

3 Réglez le volume sonore de la sonnerie et des alertes en faisant glisser le curseur.

4 L'interrupteur **Utiliser les boutons** permet d'activer ou de désactiver le réglage du volume des alertes à l'aide des boutons, lorsque vous affichez l'écran d'accueil.

5 Pour changer les sons de chaque type d'alerte, touchez l'alerte souhaitée, puis choisissez un son. Lorsque vous touchez un son, vous l'entendez sur l'iPad.

6 Si vous avez des sonneries personnalisées, vous les trouvez au début de la liste. Une barre horizontale les sépare des sonneries livrées avec l'iPad.

7 Vous pouvez toucher **Store** pour afficher la page des sonneries sur l'iTunes Store afin d'acheter de nouvelles sonneries.

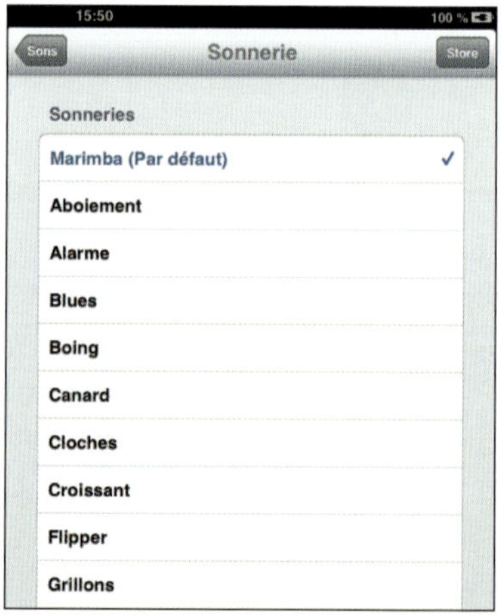

Choisir un réseau Wi-Fi

Pour accéder aux réglages du Wi-Fi, touchez **Réglages ▶ Wi-Fi** (l'icône Réglages sur l'écran d'accueil, puis l'élément **Wi-Fi** dans la colonne de gauche).

- L'interrupteur **Wi-Fi** permet d'activer le Wi-Fi ou de le désactiver. Lorsque le Wi-Fi est activé, l'iPad mini actualise à intervalles réguliers la liste des réseaux Wi-Fi disponibles.
- Un réseau arborant un cadenas est un réseau protégé par un mot de passe. S'il n'y a pas de cadenas, vous pouvez, dans certains cas, accéder au réseau sans mot de passe, mais parfois il s'agit de hotspots qui vous permettent d'accéder à Internet après vous être identifié sur une page Web (souvent en payant). Pour plus d'informations, consultez la section suivante « Se connecter à un hotspot ».

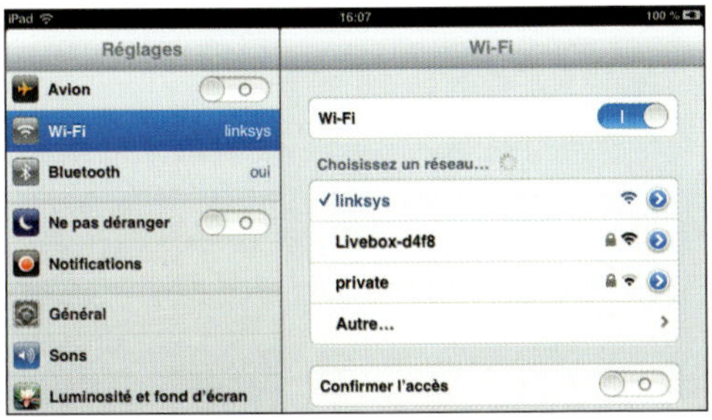

> **NOTE** Vous ne parvenez pas à trouver le réseau Wi-Fi auquel vous souhaitez vous connecter et vous êtes certain que celui-ci est en état de marche ? Désactivez le Wi-Fi sur votre iPad, puis redémarrez-le pour réinitialiser la recherche. Si cela ne fonctionne toujours pas, vérifiez que vous êtes suffisamment proche de votre box ou routeur Wi-Fi.

- Pour vous connecter à votre réseau Wi-Fi (si vous ne l'avez pas fait lors du premier démarrage), touchez le nom de votre réseau (ce nom est indiqué sur votre box ou sur votre routeur Wi-Fi), puis saisissez le mot de passe (qui est aussi indiqué sur la boîte de la documentation de votre box). Touchez ensuite **Rejoindre**.

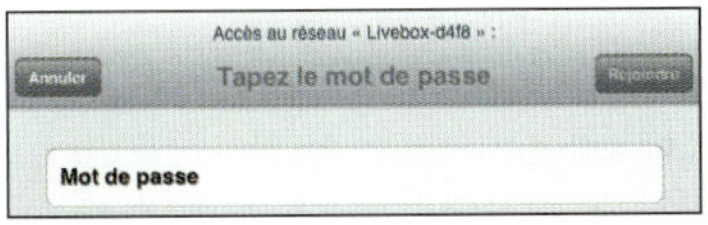

-  Lorsque vous êtes connecté à un réseau Wi-Fi, l'icône Wi-Fi s'affiche à gauche de la barre d'état, en haut de l'écran. La force du signal est indiquée par le nombre d'arcs de cercle qui s'affichent clairement.
- L'interrupteur **Confirmer l'accès** permet d'activer ou de désactiver une fonction à la fois pratique et ennuyeuse. En effet, si vous vous déplacez souvent avec votre iPad, lorsque la fonction est activée, un message s'affiche chaque fois qu'un nouveau réseau est trouvé afin que vous puissiez vous y connecter. Or, dans la majorité des cas, il faut un mot de passe pour se connecter à un réseau et par conséquent ces messages deviennent plus ennuyeux que pratiques.
- Lorsque vous êtes à proximité d'un réseau connu, votre iPad mini se connecte automatiquement. Si vous ne souhaitez plus vous connecter à un réseau connu, cliquez sur la flèche en regard du réseau, puis dans le nouveau volet qui s'affiche, touchez **Oublier ce réseau**.

Se connecter à un hotspot

Vous êtes en déplacement chez des proches, vous pouvez vous connecter à leur réseau Wi-Fi en utilisant la même procédure que celle décrite précédemment. Si vous souhaitez vous connecter au Wi-Fi d'un lieu public, il existe plusieurs cas de figure :

- L'accès est gratuit (dans des restaurants, des cafés, des mairies, des bibliothèques, *etc.*). Choisissez le réseau puis ouvrez Safari pour naviguer sur le Web. Une page peut s'afficher pour vous demander d'indiquer votre adresse de courriel ou simplement vous demander d'accepter les conditions d'utilisation, avant que vous puissiez pleinement profiter d'Internet.
- L'accès est gratuit, mais vous devez indiquer un mot de passe (comme vous le faites chez vous). Vous devez demander le mot de passe à un responsable (par exemple, à la réception de l'hôtel).
- L'accès est payant ou vous devez vous identifier auprès de votre opérateur de téléphonie mobile. Par exemple, si vous êtes abonné à Orange France (avec un forfait de données, pour votre iPad mini ou votre téléphone), vous vous connectez à un hotspot Orange et vous utilisez vos identifiants Wi-Fi. Si vous n'êtes pas abonné auprès d'un opérateur avec un forfait de données, vous pouvez utiliser votre carte bancaire pour payer la connexion. Il existe de nombreux hotspots payants. Généralement, une fenêtre de connexion s'affiche quelques secondes après avoir choisi le réseau. Si ce n'est pas le cas, ouvrez Safari et essayez de naviguer sur le Web pour faire afficher cette page de connexion.

Désactiver l'accès à Internet

Si vous possédez un modèle d'iPad mini qui se connecte au réseau cellulaire en plus du réseau Wi-Fi, ce dernier peut vous empêcher d'accéder rapidement au réseau cellulaire. En effet, dans des lieux publics, il arrive que l'iPad mini tente de se connecter aux réseaux environnants, ce qui a pour conséquence de ralentir la connexion par le réseau cellulaire. Pour être certain que votre iPad mini se connecte uniquement à l'aide du réseau cellulaire, désactivez le Wi-Fi (touchez **Réglages** ▶ **Wi-Fi**, puis placez l'interrupteur **Wi-Fi** sur **0**). N'oubliez pas de réactiver le Wi-Fi lorsque vous en aurez besoin.

Toujours si vous possédez un modèle d'iPad mini avec un accès à Internet par le réseau cellulaire, vous pouvez souhaiter désactiver ce type d'accès :

- Lorsque vous êtes à l'étranger parce que les communications sont souvent hors forfait et facturées très cher (consultez les tarifs auprès de votre opérateur).
- Parce que vous avez un forfait avec une quantité de données précises et vous ne souhaitez pas consommer tout votre forfait accidentellement.

Vous désactivez les données cellulaires en touchant **Réglages** ▶ **Données cellulaires**, puis placez l'interrupteur sur **0**.

Verrouiller l'orientation de l'écran

Vous avez la possibilité de verrouiller l'orientation de votre écran, que ce soit dans le sens portrait ou paysage. Cela peut s'avérer pratique, par exemple lorsque vous lisez un livre électronique, afin d'éviter qu'en penchant légèrement votre iPad, la page que vous lisez change d'orientation.

❶ Placez l'iPad mini dans la position souhaitée (portrait ou paysage) en affichant la page d'accueil ou l'application que vous souhaitez utiliser.

❷ Appuyez deux fois rapidement sur le bouton principal (ou bouton **Accueil**).

❸ Faites glisser la barre inférieure vers la droite.

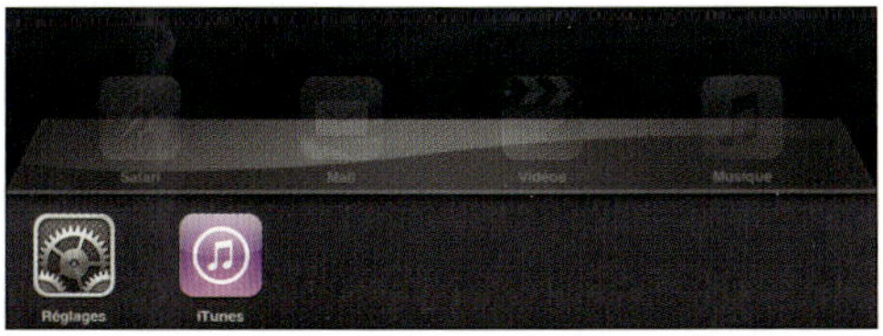

❹ Touchez le bouton **Verrouillage de l'orientation**.

❺ Un message indique que l'orientation est verrouillée et un cadenas s'affiche au centre du bouton.

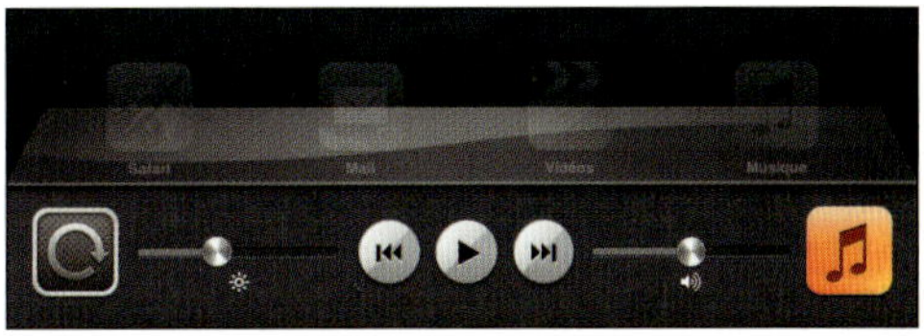

❻ Appuyez sur le bouton principal pour masquer la barre multitâche. Remarquez l'icône dans la barre d'état qui indique que l'orientation est verrouillée.

> NOTE
>
> Vous pouvez également utiliser le bouton sur le côté droit pour verrouiller l'orientation. Pour cela, touchez **Réglages** ▶ **Général**, puis dans la section **Le bouton latéral sert à**, choisissez **Verrouiller la rotation**. Dans ce cas, lorsque vous effectuez les étapes précédentes, vous n'obtenez pas un bouton pour verrouiller l'orientation, mais un haut-parleur pour couper le son.

Pour déverrouiller l'orientation, effectuez de nouveau les étapes précédentes. Cette fois, le cadenas disparaît du bouton lorsque vous le touchez.

Quelles sont les applications fournies avec l'iPad mini ?

Je vous propose un aperçu des applications fournies avec l'iPad.

- **Appareil Photo**. Vous utilisez cette application pour prendre des photos et réaliser des vidéos.
- **App Store**. L'App Store vous permet de télécharger (d'acheter) des applications pour votre iPad.
- **Calendrier**. Vous utilisez cette application pour gérer votre agenda.
- **Contacts**. Vous utilisez cette application pour gérer votre carnet d'adresses.
- **Facebook**. Cette application n'est pas installée par défaut, mais vous pouvez configurer votre compte dans l'application Réglages et installer rapidement l'application Facebook.
- **FaceTime**. Permet d'effectuer des appels vidéo avec d'autres personnes possédant l'application FaceTime.
- **Game Center**. Cette application vous permet de jouer en réseau avec vos amis.
- **Horloge**. Cette application offre des horloges mondiales pour afficher plusieurs fuseaux horaires ; une alarme, pour régler, par exemple, l'heure de votre réveil ; un chronomètre et un minuteur.
- **iBooks**. Vous utilisez cette application pour lire et acheter des livres électroniques.

> NOTE
>
> L'application iBooks n'est pas installée par défaut sur l'iPad, mais une boîte de dialogue s'affiche et vous demande si vous souhaitez l'installer.

- **Kiosque**. Vous utilisez cette application pour acheter ou vous abonner à la presse électronique (magazines, quotidiens).
- **iTunes**. Permet l'accès à iTunes store pour acheter de la musique et des vidéos.
- **Mail**. Vous utilisez ce programme pour gérer votre courrier électronique.
- **Messages**. Cette application vous permet d'envoyer des iMessages à d'autres utilisateurs de l'application Messages.
- **Musique**. Cette application vous permet d'écouter votre musique, c'est la partie iPod de votre iPad.
- **Notes**. Permet de saisir des notes, à la manière des Post-it.
- **Photo Booth**. Permet de vous prendre en photo grâce à l'appareil photo frontal.
- **Photos**. Vous permet d'accéder à votre photothèque.
- **Plans**. Vous affichez des plans et pouvez établir des itinéraires.
- **Rappels**. Vous gérez votre liste de tâches à réaliser avec ou sans date butoir.
- **Réglages**. Vous accédez à tous les paramètres de votre iPad mini et des applications installées.
- **Safari**. Pour surfer sur le Web.
- **Twitter**. Pour accéder au réseau social Twitter. Notez qu'ici aussi

l'application n'est pas installée par défaut, mais un bouton permet un accès facile.

-  **Vidéos**. Pour regarder les vidéos que vous avez achetées ou transférées sur votre iPad.

Lorsqu'une pastille rouge avec un chiffre s'affiche sur une application, c'est que l'application à une information à vous communiquer, par exemple, de nouveaux messages dans Mail. Lancez l'application ou consultez le centre de notifications.

Télécharger les applications recommandées par Apple

Comme indiqué dans la section précédente, certaines applications d'Apple ne sont pas installées par défaut sur votre iPad, vous devez les télécharger. Pour vous simplifier l'opération, Apple vous propose de télécharger en une seule fois toutes les applications recommandées. Au moment de l'écriture de ces lignes il s'agit des applications iBooks, iTunes U, Podcasts, Localiser mes amis et Localiser mon iPhone. Pour télécharger les applications, vous devez être connecté à Internet, de préférence à l'aide du Wi-Fi.

❶ Touchez l'icône **App Store**.

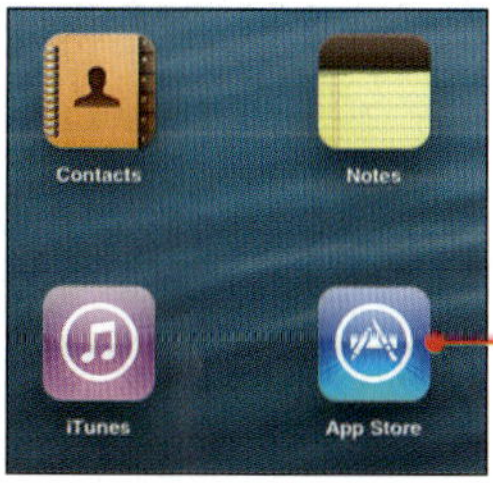

❷ Patientez quelques instants, le temps que l'iPhone se connecte à l'App Store. Une boîte de dialogue s'affiche et vous propose de télécharger gratuitement les applications.

❸ Touchez le bouton **Téléchargement gratuit**, puis suivez les instructions pour terminer le téléchargement. Vous devez saisir votre identifiant Apple ou en créer un si vous n'en possédez pas.

❹ Les applications sont téléchargées et installées. Il peut être nécessaire de faire défiler l'écran pour afficher une nouvelle page d'accueil contenant les programmes.

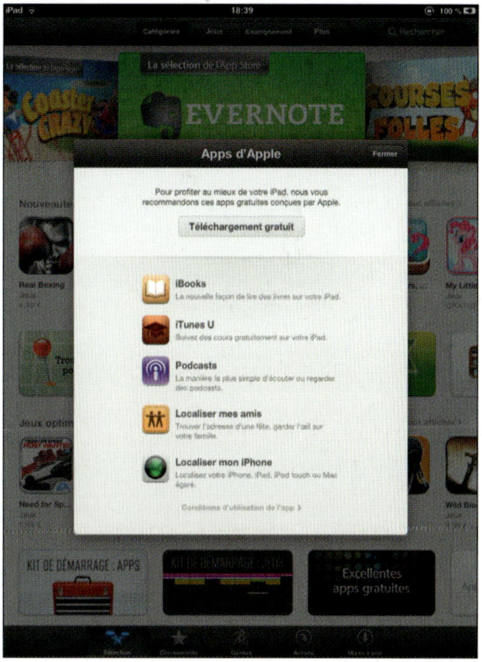

Notez le bandeau Nouv. en haut à droite des icônes des programmes fraîchement installés sur votre iPad mini et que vous n'avez pas encore ouverts.

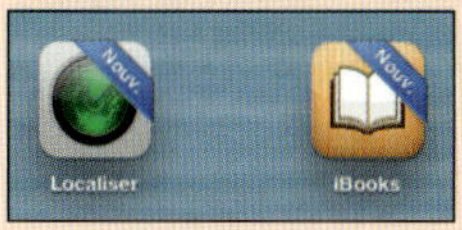

Démarrer une application

Il est très facile de démarrer une application : il vous suffit de toucher son icône.

- Les icônes des applications peuvent se trouver sur plusieurs pages (écrans d'accueil). Pour défiler d'un écran à l'autre, vous faites glisser votre doigt vers la droite ou vers la gauche.

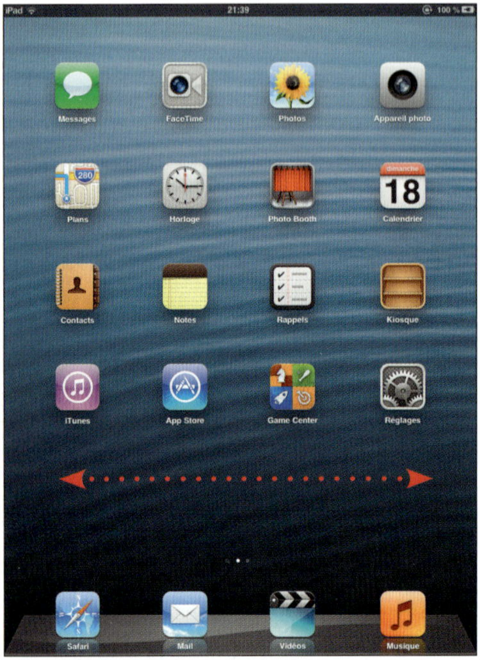

-  Les points en bas de l'écran indiquent le nombre d'écrans d'accueil sur votre iPad mini et le point blanc indique la position de la page affichée. Tout à gauche, vous remarquez une loupe, il s'agit de la page de recherche.
- Les quatre icônes placées au bas de l'écran sont toujours identiques, quelle que soit la page d'accueil affichée. Vous pouvez ainsi accéder rapidement aux applications que vous utilisez le plus.

NOTE

Vous avez la possibilité d'ajouter deux icônes supplémentaires dans la barre au bas de l'écran. Vous avez aussi la possibilité de déplacer celles qui s'y trouvent pour les remplacer par les icônes des applications que vous utilisez très souvent. Consultez le chapitre 2 pour plus d'informations sur l'organisation des icônes.

Utiliser la barre multitâche

Lorsque vous avez démarré une application, vous revenez à l'écran d'accueil en appuyant sur le bouton principal. Vous pouvez alors choisir et démarrer une nouvelle application.

Votre iPad mini utilise une sorte de multitâche qui permet de conserver l'état d'une application afin de la retrouver telle que vous l'avez laissée en la quittant. Toutefois, les applications qui ne sont pas au premier plan (affichées à l'écran) ne fonctionnent pas afin d'économiser la batterie.

> **NOTE** Certaines applications qui utilisent des services spéciaux de l'iPad mini (localisation, téléphonie sur Internet, *etc.*) peuvent fonctionner en tâche de fond et donc consommer de l'énergie.

Pour retrouver les applications que vous avez déjà lancées afin d'y revenir rapidement, affichez la barre multitâche en appuyant deux fois rapidement sur le bouton principal.

Vous faites défiler les icônes de la barre multitâche pour retrouver l'application souhaitée. Les dernières applications utilisées sont celles qui s'affichent en premier.

Arrêter une application

Normalement, il n'est pas nécessaire de fermer une application. Vous utilisez le bouton principal pour revenir à l'écran d'accueil ou pour afficher la barre multitâche afin de lancer une autre application. Lorsque vous mettez l'iPad mini en veille, l'application que vous utilisez passe également en veille. Toutefois, il arrive que certaines applications se bloquent. Vous pouvez toujours utiliser votre iPad, mais pas une application précise.

1. Quittez l'application en affichant l'écran d'accueil.

2. Affichez la barre multitâche en appuyant deux fois sur le bouton principal.

3. Si nécessaire, faites défiler la barre multitâche, pour afficher l'icône de l'application.

4. Appuyez sur l'icône de l'application jusqu'à ce que les icônes se mettent à gigoter et qu'une pastille rouge avec un signe moins (–) s'affiche.

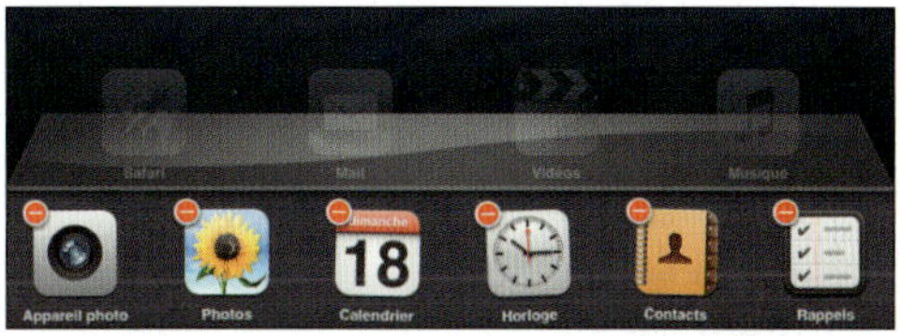

5. Touchez la pastille de l'application à fermer.

Vous pouvez essayer de relancer l'application qui posait problème. Si les problèmes persistent, vérifiez qu'il n'existe pas une mise à jour.

Qu'est-ce que le mode Avion ?

Lorsque vous prenez l'avion, vous pouvez désactiver les fonctionnalités sans fil (Wi-Fi, Bluetooth, 3G) afin de ne pas risquer de perturber l'électronique de l'avion. Pour cela, touchez **Réglages** ▶ **Avion**. Lorsque vous êtes en mode Avion, un avion s'affiche à gauche de la barre de statuts.

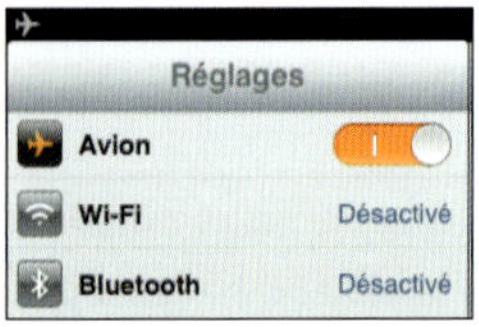

Vous effectuez la même opération pour retirer le mode Avion.

> NOTE
>
> Vous pouvez également vous servir du mode Avion pour économiser l'énergie, puisque si vous coupez les fonctionnalités sans fil, vous consommez moins.

Éteindre l'iPad mini

Si vous n'utilisez pas votre iPad mini pendant une longue durée, plutôt que de le laisser en veille vous pouvez l'éteindre totalement.

1. Appuyez longuement sur le bouton **Marche/Arrêt**, jusqu'à l'apparition du curseur rouge **Éteindre**. Notez que si vous n'appuyez pas suffisamment longtemps, l'iPad mini passe en veille et vous devrez recommencer.

2. Faites glisser le curseur vers la droite (**Annuler**, vous permet de conserver votre iPad mini allumé).

3. L'iPad mini s'éteint.

> NOTE
>
> Si l'iPad mini s'éteint tout seul, c'est certainement qu'il n'a plus de batterie. Mettez-le en charge et attendez un peu avant de le rallumer : il faut que le niveau de charge de la batterie soit suffisant. Ne vous inquiétez donc pas si vous ne parvenez pas à le ranimer immédiatement !

Forcer le redémarrage de l'iPad mini

Il peut arriver que l'iPad mini se bloque et que vous ne puissiez plus rien faire, même en appuyant sur tous les boutons. Il est donc temps de « forcer » le redémarrage de l'iPad mini :

1. Appuyez en même temps sur le bouton principal et sur le bouton **Marche/Arrêt**.

2 Continuez d'appuyer jusqu'à ce que le logo Apple s'affiche.

Vous pouvez recommencer à utiliser votre iPad.

Recharger l'iPad mini

Pour recharger l'iPad, vous le connectez à l'aide de son câble Lightning vers USB soit à un port USB de l'ordinateur, soit au chargeur secteur fourni.

Si vous connectez l'iPad mini à votre ordinateur, il en profitera pour se synchroniser et éventuellement effectuer une sauvegarde (sauf si vous utilisez iCloud pour cela).

Chapitre 2

Utiliser l'iPad mini

Dans ce chapitre :

- Utiliser le bouton principal
- Accéder à Spotlight
- Effectuer une recherche
- Réduire les résultats de recherche
- Que sont les notifications ?
- Afficher le centre de notifications
- Configurer les notifications
- Utiliser le mode Ne pas déranger
- Configurer le mode Ne pas déranger
- Utiliser le clavier virtuel de l'iPad mini
- Modifier du texte saisi
- Utiliser les suggestions de saisie
- Copier/coller du texte
- Annuler une action
- Configurer le clavier
- Utiliser Siri

Ce chapitre présente l'utilisation au quotidien de votre iPad mini : utiliser le bouton principal, effectuer une recherche, utiliser le clavier, effectuer un copier/coller.

Utiliser le bouton principal

Comme son nom l'indique, le bouton principal est « le bouton » qui est le plus visible sur l'iPad mini. On l'appelle également le bouton Accueil parce qu'en appuyant une fois sur ce bouton, vous affichez l'écran d'accueil.

- Lorsque l'iPad mini est en veille, inutile d'aller chercher le bouton **Veille/Éveil**, il vous suffit d'appuyer sur le bouton principal pour afficher le curseur Déverrouiller (que vous faites glisser pour déverrouiller l'iPad mini).

- Lorsque vous êtes dans un programme (même si celui-ci est bloqué), en appuyant sur le bouton principal, vous revenez à l'écran d'accueil.
- Lorsque vous êtes sur un écran d'accueil autre que le premier, appuyez sur le bouton principal pour revenir au premier écran d'accueil.
- Pour accéder à la recherche, appuyez une fois sur le bouton principal pour revenir au premier écran d'accueil, si vous n'y êtes pas déjà. Appuyez une seconde fois (pas à la manière d'un double-clic ici) pour afficher la page de recherche.
- Appuyez deux fois rapidement sur le bouton d'accueil (à l'instar d'un double-clic) pour afficher la barre multitâche. Vous accédez ainsi aux applications que vous avez utilisées récemment.
- Pour fermer la barre multitâche, touchez une application pour afficher celle-ci, touchez l'écran en dehors de la barre multitâche ou le bouton principal pour revenir à l'écran précédent.

- En affichant la barre multitâche et en faisant glisser votre doigt vers la droite, vous obtenez les commandes spéciales.

Vous pouvez bloquer l'orientation de l'iPad mini (ou couper le son, selon le réglage choisi), régler la luminosité, piloter la lecture de la musique, régler le volume sonore et accéder au lecteur de musique en cours.

Par défaut, le lecteur de musique est l'application Musique de l'iPad mini. Toutefois, si vous téléchargez, par exemple, une application pour écouter la radio en ligne, lorsque vous écoutez la radio, c'est le logo de cette application de radio qui s'affiche en bas à droite des commandes spéciales.

Accéder à la recherche

Vous saisissez des mots-clés et Spotlight, l'outil de recherche de l'iPad mini, effectue une recherche dans différents éléments : les messages électroniques, les titres et les artistes pour la musique, les notes ainsi que les contacts. Pour accéder à l'outil de recherche, vous avez plusieurs possibilités :

- Affichez le premier écran d'accueil puis appuyez sur le bouton principal.
- Affichez le premier écran d'accueil puis faites glisser votre doigt vers la droite.
- Sur un écran d'accueil, touchez la loupe à gauche des points indiquant le nombre d'écrans d'accueil.

Effectuer une recherche

❶ Affichez l'écran de recherche (voir la section précédente), puis saisissez le mot-clé à rechercher dans la zone Rechercher.

❷ Si vous le souhaitez, vous pouvez vous servir de la reconnaissance vocale (vous devez être connecté à Internet pour qu'elle fonctionne). Touchez le micro à gauche de la barre d'espace. Un micro s'affiche et l'intérieur bouge en fonction du volume sonore. Dictez vos mots-clés puis appuyez de nouveau sur le micro.

❸ Si vous effectuez une saisie manuelle des mots-clés, la liste de résultats s'affiche dès le premier caractère et elle s'affine au fur et à mesure de la saisie.

❹ Touchez l'élément que vous recherchez pour l'ouvrir avec l'application correspondante (par exemple, Mail).

❺ Au bas de la liste de résultats, vous trouvez deux éléments : **Rechercher sur le Web** et **Rechercher dans Wikipédia**. Touchez ces éléments pour démarrer Safari et rechercher vos mots-clés avec Google ou sur Wikipédia.

Réduire la liste de résultats

Vous avez la possibilité de configurer la recherche Spotlight et de classer les applications dans l'ordre que vous souhaitez, voire supprimer certaines applications de la liste des résultats.

❶ Touchez **Réglages** dans l'écran d'accueil pour ouvrir les réglages de l'iPad mini.

❷ Touchez **Général ▶ Recherche Spotlight**.

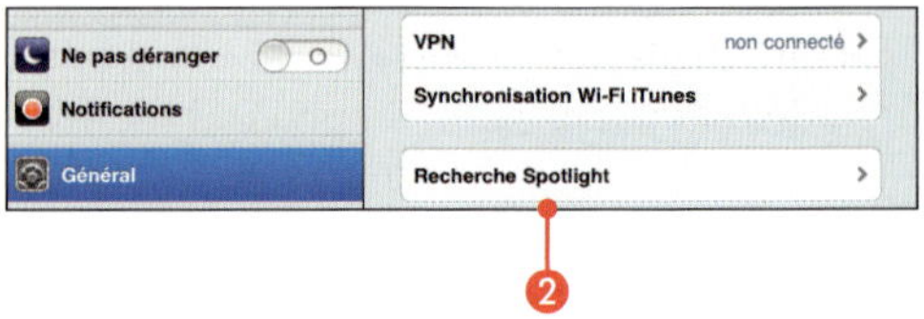

❸ Dans la liste Recherche Spotlight, touchez les applications qui ne doivent pas faire partie des résultats de recherche afin de retirer la coche.

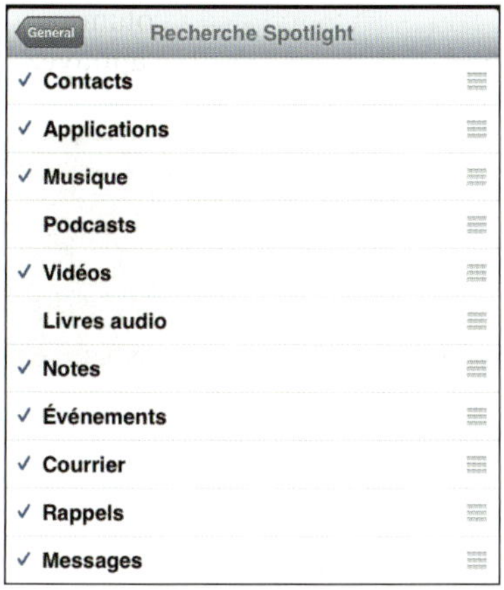

❹ Pour changer l'ordre d'apparition des applications dans la liste de résultats, touchez la poignée de déplacement de l'application à déplacer, puis faites-la glisser vers le haut ou le bas. Déposez-la à l'emplacement souhaité dans la liste.

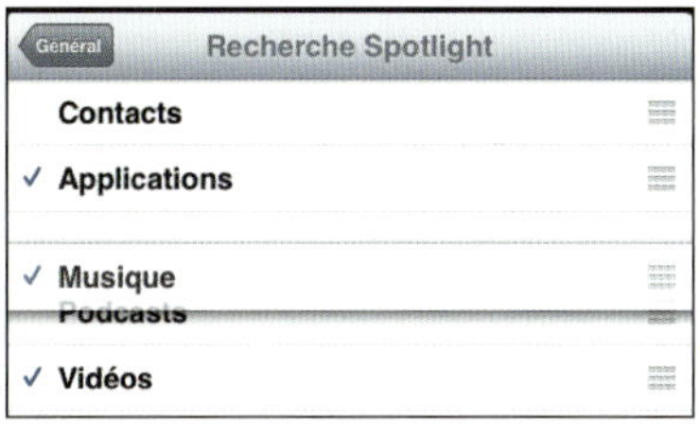

Que sont les notifications ?

Une notification est un message envoyé par l'iPad mini ou plus exactement par l'une des applications de l'iPad mini : il peut s'agir d'un rappel pour une tâche ou un rendez-vous, d'un message reçu (à l'aide de l'application Messages ou Mail) ou encore d'un appel manqué (sur FaceTime).

Lorsque vous ajoutez des applications, celles-ci peuvent également utiliser le système de notification pour vous avertir de différents événements.

Les notifications s'affichent de plusieurs manières.

Alerte. L'alerte s'affiche au milieu de l'écran et nécessite souvent une intervention de votre part. Lorsque vous êtes en train d'utiliser l'iPad mini, l'alerte occupe la totalité de l'écran et elle vous empêche de continuer ce que vous étiez en train de faire.

Lorsque l'iPad mini est en veille, celui-ci se réveille et, là encore, l'alerte s'affiche sur la totalité de l'écran.

Les illustrations utilisent la réception d'un appel avec FaceTime. Vous pouvez remarquer que les boutons ne sont pas les mêmes en bas de l'écran. Lorsque l'iPad mini est en veille, le bouton qui s'affiche en bas est en fait « Déverrouiller » qui est rebaptisé en fonction de l'application qui vous sollicite, ici Répondre pour répondre à l'appel. Vous pouvez appuyer une première fois sur le bouton **Veille/Éveil** pour couper la sonnerie (toujours dans l'exemple de FaceTime) et appuyer une deuxième fois pour rejeter l'appel.

Bannière. Le message s'affiche discrètement en haut de l'écran de l'iPad mini pour ne pas vous perturber dans ce que vous faites. Dans notre exemple, un message reçu par l'application Message s'affiche en haut de l'écran.

Même si aucun bouton ne s'affiche, vous avez la possibilité d'accéder directement à l'application à l'origine du message en touchant la bannière.

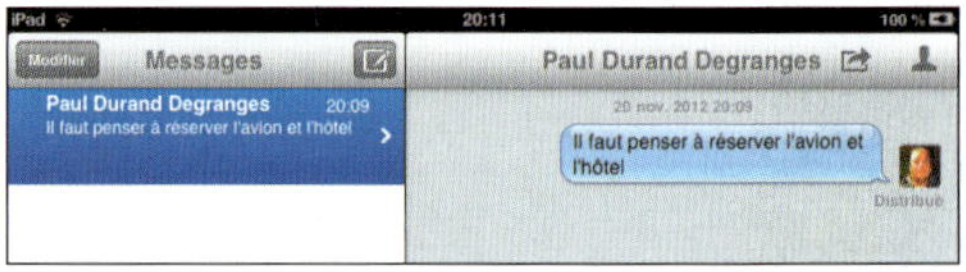

Pastille. La pastille apparaît sur l'icône de l'application sous la forme d'un chiffre dans un rond rouge. Elle permet, par exemple, d'indiquer le nombre de messages non lus dans Mail.

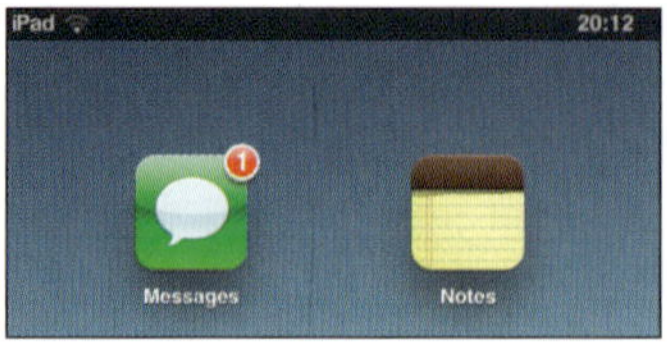

Afficher le centre de notifications

Le centre de notifications vous permet d'afficher toutes les alertes que vous avez reçues et que vous n'avez peut-être pas eu le temps de consulter en détail. Vous trouvez également les éventuels rappels à venir ou passés, si vous en avez créé dans l'application Rappels, ainsi que les rendez-vous que vous avez créés dans Calendrier. Si vous avez configuré Twitter et Facebook, vous trouvez un bouton pour chacune des applications afin de tweeter ou de publier.

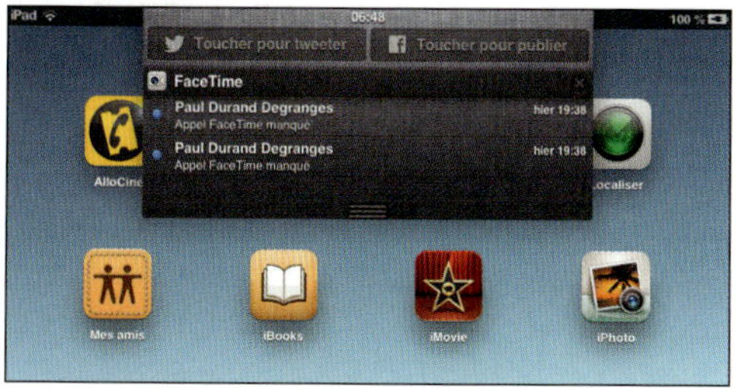

Pour afficher le centre de notifications, placez votre doigt sur la barre d'état, en haut de l'écran, puis faites-le glisser vers la base, le centre de notifications se déroule. Vous pouvez même donner une pichenette pour l'ouvrir d'un coup.

Notez que l'heure (et éventuellement le jour de la notification) est affichée en regard de chacune des notifications. En ce qui concerne les rappels, l'horodatage permet de savoir quelle est l'échéance du rappel ou depuis combien de temps cette échéance est passée.

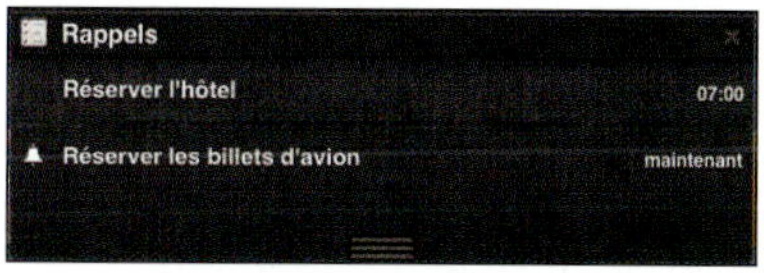

Pour consulter l'un des éléments affichés dans le centre de notifications, touchez-le. L'iPad mini ouvre alors l'application concernée et affiche l'élément.

Si vous touchez la croix en regard du nom d'une application affichant des messages, un bouton Effacer s'affiche. Touchez ce bouton pour effacer toutes les notifications de l'application concernée.

Pour refermer le centre de notifications, touchez l'écran en dehors du centre de notifications ou touchez le bas du volet de notifications et refermez-le en le faisant glisser vers le haut (ou en donnant une pichenette vers le haut).

Configurer les notifications

Vous avez la possibilité de configurer la manière dont s'affichent les notifications, mais aussi de les faire apparaître ou non dans le centre de notifications.

1. Touchez **Réglages ▶ Notifications**.

2. Dans la section **Trier les apps**, indiquez comment vous souhaitez voir les notifications dans le centre de notifications. Choisissez **Manuellement** pour que les applications s'affichent dans le même ordre que celui de la section **Dans le centre de notifications**. Choisissez **Chronologiquement** pour que les notifications s'affichent en fonction de leur ordre d'arrivée, la plus récente en haut de la liste.

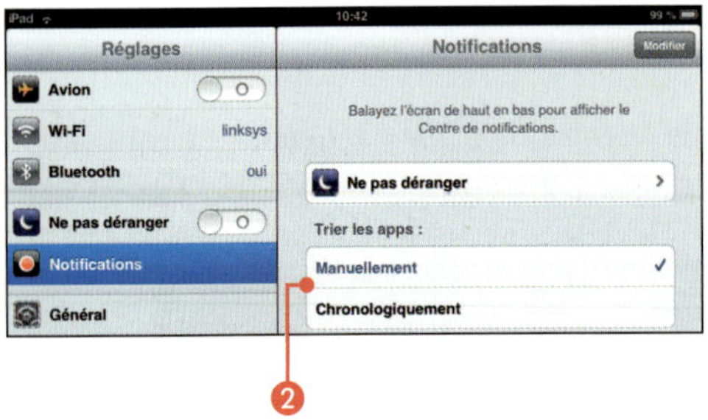

3 Si vous avez choisi **Manuellement**, vous pouvez modifier l'ordre dans lequel s'affichent les applications dans le centre de notifications. Touchez le bouton **Modifier** en haut à droite de l'écran, puis utilisez les poignées de déplacement pour faire glisser les applications dans la section **Dans le centre de notifications**.

4 Si vous souhaitez que les notifications d'une application n'apparaissent pas dans le centre de notifications, faites glisser l'application concernée dans la section **Hors du centre de notifications**. De la même manière, vous faites glisser une application dans le sens inverse pour la remettre dans le centre de notifications.

5 Si vous avez touché le bouton **Modifier**, celui-ci s'est transformé en bouton **OK**. Touchez ce dernier lorsque vous avez terminé de déplacer les notifications.

6 Pour personnaliser la manière dont s'affichent les notifications pour une application, touchez l'application concernée (dans notre exemple, Messages).

7 Indiquez si vous souhaitez afficher les notifications dans le centre de notifications (cela équivaut à faire glisser l'application Dans/Hors du centre de notifications).

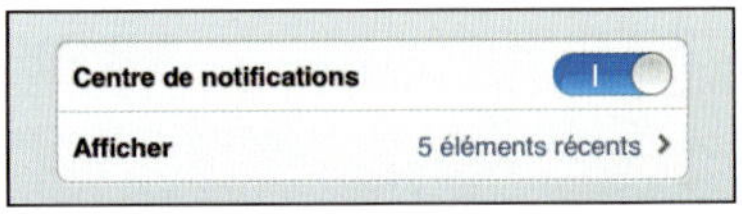

8 Si nécessaire, touchez **Afficher**, puis indiquez le nombre d'éléments que vous souhaitez afficher dans le centre de notifications (jusqu'à 20 éléments). Si vous modifiez le nombre d'éléments, touchez **Messages** pour revenir à l'écran précédent. Généralement, la valeur par défaut de 5 éléments convient parfaitement.

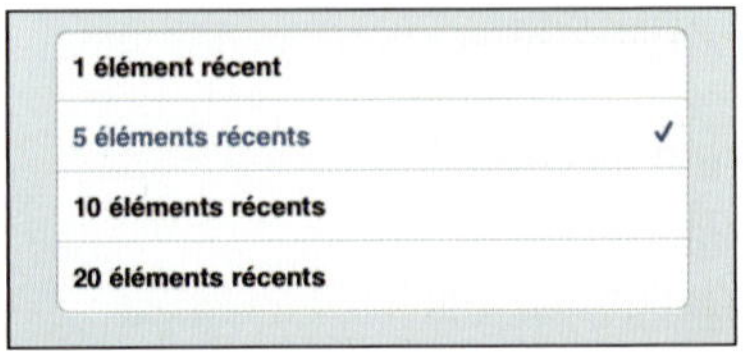

9 Choisissez le style d'alerte que vous souhaitez.

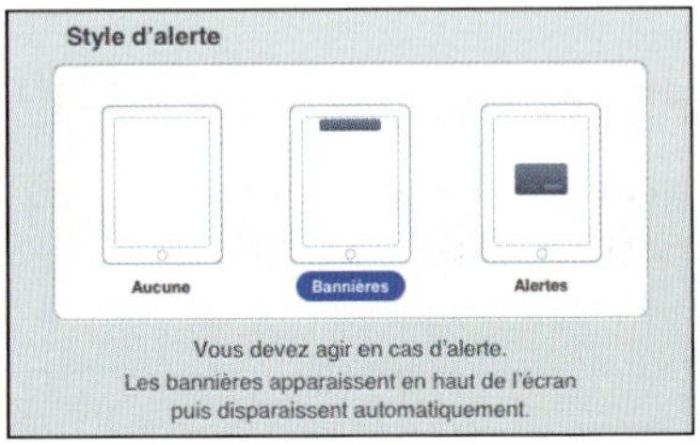

⑩ Configurez les options supplémentaires (celles-ci dépendent de l'application). Dans l'exemple de l'application Messages, vous trouvez la possibilité d'afficher ou non une pastille sur l'icône (pour indiquer le nombre de messages non lus). Vous pouvez afficher ou non un aperçu du message dans la notification. Vous activez le rappel, qui permet à l'application d'émettre des rappels tant que vous ne lisez pas le message. Vous indiquez enfin si la notification doit apparaître sur l'écran verrouillé.

NOTE

Dans notre exemple, Messages utilise le style **Bannières** par défaut. En choisissant **Alertes**, les messages reçus s'affichent dans une boîte d'alerte qui s'affiche au milieu de l'écran et vous demande d'intervenir.

Utiliser le mode Ne pas déranger

Vous activez le mode Ne pas déranger pour que les alertes et les appels FaceTime soient silencieux.

❶ Touchez l'icône **Réglages**.

❷ Touchez l'interrupteur **Ne pas déranger** pour l'activer (I) ou désactiver (0) la fonction.

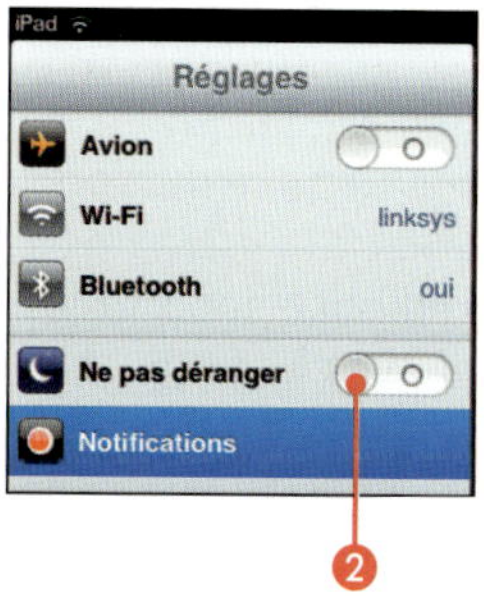

Configurer le mode Ne pas déranger

1 Touchez **Réglages ▶ Notifications.**

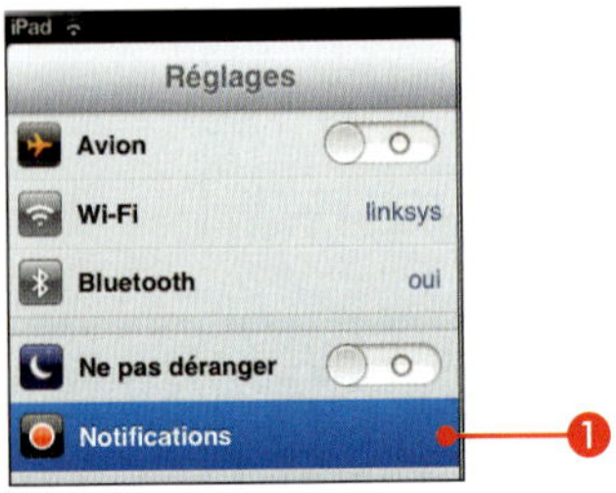

2 Dans la colonne de droite, touchez **Ne pas déranger**.

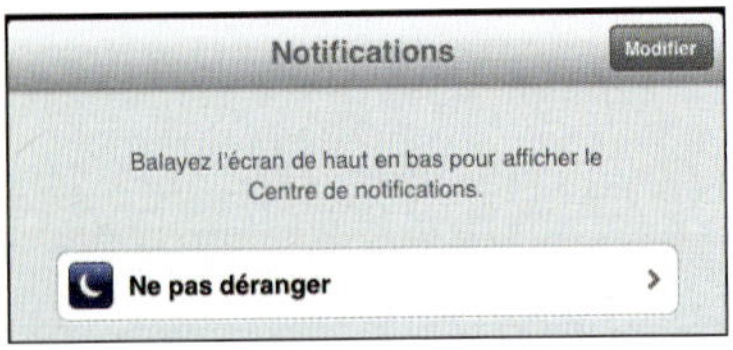

3 Pour programmer une plage horaire pendant laquelle le mode Ne pas déranger s'active, touchez l'interrupteur **Horaire**.

4 Touchez la zone **De À** pour faire apparaître une boîte de dialogue.

5 Touchez **De**, puis utilisez les molettes pour régler l'heure de départ.

6 Touchez **À**, puis utilisez les molettes pour régler l'heure de fin de la plage horaire.

7 Touchez l'écran en dehors de la boîte de dialogue pour fermer cette dernière.

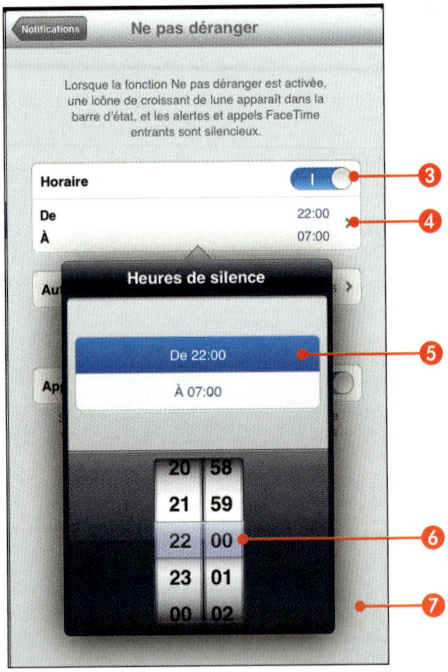

8 Touchez **Autoriser les appels de**.

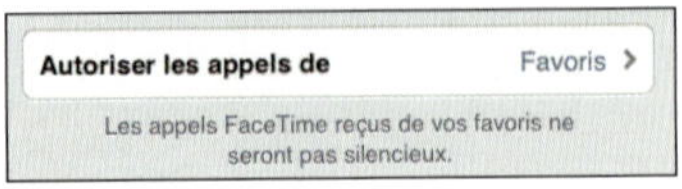

9 Dans la liste qui s'affiche, indiquez si vous autorisez FaceTime ou non. Vous avez la possibilité de faire sonner FaceTime lorsque le mode Ne pas déranger est activé pour Tout le monde, pour les Favoris ou pour un groupe de contact. Effectuez votre sélection puis touchez le bouton Ne pas déranger pour revenir à l'écran précédent.

10 Activez l'interrupteur **Appels répétés** si vous souhaitez que votre iPad mini sonne lorsque la même personne vous appelle deux fois en moins de trois minutes.

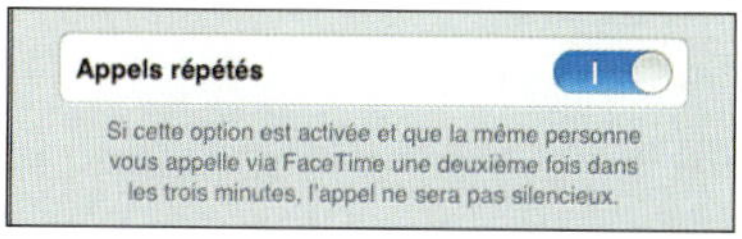

Utiliser le clavier virtuel de l'iPad mini

Le clavier virtuel de l'iPad mini apparaît lorsque vous en avez besoin. Il disparaît automatiquement lorsque vous n'en avez plus besoin et sait également adapter les touches au contexte. Par exemple, le clavier n'est pas le même lorsqu'il s'ouvre dans Notes ou lorsqu'il s'ouvre dans la barre d'adresses de Safari. Dans ce dernier cas, il est adapté pour la saisie d'adresses de pages Web.

- Pour saisir du texte, touchez la touche correspondant au caractère souhaité.
- Pour saisir une majuscule, touchez le bouton **Majuscule** .
- Touchez deux fois le bouton **Majuscule** pour bloquer la saisie en majuscules, le bouton devient bleu .
- Pour aller à la ligne, touchez le bouton **Retour** .

- Pour accéder aux caractères spéciaux et aux chiffres, touchez le bouton **123**. Vous revenez aux lettres en touchant le bouton **ABC**.

- Pour afficher les accentuations d'un caractère, touchez-le jusqu'à ce que ses variantes apparaissent.

- Pour masquer le clavier, touchez le bouton .
- Maintenez appuyé le bouton permettant de masquer le clavier pour faire apparaître un menu.

Choisissez **Détacher** pour détacher le clavier du bas de l'écran.

Choisissez **Dissocier** pour couper le clavier en deux et faciliter la saisie avec les deux mains.

- Pour activer la saisie par reconnaissance vocale (vous devez être connecté à Internet), touchez le micro, dictez votre texte, puis touchez à nouveau le micro pour lancer la reconnaissance vocale.
- Si vous orientez l'iPad mini en mode paysage, le clavier change également d'orientation ; c'est dans ce mode que le clavier dissocié peut s'avérer pratique.

Il est possible d'utiliser un véritable clavier avec l'iPad mini. Apple commercialise un clavier Bluetooth qui se connecte sans fil (il s'agit du même clavier que celui vendu avec l'iMac). Vous trouverez aussi des produits proposés par d'autres constructeurs.

Modifier du texte

Sur un ordinateur, vous utilisez le pointeur de la souris pour déplacer le curseur ou pour sélectionner du texte afin de le modifier. Sur l'iPad mini, il n'y a pas de pointeur de souris, il suffit de toucher le texte à modifier.

❶ Touchez longuement le texte à corriger afin de faire apparaître la loupe sous laquelle se trouve le curseur. Vous pouvez alors faire glisser votre doigt pour placer avec précision le curseur à l'endroit souhaité.

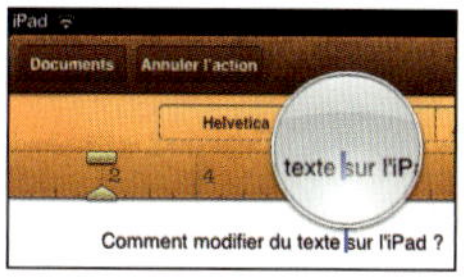

❷ Modifiez votre texte à l'aide des touches du clavier. Lorsque vous avez terminé, touchez l'endroit où vous souhaitez placer le curseur pour continuer la saisie.

Utiliser les suggestions de saisie

Il n'est pas toujours très facile de saisir du texte avec le clavier virtuel. L'iPad mini vous propose donc très régulièrement des suggestions de mots afin d'accélérer la saisie.

- Le correcteur insère automatiquement une majuscule en début de phrase. Si vous ne souhaitez pas cette majuscule, appuyez sur la touche **Majuscule** avant de commencer la saisie.
- Lorsque vous saisissez un mot, que vos doigts se mélangent dans les touches, et que le mot est mal orthographié, le correcteur vous fait une proposition. S'il vous propose le bon mot, appuyez sur la touche **Espace** ou sur n'importe quel signe de ponctuation pour placer le mot suggéré dans le texte.

- La suggestion d'un mot peut également s'afficher lorsque vous commencez à saisir un mot connu, généralement lorsque ce mot est long.

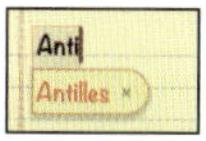

- Si vous saisissez un mot inconnu du correcteur (disons, une abréviation) et que celui-ci vous fait une proposition, elle s'insère automatiquement. Pour éviter cela, touchez la croix dans la bulle proposant la correction.
- Si un mot est mal orthographié dans un texte, il est souligné par des pointillés. Pour obtenir une proposition de correction, tapez rapidement le mot souligné, puis dans la bulle qui s'affiche, touchez la correction appropriée.

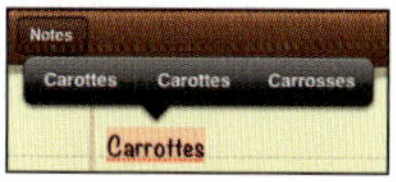

Copier/coller du texte

Vous pouvez copier ou couper du texte (ou une image) d'une application pour le coller dans une autre application (ou dans la même).

❶ Touchez le curseur. Une bulle s'affiche. Touchez **Sélectionner** pour sélectionner le mot adjacent ou **Tout sélectionner** pour sélectionner la totalité du texte. Pour une image, touchez-la pour faire apparaître une bulle dans laquelle vous trouvez la commande **Copier**.

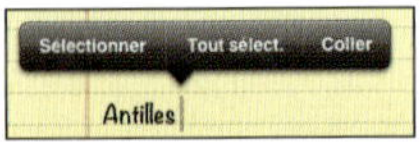

❷ La sélection s'affiche en surbrillance. Vous avez la possibilité de modifier cette sélection en faisant glisser les points bleus placés de chaque côté de la sélection.

❸ Lorsque vous avez défini la sélection, touchez **Copier** (ou **Couper**).

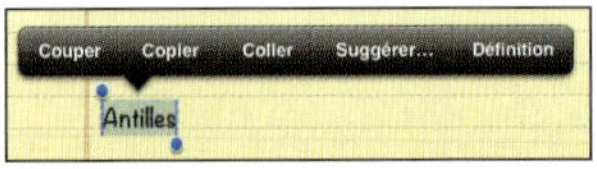

❹ Vous pouvez coller votre texte où vous le souhaitez, dans la même application, ou naviguer vers une autre application dans laquelle coller votre texte dans une zone de saisie de texte.

> NOTE
> Pour sélectionner un mot, vous pouvez aussi le double-taper (vous le touchez deux fois rapidement, comme un double-clic). Pour sélectionner la totalité d'une phrase, triple-tapez-la.

Annuler une action

Vous avez sélectionné du texte et vous l'avez supprimé par erreur en appuyant sur une touche du clavier. Il est possible d'annuler la dernière action que vous avez faite afin que tout rentre dans l'ordre. Pour cela, secouez l'iPad mini pour faire apparaître un message d'alerte. Touchez Annuler « ***action*** » pour annuler votre dernière action ou touchez Annuler pour fermer le message sans annuler la dernière action.

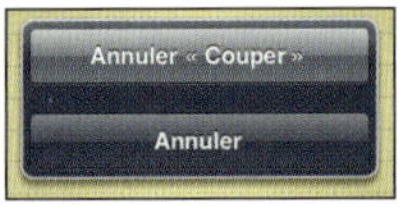

Configurer le clavier

Vous avez la possibilité de régler la manière dont se comporte le clavier de votre iPad mini. Par exemple, vous désactivez la fonction de suggestion. Vous avez également la possibilité d'ajouter des raccourcis, par exemple, l'iPad mini propose par défaut le raccourci **jrv** qui, lorsque vous le tapez, devient **J'arrive**.

Pour configurer le comportement du clavier, touchez **Réglages** ▶ **Général** ▶ **Clavier**.

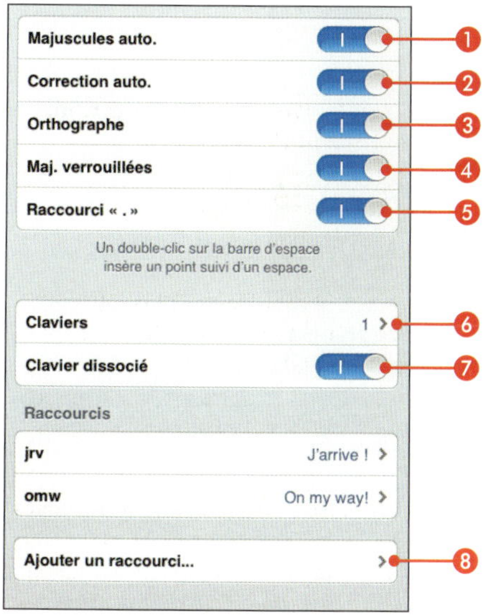

❶ **Majuscules auto**. Activez ou désactivez les majuscules automatiques en début de phrase.

❷ **Correction auto**. Activez ou désactivez la suggestion et le remplacement automatique des mots.

❸ **Orthographe**. Activez ou désactivez la vérification orthographique (les mots soulignés en pointillé).

❹ **Maj. verrouillées**. Activez ou désactivez la fonctionnalité qui permet de verrouiller les majuscules lorsque vous touchez deux fois la touche Majuscule.

❺ **Raccourci « . »**. Si vous appuyez deux fois sur la barre d'espace, l'iPad mini insère un point lorsque cette fonctionnalité est activée.

❻ **Claviers**. Touchez cette option puis sélectionnez la disposition des claviers internationaux que vous souhaitez utiliser (vous pouvez, par exemple, être intéressé par l'un des claviers chinois).

❼ **Clavier dissocié**. Activez ou désactivez la possibilité d'obtenir un clavier dissocié.

❽ **Raccourcis**. Vous voyez dans cette section les raccourcis existants. Pour en créer, touchez **Ajouter un raccourci**, puis saisissez l'expression ou le mot souhaité ainsi que le raccourci associé.

Utiliser Siri

❶ Appuyez sur le bouton principal et maintenez la pression jusqu'à ce que Siri apparaisse avec le message « Que puis-je faire pour vous ? ».

❷ Dites ce que vous souhaitez que Siri fasse pour vous. Par exemple, **Envoyer un SMS**. Lorsque vous arrêtez de parler, Siri interprète ce que vous avez dit (vous devez être connecté à Internet) et l'affiche à l'écran. Si des informations complémentaires sont nécessaires, Siri vous l'indique.

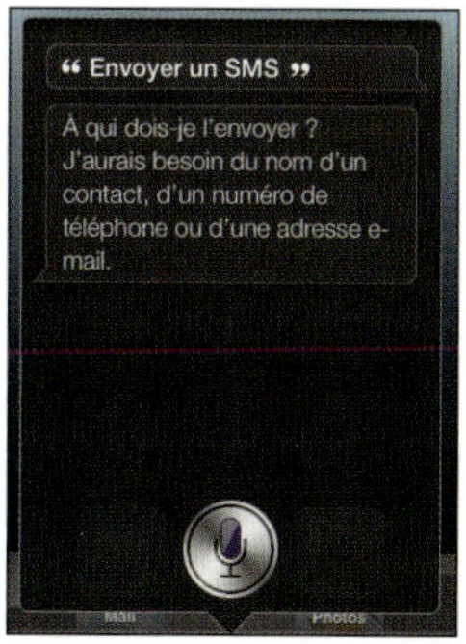

3 Pour avoir une idée de ce que vous pouvez demander à Siri, touchez le *i* en regard de « Que puis-je faire pour vous ? »

Chapitre 3

Personnaliser et protéger l'iPad mini

Dans ce chapitre :

- Installer une application
- Organiser les icônes à l'écran
- Placer les icônes dans un dossier
- Supprimer une application
- Régler la luminosité de l'écran
- Changer le fond d'écran
- Interdire l'accès à l'iPad mini
- Localiser un iPad mini perdu
- Mettre à jour les programmes
- Sauvegarder le contenu de l'iPad mini

Dans ce chapitre, vous allez découvrir comment procéder à la personnalisation votre iPad mini, mais aussi comment le protéger contre des utilisations non souhaitées, contre les pannes ou la perte.

Installer une application

Comme vous avez pu le remarquer, l'iPad mini offre très peu d'applications par défaut. Vous allez donc en ajouter et pour cela vous allez passer par l'App Store.

Il est indispensable d'avoir un compte sur l'Apple Store. Si vous n'en possédez pas, vous pouvez en créer un en choisissant **Réglages ▶ Store**. Vous pouvez aussi créer votre identifiant au moment où vous téléchargerez (ou achèterez) votre première application sur l'App Store.

1. Touchez l'icône **App Store** sur l'écran d'accueil.

2. L'App Store s'affiche (sauf si vous n'êtes pas connecté à Internet).

3. Pour rechercher une application par son nom, touchez la zone **Rechercher**, en haut à droite de l'écran.

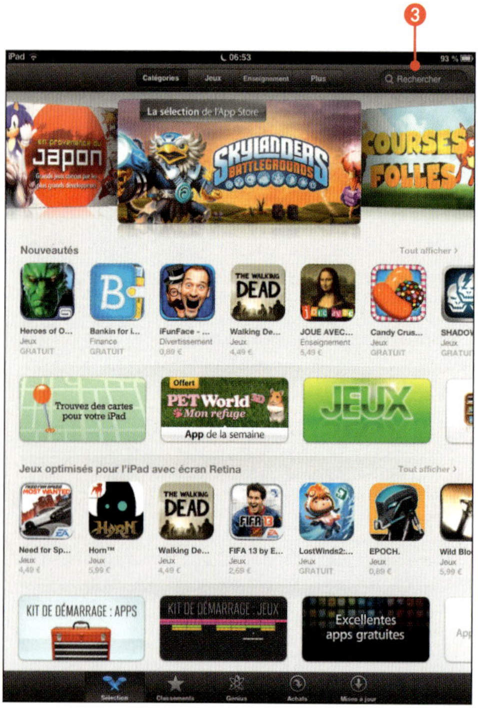

4. Saisissez un ou plusieurs mots-clés. Il peut s'agir du nom d'une application dont vous avez entendu parler, d'un mot-clé d'un thème précis que vous recherchez ou d'un nom de marque. Des suggestions s'affichent dans une liste. Vous pouvez éventuellement toucher l'une d'elles, sinon pour effectuer la recherche avec les termes que vous avez saisis, touchez **Rechercher** sur le clavier.

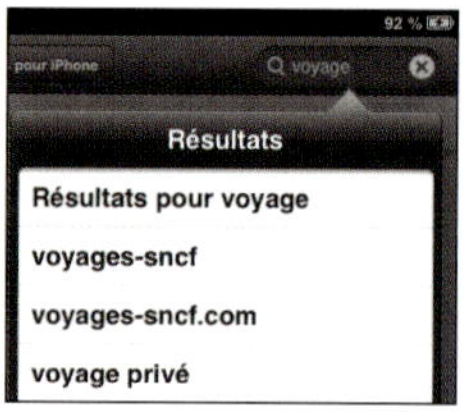

5. Une liste d'applications correspondant aux termes de recherche s'affiche.

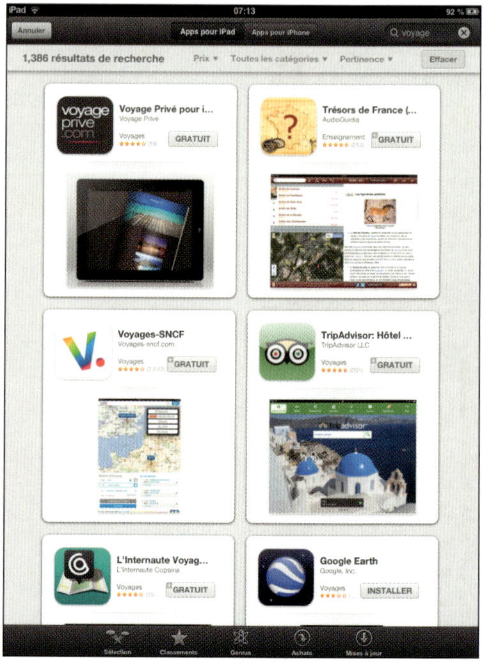

6 Les applications sont triées par Pertinence. Vous changez l'ordre de tri en touchant le menu **Pertinence** puis en choisissant l'ordre souhaité.

7 Utilisez le menu **Prix** pour afficher uniquement les applications gratuites, uniquement les payantes ou les deux.

8 Si vous le souhaitez, touchez le menu **Toutes les catégories**, pour afficher la liste des catégories et sélectionner celle qui vous intéresse afin de limiter les résultats de recherche.

9 Touchez **Apps pour iPad** pour afficher les applications pour iPad mini et **Apps pour iPhone** pour afficher les applications spécifiques à l'iPhone.

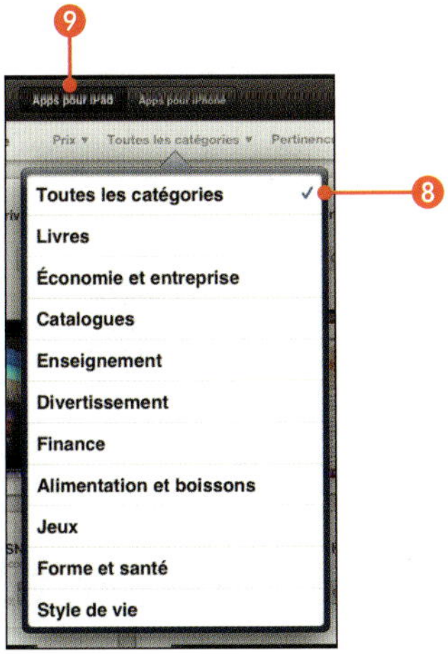

10 Touchez l'icône d'une application pour afficher les détails de l'application. Dans la boîte de dialogue qui s'affiche, touchez **Détails** pour afficher les captures d'écran et la description et touchez **Notes et avis** pour afficher les notes et les commentaires des utilisateurs.

11 Pour acheter une application, touchez son prix ou **Gratuit**. Confirmez votre achat en touchant **Installer l'app** (ou **Acheter l'app**).

NOTE Vous pouvez aussi trouver des applications en utilisant les boutons Sélection, Classements et Genius afin d'obtenir différentes listes d'applications, par exemple, les applications les mieux notées.

Organiser les icônes à l'écran

Comme vous avez déjà pu le voir, l'écran d'accueil est en fait composé de plusieurs écrans d'accueil ! Vous pouvez organiser les icônes sur chacun des écrans et même créer des dossiers dans lesquels vous regroupez vos applications, par exemple, par thèmes.

❶ Touchez l'icône que vous souhaitez déplacer et restez appuyé jusqu'à ce que toutes les icônes se mettent à gigoter.

❷ Vous pouvez alors déplacer l'icône sur l'écran en la faisant glisser. En allant vers le bord droit ou gauche de l'écran, vous changez de page d'accueil. Les autres icônes se déplacent pour faire de la place à votre icône.

❸ Déposez l'icône où vous le souhaitez. Notez que les icônes continuent de gigoter. Vous pouvez en attraper une autre pour la déplacer (ou vous pouvez faire défiler les pages d'accueil avant de toucher une nouvelle icône).

❹ Lorsque vous avez terminé, touchez le bouton principal pour figer les icônes.

NOTE

Vous pouvez déplacer les icônes du Dock (les quatre icônes en bas de l'écran) et même en ajouter, le Dock peut contenir jusqu'à six icônes.

Placer les icônes dans un dossier

- Pour créer un dossier, faites glisser une icône sur une autre icône. Généralement, vous choisissez de regrouper les icônes par thèmes. Une bordure lumineuse apparaît autour des icônes indiquant qu'un dossier va être créé si vous relâchez l'icône. Relâchez l'icône, le dossier apparaît avec un nom prédéfini. Si vous souhaitez changer de nom, touchez dans la zone du nom puis modifiez-le. (Les icônes doivent gigoter pour qu'il soit possible d'en modifier le nom.) Pour ajouter une application dans un dossier, faites glisser son icône sur le dossier (fermé). Vous avez la possibilité de créer ou de déplacer des dossiers dans le Dock.

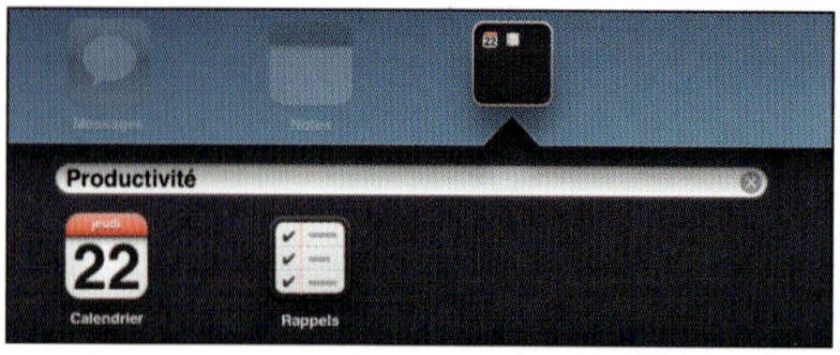

- Pour ouvrir un dossier fermé, touchez-le.

- Pour supprimer une icône d'un dossier, faites-la glisser en dehors du dossier.
- Pour supprimer un dossier, faites glisser toutes les icônes hors du dossier.
- Il est possible de déplacer un dossier complet, lorsqu'il est fermé, de la même manière que vous le faites avec les autres icônes.

NOTE

N'oubliez pas que vous pouvez aussi organiser les applications dans iTunes (Mac ou PC), si vous synchronisez votre iPad mini avec un ordinateur.

Supprimer une application

Vous avez téléchargé des applications et vous ne les utilisez jamais ? Il suffit de les supprimer de votre iPad mini pour récupérer de l'espace.

❶ Lorsque les icônes gigotent, une croix s'affiche en haut à gauche (sauf sur les applications de base que vous ne pouvez pas supprimer). Touchez cette croix.

❷ Confirmez que vous souhaitez supprimer l'application.

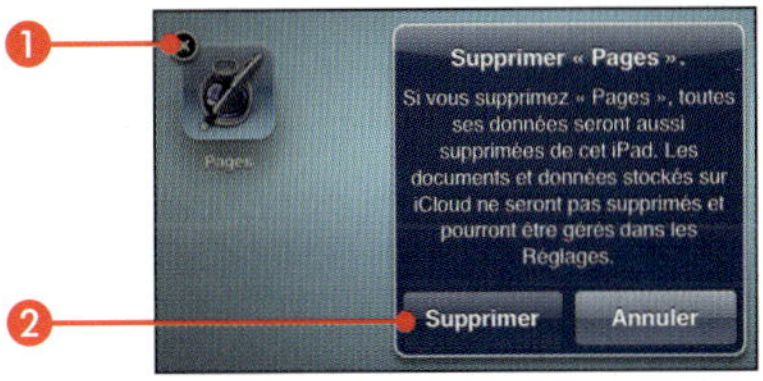

Régler la luminosité de l'écran

Il existe deux méthodes pour régler la luminosité de l'écran.

- Vous accédez à la barre des fonctions spéciales : vous appuyez deux fois rapidement sur le bouton principal, puis vous faites glisser votre doigt vers la droite sur la barre des tâches. Vous trouvez, sur la gauche, un curseur pour régler la luminosité.

- Choisissez **Réglages** ▶ **Luminosité et fond d'écran**. Dans la partie supérieure, vous trouvez un curseur permettant de régler la luminosité. Un interrupteur vous permet d'activer ou de désactiver le réglage automatique de la luminosité en fonction de l'éclairage ambiant.

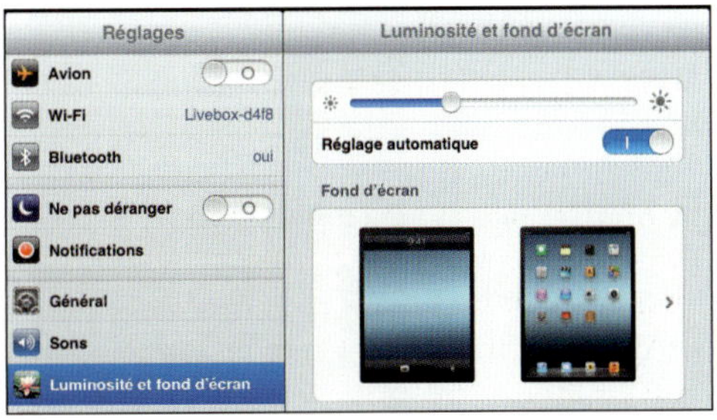

Changer le fond d'écran

Vous avez la possibilité de modifier les fonds d'écran. En effet, il en existe deux. Celui de l'écran de veille (lorsque s'affiche le bouton Déverrouiller) et celui qui s'affiche derrière les icônes de l'écran d'accueil. Libre à vous de choisir une même image ou une image différente pour les deux.

❶ Que vous souhaitiez utiliser une de vos photos (prises avec l'iPad mini ou synchronisées avec votre ordinateur), ou l'une des images d'Apple, touchez **Réglages** ▶ **Luminosité et fond d'écran**. Touchez ensuite l'image des deux fonds d'écran.

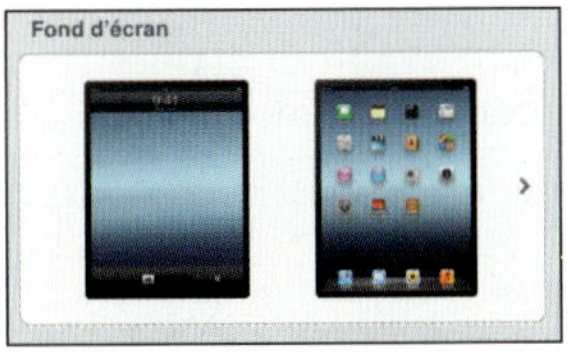

2 Indiquez si vous souhaitez utiliser un fond d'écran fourni par Apple (**Fond d'écran**). Ou une de vos photos (**Pellicule** ou l'un des événements).

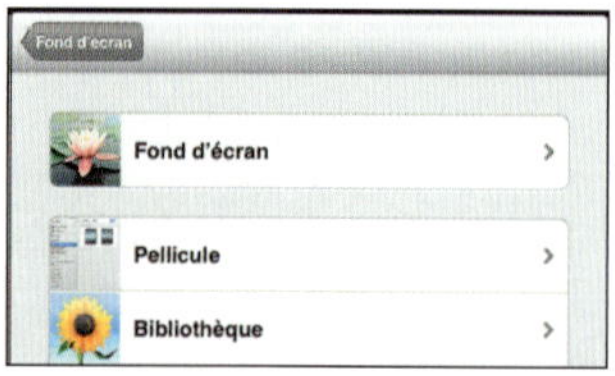

3 Touchez l'image que vous souhaitez utiliser pour votre fond d'écran.

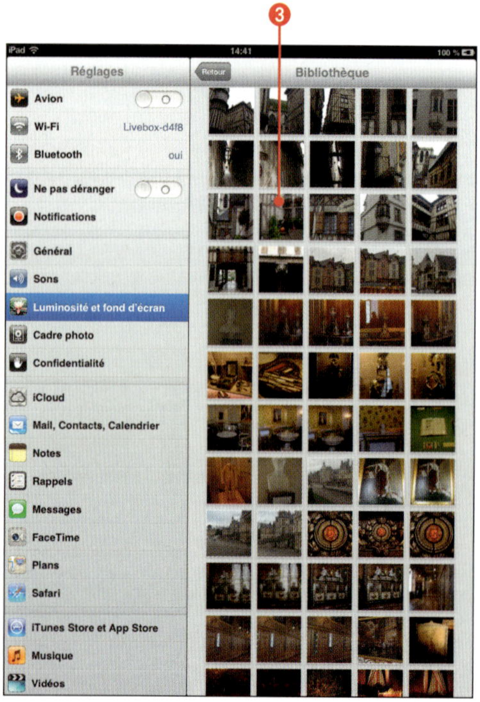

4 Si nécessaire, pincez ou écartez votre pouce et votre index sur l'image pour effectuer un zoom avant ou arrière. Déplacez-la pour la centrer si nécessaire.

Lorsque l'image est comme vous le souhaitez, touchez **Écran verrouillé** pour l'utiliser sur l'écran de veille, **Écran d'accueil** pour l'utiliser derrière l'écran ou **Les deux** pour utiliser la même image pour les deux.

5 Touchez le bouton principal pour afficher l'écran d'accueil avec le fond choisi.

NOTE

Vous pouvez rapidement utiliser une photo en fond d'écran en touchant le bouton **Partager**, puis en touchant **Utiliser en fond d'écran**.

Interdire l'accès à l'iPad mini

Vous pouvez protéger l'accès à votre iPad mini à l'aide d'un mot de passe qui est nécessaire pour sortir l'iPad mini du mode veille. Afin de ne pas être gêné par une saisie trop fréquente de ce mot de passe, indiquez combien de temps doit s'écouler depuis la dernière utilisation avant de saisir le mot de passe.

1. Touchez **Réglages** ▶ **Général** ▶ **Verrouillage par code**.

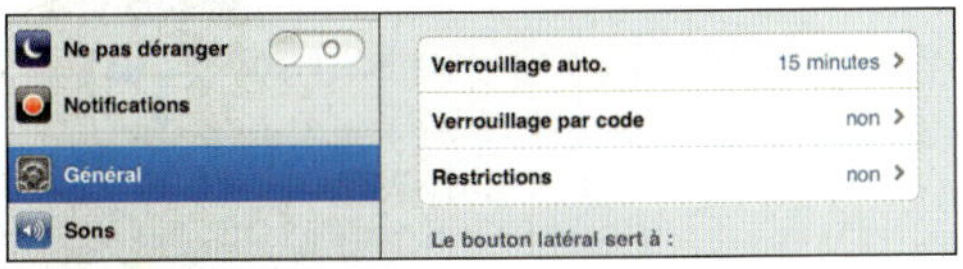

2. Touchez **Activer le code**.
3. Saisissez le code dans la boîte de dialogue qui s'affiche. Une fois les quatre chiffres saisis, répétez l'opération pour vérifier que vous avez correctement saisi le code.

4. Touchez **Exiger le code**, puis réglez la durée avant qu'il soit nécessaire de saisir le code.
5. Si vous souhaitez un code plus complexe que celui à quatre chiffres, désactivez **Code simple**.
6. Si vous souhaitez interdire l'utilisation du **Cadre photo** (dont le bouton apparaît sur l'écran de veille), désactivez l'option.
7. Pour une protection ultime, activez l'option **Effacer les données** pour que votre iPad mini soit réinitialisé au bout de dix erreurs dans la saisie du code.

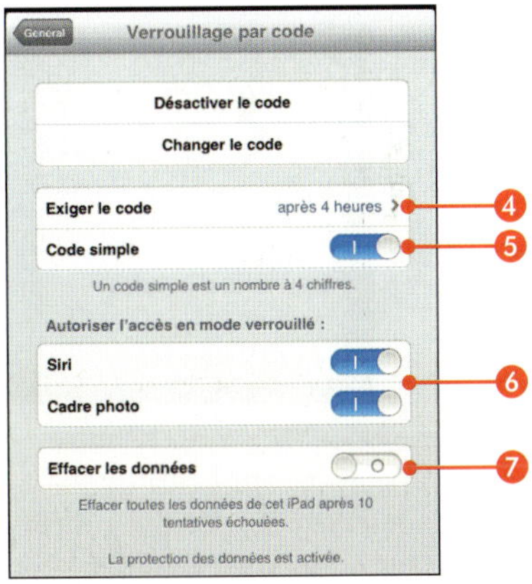

> **NOTE** Si vous possédez un iPad mini avec une connexion au réseau cellulaire, vous avez aussi la possibilité de modifier, d'activer ou de désactiver la saisie du code PIN de la carte SIM (**Réglages** ▶ **Données cellulaires** ▶ **PIN carte SIM**).

Localiser un iPad mini perdu

Si vous avez activé la localisation de l'iPad mini et si celui-ci est connecté à Internet (par Wi-Fi ou réseau cellulaire), vous avez la possibilité de le localiser. Pour cela, vous allez utiliser l'application **Localiser mon iPhone** (même s'il s'agit d'un iPad mini). Bien entendu, comme vous n'avez plus votre iPad mini, ce n'est pas sur celui-ci que vous pourrez utiliser cette application. Il vous faut un autre iPad mini, un iPhone, un iPod touch ou un simple ordinateur. Dans les trois premiers cas, vous devez télécharger l'application **Localiser mon iPhone** sur l'App Store. Avec un ordinateur, ouvrez un navigateur Web et procédez comme suit.

1. Rendez-vous sur la page `www.icloud.com`. Vous devez saisir l'identifiant et le mot de passe du compte iCloud configuré sur votre iPad mini.

2. Touchez l'icône **Localiser mon iPhone** (si vous êtes sur une autre application, touchez l'icône avec un nuage, en haut de la fenêtre, pour revenir au menu).

3. Si vous avez plusieurs appareils, cliquez sur votre iPad mini pour le localiser.

4. Touchez le ***i*** dans l'infobulle indiquant que votre iPad mini est localisé.

5. Dans le menu qui apparaît, choisissez l'action à entreprendre :

   - Cliquez sur **Émettre un son**, pour faire sonner l'iPad, même s'il est en mode silencieux.
   - Cliquez sur **Mode perdu**, puis saisissez un numéro de téléphone (facultatif) auquel vous joindre. Cliquez ensuite sur **Suivant**. Dans le nouvel écran, modifiez si nécessaire le message (indiquant que vous avez perdu votre iPad mini), puis cliquez sur **Terminer**. Si vous n'avez pas programmé de code de verrouillage sur votre iPad mini, vous devez également saisir un code. Une fois que vous cliquez sur Terminer, l'iPad mini est bloqué et le message s'affiche dès qu'une personne cherche à allumer l'iPad. Vous recevez également des mises à jour par courriel dès que l'iPad change d'emplacement.
   - Cliquez sur **Effacer l'iPad** pour effacer tout le contenu de l'iPad mini. Attention, une fois effacé, il ne pourra plus être localisé.

NOTE

Si vous avez un modèle qui se connecte au réseau cellulaire et que vous ne retrouvez plus votre iPad mini, déclarez la perte ou le vol auprès de votre opérateur pour qu'il désactive la SIM.

Mettre à jour les programmes

Il existe deux types de mises à jour des programmes ; vous devez être connecté à Internet pour les mises à jour, de préférence par le Wi-Fi (et selon la taille des applications, uniquement par le Wi-Fi).

- La mise à jour du programme interne de l'iPad mini lui-même. Lorsqu'une mise à jour est disponible, un message peut s'afficher sur votre écran. Vous pouvez également vérifier manuellement la présence d'une éventuelle mise à jour en touchant **Réglages** ▶ **Général** ▶ **Mise à jour**. Si une mise à jour est disponible, celle-ci se réalise très simplement en suivant les instructions à l'écran. Si vous connectez régulièrement votre iPad mini à un ordinateur pour le synchroniser et effectuer les sauvegardes, iTunes peut aussi vous indiquer qu'il existe des mises à jour et vous proposer de les installer.
- La mise à jour des programmes. Elles sont gratuites et elles sont signalées par une pastille sur l'icône de l'App Store. Touchez l'icône App Store, puis touchez **Mises à jour** (en bas à droite). La liste des mises à jour s'affiche. Cliquez sur **Tout mettre à jour** ou **Mettre à jour** pour mettre à jour les applications individuellement. Il peut être nécessaire de saisir votre mot de passe pour accéder à l'App Store, puis les applications concernées se mettent à jour sans votre intervention.

NOTE

Il est également possible de mettre à jour les applications à partir d'iTunes, si vous utilisez ce programme.

Sauvegarder le contenu de l'iPad mini

Il existe plusieurs manières d'effectuer une sauvegarde de votre iPad mini. Dans les deux premières, vous utilisez un ordinateur et iTunes.

- Connectez votre iPad mini à votre ordinateur et si iTunes ne démarre pas automatiquement, lancez-le. Lors de la synchronisation qui démarre automatiquement, iTunes sauvegarde votre iPad mini. Si vous souhaitez effectuer une sauvegarde manuellement, sélectionnez l'iPad mini dans le menu Appareils, puis choisissez **Sauvegarder maintenant** dans l'onglet Résumé de la fenêtre qui s'affiche.

- Vous pouvez synchroniser et sauvegarder votre iPad mini avec iTunes, mais sans le relier par le câble à l'ordinateur. Pour cela, connectez une première fois l'iPad mini à l'ordinateur avec le câble. Sélectionnez l'iPad mini, puis dans l'onglet **Résumé**, cochez la case **Synchroniser cet iPad en Wi-Fi**. Chaque fois que l'iPad mini sera connecté au même réseau Wi-Fi que votre ordinateur et qu'iTunes sera en fonctionnement sur ce dernier, l'iPad mini se synchronisera (de préférence, lorsqu'il sera connecté à son chargeur). Vous pouvez lancer la synchronisation manuellement en touchant **Réglages ▶ Général ▶ Synchronisation Wi-Fi iTunes**, puis touchez **Synchroniser**.

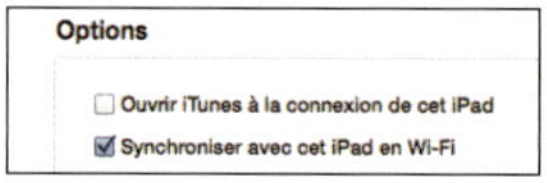

Vous pouvez aussi sauvegarder le contenu de votre iPad mini sans utiliser d'ordinateur, mais pour cela vous devez posséder un compte iCloud. Choisissez **Réglages ▶ iCloud ▶ Stockage et sauvegarde**. Activez ensuite **Sauvegarde iCloud** (cela désactive la sauvegarde sur iTunes).

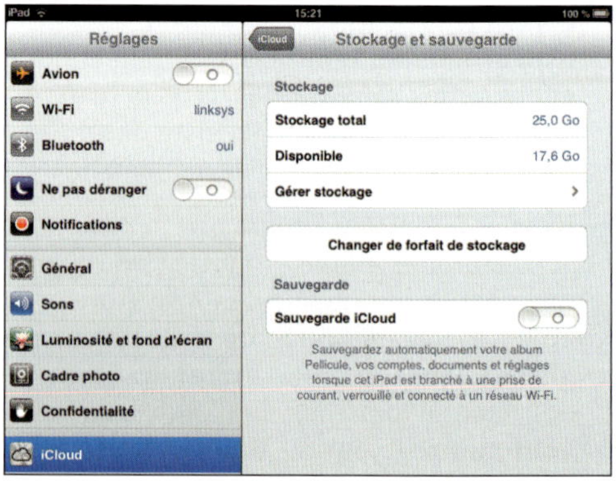

NOTE

Attention, votre espace de stockage gratuit sur iCloud est limité à 5 Go, selon l'utilisation que vous faites de votre iPad mini, cela peut ne pas être suffisant (si vous prenez beaucoup de photos par exemple). Les éléments synchronisés ou achetés (les applications, la musique, les livres, *etc.*) ne sont pas sauvegardés, ils sont simplement rechargés après restauration.

Chapitre 4

Explorer le Web

Dans ce chapitre :

- Afficher une page Web
- Modifier le facteur de zoom des pages Web
- Effectuer une recherche avec Google
- Ouvrir une page dans un nouvel onglet
- Utiliser les signets
- Afficher l'historique
- Protéger sa vie privée en supprimant l'historique
- Marquer une page Web pour la lire plus tard
- Envoyer un lien vers une page
- Imprimer une page

Ce chapitre présente Safari, le navigateur Web qui équipe votre iPad mini. Bien entendu, vous apprendrez à afficher une page Web et à effectuer des recherches sur le Web, mais vous obtiendrez aussi de nombreuses astuces sur l'utilisation de l'application.

Afficher une page Web

Vous utilisez l'application Safari pour afficher les pages Web. Lorsque vous connaissez l'adresse d'une page Web, vous pouvez la saisir dans le navigateur pour y accéder. Bien entendu, vous devez être connecté à Internet, soit par Wi-Fi, soit par le réseau cellulaire.

❶ Touchez la barre d'adresses tout en haut de l'écran.

❷ Le clavier apparaît et vous pouvez saisir l'adresse du site que vous souhaitez visiter. Vous n'êtes pas obligé de saisir la partie « http:// », vous pouvez commencer directement par « www » (ou, parfois, autre chose). Safari peut vous proposer une liste de sites correspondants aux premiers caractères saisis.

❸ Notez la touche **.com** en bas à droite du clavier. Si vous maintenez cette touche appuyée, vous trouvez d'autres suffixes courants pour les adresses Web.

❹ Lorsque vous avez saisi votre adresse Web, appuyez sur la touche **Accéder** placée à droite du clavier.

❺ Patientez quelques instants, la page se charge.

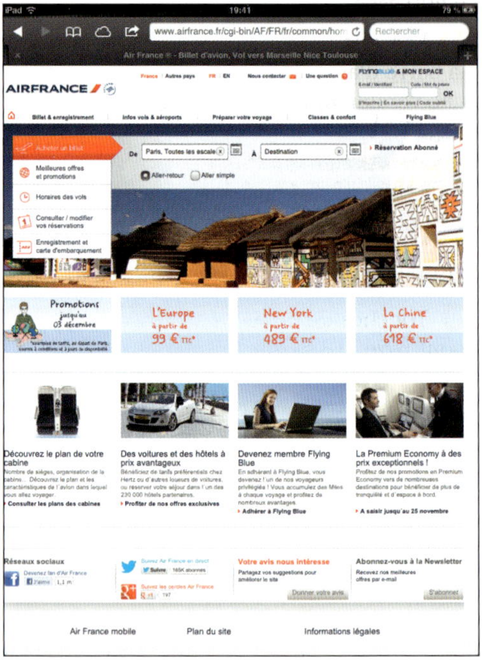

NOTE

Certains sites Web vous proposent de télécharger une application spéciale pour l'iPad mini afin de profiter des informations du site avec une mise en page conçue pour votre tablette. Vous trouvez, dans ce cas, un lien ou un bouton pour télécharger cette application ainsi qu'un lien pour accéder au site Web dans Safari (sans télécharger l'application).

Utiliser le bouton Lecteur

Avec certaines pages, vous trouvez un bouton **Lecteur** à droite de la barre d'adresses.

❶ Lorsque le bouton **Lecteur** s'affiche dans la barre d'adresses, touchez-le pour obtenir une version optimisée pour la lecture de la page Web.

❷ Le bouton devient bleu et la version optimisée s'affiche.

❸ Touchez de nouveau le bouton **Lecteur** pour revenir à la version Web standard.

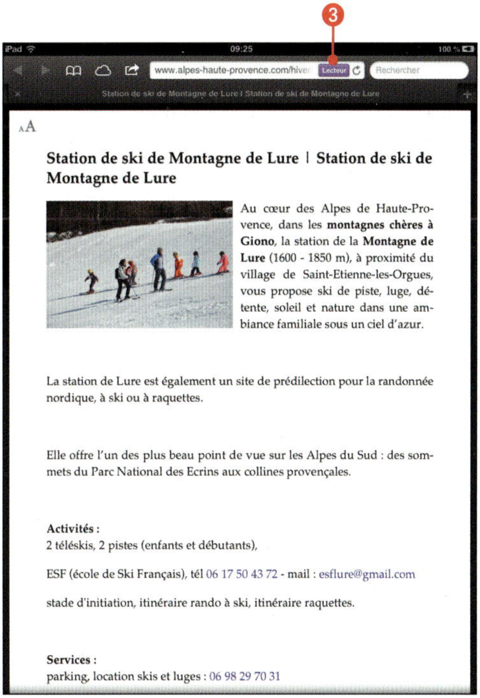

Existe-t-il des limitations avec Safari ?

- L'écran de l'iPad mini est suffisamment grand pour afficher les pages Web de manière satisfaisante (par rapport à une version sur iPhone, par exemple). Toutefois, en mode portrait, il peut arriver que certains éléments soient trop petits pour être lus correctement. Dans ce cas, double-tapez sur la zone que vous avez du mal à lire pour l'agrandir. Double-tapez de nouveau pour rendre à l'écran sa taille d'origine. Vous pouvez également écarter le pouce et l'index sur la zone à agrandir (resserrez ensuite le pouce et l'index pour réduire).
- Apple a décidé de ne pas prendre en charge les contenus Flash des pages Web. Ces contenus permettent, entre autres, d'afficher des animations dans les pages Web. Si vous voyez des pages avec des espaces blancs, c'est certainement parce que Safari ne peut pas afficher l'un des composants de cette page.

Effectuer une recherche sur le Web

Précédemment, vous avez vu comment accéder à un site Web en saisissant son adresse. Toutefois, on ne connaît pas toujours l'adresse d'un site Web ou plus exactement, on n'a plus l'adresse exacte en tête. Il se peut également que vous recherchiez des informations sur un sujet précis sans penser à un site en particulier. La recherche est là pour vous aider.

Par défaut, Safari utilise le moteur de recherche Google, il est possible de sélectionner un autre moteur de recherche comme indiqué par la suite dans ce chapitre.

1. Touchez la zone de recherche dans laquelle est indiqué Google (en haut à droite de la barre d'adresses).

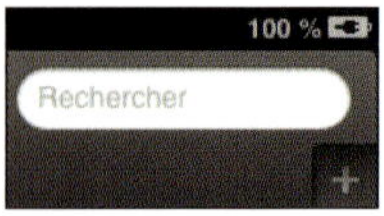

2. Une liste de suggestions de termes de recherche s'affiche. Si l'un de ces termes correspond à ce que vous recherchez, touchez-le pour lancer la recherche. Dans le cas contraire, saisissez vos mots-clés, puis touchez le bouton **Rechercher** sur le clavier.

3. Les résultats de la recherche s'affichent dans Safari. Ici, il s'agit de résultats obtenus à l'aide de Google.

4. Touchez un lien affiché en bleu pour accéder à la page concernée. Notez que les résultats affichés avec un fond jaune sont des annonces commerciales (de la publicité) ciblées sur vos mots-clés.

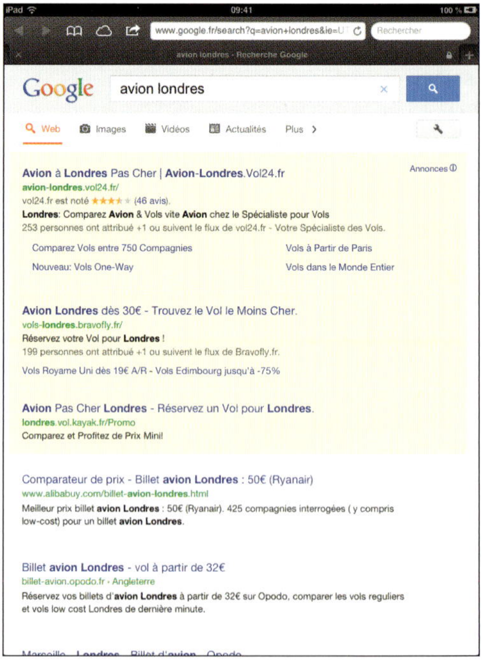

5. Si les résultats affichés dans la page ne vous conviennent pas, faites défiler jusqu'au bas de la page pour afficher une ligne de numéro. Le chiffre en noir correspond au numéro de la page de résultats affichée. Touchez le numéro de la page que vous souhaitez afficher ou touchez **Suivant** (ou **Précédent**, lorsque vous n'êtes pas sur la première page).

6. Notez également qu'au bas de la page vous trouvez une liste de mots-clés associés aux termes de recherche que vous avez saisis. En touchant l'un de ses mots-clés, vous affichez de nouvelles pages de résultats.

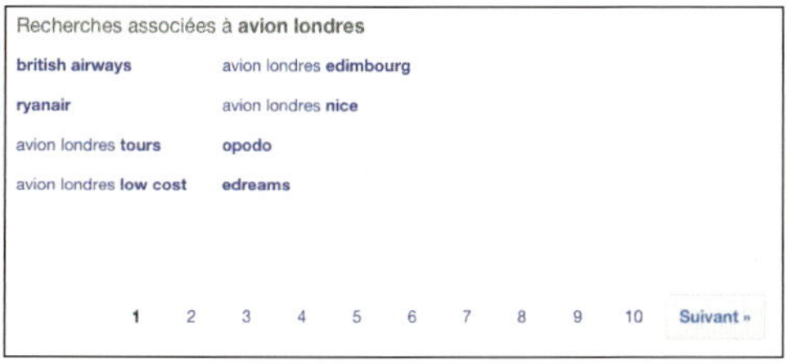

7 Si vous ne trouvez toujours pas de page qui vous convient dans la liste de résultats, essayez de saisir de nouveaux mots-clés ou d'affiner votre recherche en ajoutant des mots-clés à ceux que vous avez déjà saisis. Vous pouvez faire cela dans le champ placé en haut de la page. Une fois que vous avez modifié vos mots-clés, touchez le bouton bleu avec la loupe pour relancer la recherche.

NOTE

Vous trouvez des liens **Images**, **Vidéos**, **Actualités** et **Plus**, qui permettent de limiter les recherches aux images, aux vidéos, à l'actualité ou d'accéder à plus de services proposés par Google.

Effectuer une recherche dans une page Web

Il est fréquent d'avoir besoin de rechercher une information dans la page Web affichée à l'écran.

1 Affichez la page dans laquelle vous souhaitez effectuer la recherche.

2 Saisissez les termes recherchés dans la zone de recherche (**Google**, par défaut).

3 Si le mot (ou les termes) est présent dans la page Web, le nombre d'occurrences s'affiche au bas du menu de recherche.

4 Touchez l'élément **Rechercher « *mot* »**.

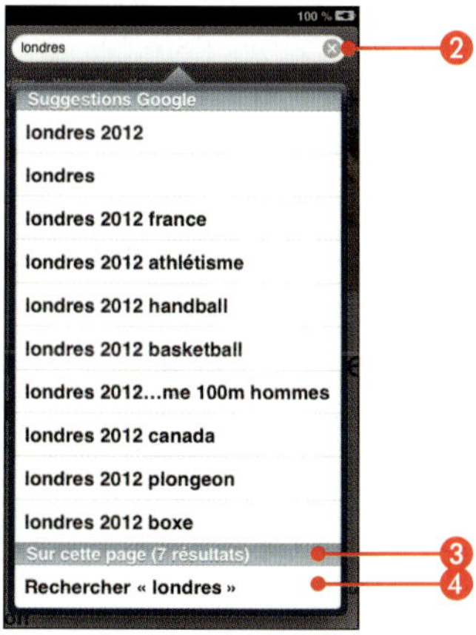

5 Les occurrences du mot s'affichent en surbrillance dans la page.

6 Une barre de navigation s'affiche au bas de la page et des flèches vous permettent de passer d'une occurrence à l'autre.

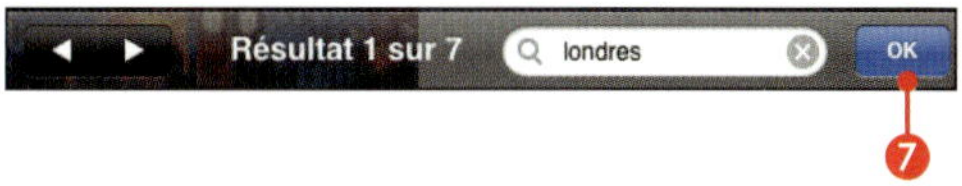

7 Touchez **OK** pour fermer la barre de navigation et masquer les mots en surbrillance (ou tapez n'importe où dans la page).

Changer de moteur de recherche

Comme indiqué précédemment, lorsque vous utilisez le champ de recherche de Safari, par défaut, l'application utilise Google pour effectuer la recherche. Vous avez la possibilité de choisir l'un des deux autres moteurs de recherche. Pour cela, commencez par toucher **Réglages** (sur l'écran d'accueil) ▶ **Safari**.

Dans la section Général, vous configurez :

❶ **Moteur de recherche**. Touchez cette rubrique et dans la nouvelle page, touchez le moteur de recherche à utiliser.

❷ **Auto-remplissage**. Lorsque des formulaires s'affichent dans Safari, certains champs peuvent être automatiquement renseignés avec les informations que vous avez stockées sur votre iPad mini. Pour configurer cela, touchez la rubrique puis dans la nouvelle page, activez et désactivez les informations que vous souhaitez utiliser pour le remplissage automatique.

❸ **Nouveaux onglets en arrière-plan**. Lorsque cette option est activée, et que vous ouvrez un nouvel onglet, si son contenu ne s'affiche pas, vous devez cliquer sur l'onglet pour le voir. Lorsque l'option est désactivée et que vous cliquez sur un onglet, son contenu s'affiche immédiatement.

❹ **Toujours afficher la barre de signets**. Lorsque cette option est activée, la barre de signets s'affiche en permanence, dans le cas contraire, elle s'affiche uniquement lorsque vous tapez dans la barre d'adresses.

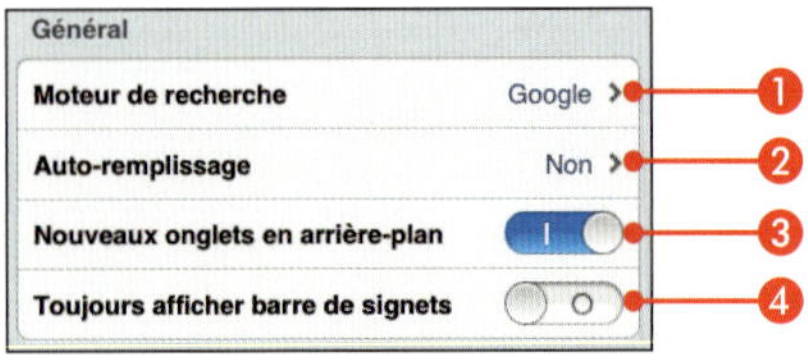

Dans la section Confidentialité, vous trouvez :

❺ **Navigation privée**. Si vous activez cette option, votre historique de navigation n'est pas conservé. Lorsque vous fermez tous les onglets de Safari, il n'est pas possible de retrouver les sites que vous avez visités. Lorsque la navigation privée est activée, la barre d'outils de Safari (en haut de la fenêtre) est gris foncé, dans le cas contraire, elle est gris clair.

❻ **Accepter les cookies**. Les cookies sont des fichiers que vous ne voyez pas et qui sont stockés sur votre iPad mini par les différents sites. En touchant l'option, vous obtenez une page dans laquelle vous indiquez si vous souhaitez ne **jamais** accepter les cookies, accepter les cookies uniquement **des sites visités**, ou **toujours accepter les cookies**, même ceux d'éventuelles bannières de publicités qui s'affichent dans les sites visités.

❼ **Effacer l'historique**. Touchez cette option pour afficher une boîte d'alerte dans laquelle vous confirmez votre souhait d'effacer tout votre historique de navigation.

❽ **Effacer cookies et données**. Touchez cette option pour afficher une boîte d'alerte dans laquelle vous confirmez votre souhait d'effacer tous les cookies et les données stockées par les sites sur votre iPad mini.

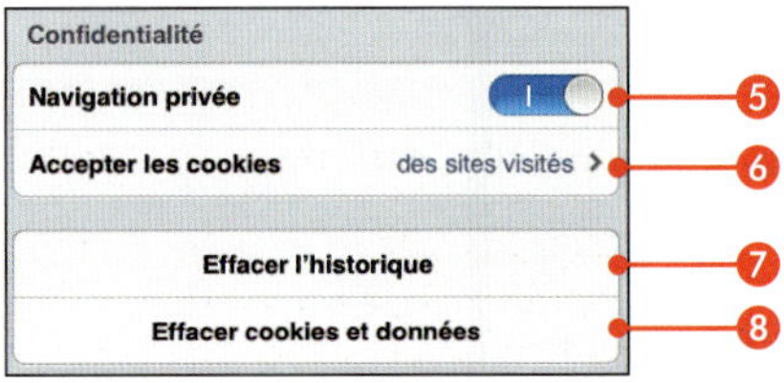

Dans la section **Sécurité**, vous trouvez :

9 **Alerte de fraude**. Activez cette option pour être averti si vous visitez un site frauduleux (et répertorié comme tel). Il peut s'agir par exemple d'un site qui se prétend être celui de votre banque et qui vous demande des informations confidentielles.

10 **JavaScript**. JavaScript est un langage de programmation qui permet d'effectuer certaines actions dans les pages Web. C'est aussi une source de danger potentiel, mais il est toutefois préférable de laisser cette option active pour une meilleure expérience de la navigation.

11 **Bloquer les pop-up**. Certains sites ouvrent des fenêtres de publicités. En activant cette option, vous évitez d'afficher ces fenêtres.

12 **Avancé**. En touchant cette option, vous obtenez deux nouvelles options. **Données de sites** qui permet de savoir quelles sont les données des sites stockées sur votre iPad mini ainsi que l'espace occupé (vous pouvez également supprimer toutes ces données). **Console**, qui permet d'afficher une fenêtre de débogage afin de corriger les erreurs des pages Web (cette option s'adresse aux créateurs de pages Web destinées à l'iPad mini).

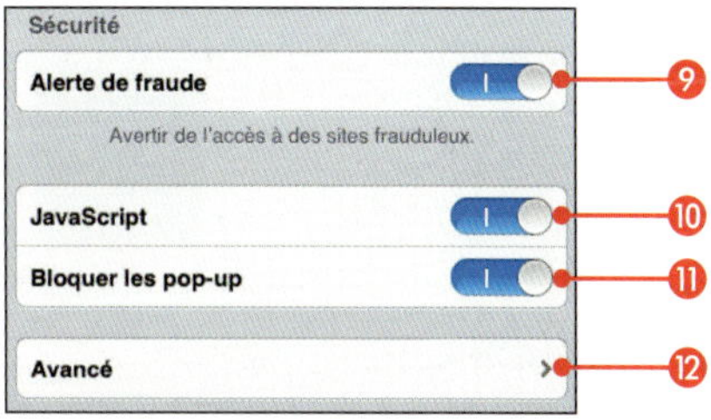

NOTE

Si un organisme ou un site marchand vous réclame par courriel des informations confidentielles (numéro de compte bancaire, numéro de carte bancaire), en cas de doute, connectez-vous directement au site concerné sans utiliser le lien placé dans le courriel pour voir s'il y a un problème dans votre compte.

Ouvrir une nouvelle page dans un onglet

Si vous souhaitez conserver la page en cours (par exemple votre page de résultats de recherche), ouvrez le lien dans un nouvel onglet.

1 Touchez le lien dont vous souhaitez afficher la page et maintenez la pression jusqu'à ce qu'un menu s'affiche.

2 Touchez **Ouvrir dans un nouvel onglet**.

3 La page se charge dans le nouvel onglet. Si vous avez désactivé l'option indiquant d'afficher les onglets en arrière-plan (voir précédemment dans ce chapitre), le contenu de l'onglet s'affiche, sinon, cliquez dessus.

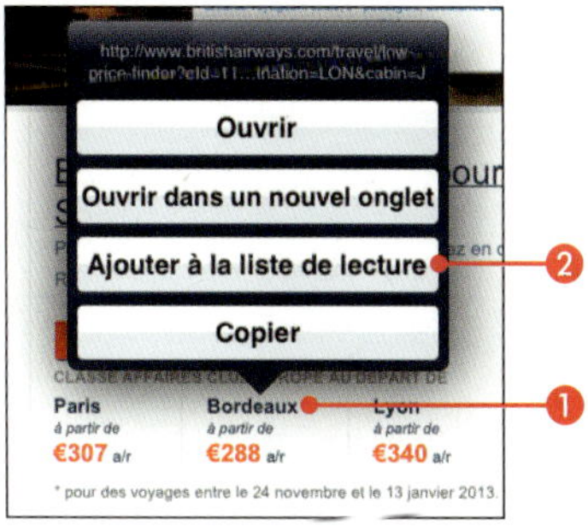

Vous pouvez également ouvrir un nouvel onglet pour afficher une page dont vous saisissez l'adresse ou que vous atteignez à l'aide d'un signet. Pour cela, cliquez sur le + placé tout à droite de la barre des onglets.

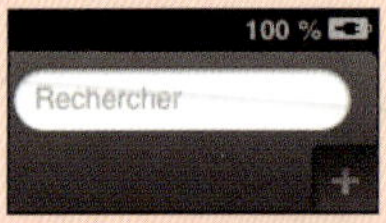

Pour fermer un onglet, cliquez sur le **x** placé à gauche de l'onglet.

Créer un signet

Vous utilisez les signets pour mémoriser l'adresse d'une page Web afin de l'afficher rapidement. Par conséquent, lorsque vous trouvez une page qui vous intéresse et que vous pensez visiter régulièrement, vous la placez dans vos signets.

1. Affichez la page Web que vous souhaitez mettre dans les signets.

2. Touchez le bouton **Partager** dans la barre d'outils (à gauche de la barre d'adresses).

3. Dans le menu qui s'affiche, touchez **Signet**.

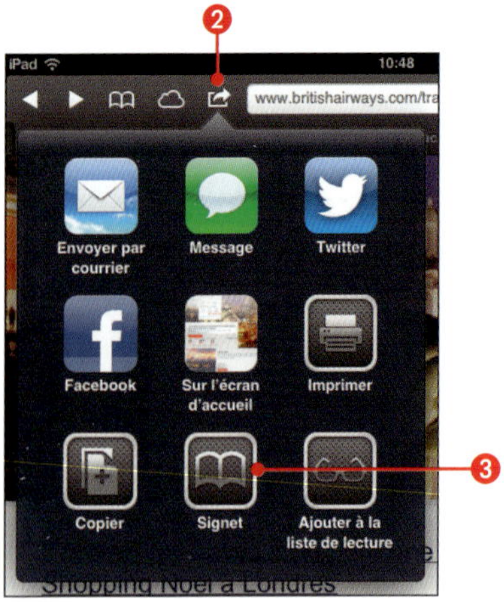

4. Si nécessaire, modifiez le nom du signet.

5. Si vous le souhaitez, vous pouvez organiser les signets à l'aide de dossiers. Pour indiquer l'emplacement dans lequel vous souhaitez placer votre signet, touchez **Signets**.

6. Choisissez le dossier dans lequel vous souhaitez placer votre signet. Le dossier Barre de signets correspond à la barre de signets qui s'affiche en dessous de la barre d'adresses. Touchez **Nouv. signet** pour revenir à l'écran précédent.

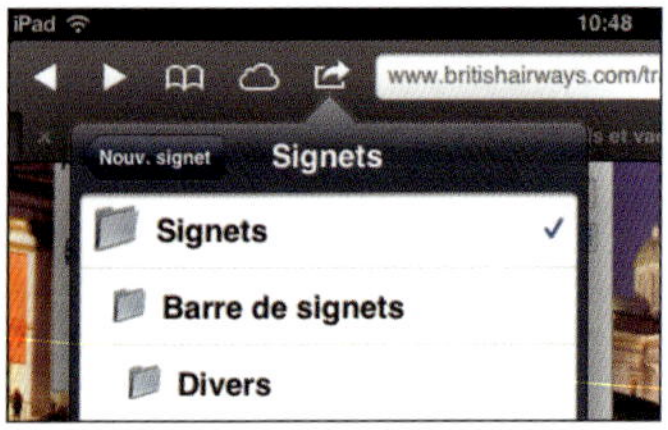

7 Touchez **Enregistrer** pour enregistrer votre signet.

> NOTE — Si vous utilisez iCloud, vous pouvez également synchroniser les signets entre votre iPad mini et d'autres appareils : Mac, PC, iPhone, iPod touch.

Créer un dossier pour les signets

1 Touchez le bouton **Signets**.

2 Touchez le bouton **Modifier**.

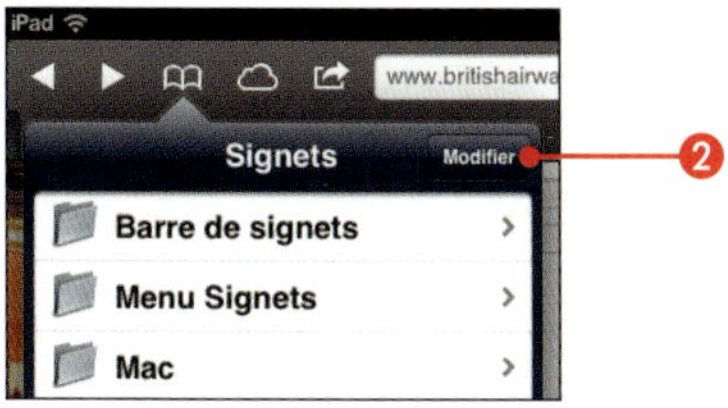

3 Touchez **Nouv. dossier**.

4 Nommez votre dossier et, si nécessaire, choisissez un dossier existant dans lequel placer ce nouveau dossier en touchant **Signets** (par défaut, le dossier se place dans Signets).

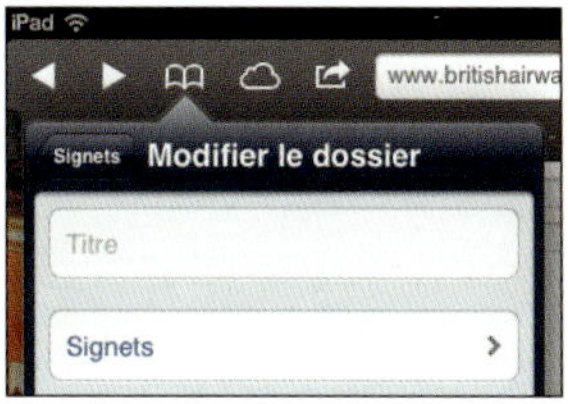

5 Touchez le bouton **Signets** (en haut à gauche), pour revenir à la page précédente. Le dossier est automatiquement créé.

> NOTE — Lorsque vous cliquez sur Modifier dans la liste des signets, vous avez la possibilité de déplacer les signets pour les organiser comme vous le souhaitez. Vous supprimez un dossier en touchant le rond rouge à gauche d'un signet, puis en confirmant la suppression.

Qu'est-ce que la Liste de lecture ?

Vous accédez à la Liste de lecture, en touchant le bouton des signets puis le bouton avec des lunettes, au bas du menu. La liste de lecture permet de classer des pages Web que vous n'avez pas le temps de consulter et que vous souhaitez lire plus tard. Vous avez accès à deux onglets : **Non lus** et **Tous**, dans lesquels vous trouvez, respectivement, les pages que vous souhaitez lire et que vous n'avez pas lues, et celles que vous avez lues et pas lues.

Que sont les options de partage ?

Lorsque vous touchez le bouton **Partager,** le menu qui s'affiche propose les options suivantes :

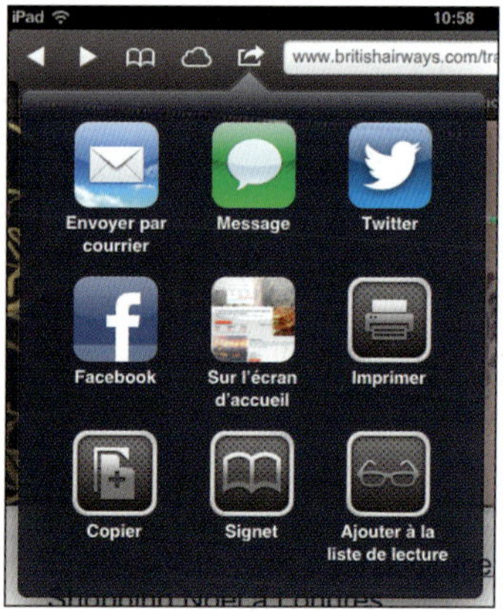

Envoyer par courrier. Touchez ce bouton pour afficher un nouveau courriel dans lequel se place le lien vers la page Web. Vous pouvez ainsi envoyer un lien à vos connaissances.

Message. Touchez ce bouton pour créer un nouveau message dans lequel se trouve le lien vers la page Web. Vous pouvez ainsi envoyer le lien aux personnes avec qui vous communiquez grâce à l'application Messages.

Twitter. Utilisez ce bouton pour créer un nouveau tweet dans lequel se trouve le lien vers la page afin de partager cette page sur votre compte Twitter. Vous devez posséder un compte et l'avoir configuré pour cela.

Facebook. Utilisez ce bouton pour créer un nouveau statut dans lequel se trouve le lien vers la page afin de partager cette page sur votre compte Facebook. Vous devez posséder un compte et l'avoir configuré pour cela.

Sur l'écran d'accueil. Permet de créer un lien vers une page Web qui s'affiche sous la forme d'une icône sur l'écran d'accueil.

Imprimer. Si vous avez une imprimante compatible avec l'iPad mini, vous pouvez imprimer la page Web en touchant ce bouton.

Copier. Touchez ce bouton pour copier le lien. Vous pouvez ensuite le coller dans une autre application (Mail, Messages, Notes, *etc.*).

Signet. Permet d'ajouter un signet, comme présenté précédemment.

Ajouter à la liste de lecture. Permet d'ajouter la page directement à la Liste de lecture.

Consulter l'historique

Safari conserve dans l'historique une trace des sites que vous avez visités (sauf si vous avez désactivé cette fonctionnalité, comme indiqué précédemment dans ce chapitre).

1 Touchez le bouton **Signets** (à gauche de la barre d'adresses), puis touchez **Historique**, le bouton représentant une horloge en bas au centre du menu.

2 Touchez l'élément de l'historique que vous souhaitez afficher.

> NOTE
>
> Vous avez la possibilité d'effacer l'historique en touchant le bouton **Effacer l'historique**.

Utiliser les onglets iCloud

Si vous possédez un compte iCloud et au moins un autre appareil (iPhone, iPad, iPod touch ou Mac) sur lequel vous utilisez Safari et avez également configuré iCloud, vous pouvez accédez aux onglets iCloud. En touchant le bouton, vous ouvrez un menu qui contient la liste des onglets ouverts sur votre autre appareil.

Touchez l'onglet souhaité dans le menu pour afficher la page correspondante sur votre iPad mini.

Chapitre 5

Échanger du courriel

Dans ce chapitre :

- Configurer Mail pour son compte de messagerie
- Afficher les boîtes de réception
- Afficher une pièce jointe
- Organiser et supprimer les messages
- Ajouter rapidement une personne dans les contacts
- Rechercher dans les messages
- Répondre à un courriel
- Transférer un courriel
- Envoyer un nouveau courriel
- Supprimer ou modifier la mention « Envoyé de mon iPad mini »
- Envoyer des pièces jointes par courriel
- Gérer les VIP

Ce chapitre présente Mail, l'application que vous utilisez pour gérer vos courriels. Bien entendu, pour recevoir et envoyer vos courriels (mais aussi pour effectuer la configuration de votre compte), vous devez être connecté à Internet *via* le réseau Wi-Fi ou cellulaire.

Configurer un compte de messagerie

Pour envoyer et recevoir du courrier avec votre iPad mini, vous devez le configurer afin d'indiquer quel prestataire vous utilisez et comment vous connecter au serveur de ce dernier. Si vous connectez votre iPad mini à votre ordinateur et que vous y avez configuré votre compte de messagerie, les paramètres peuvent être synchronisés automatiquement, ce qui vous évite d'avoir à le faire sur l'iPad mini. En revanche, si vous ne synchronisez pas votre iPad mini avec un ordinateur ou si vous souhaitez utiliser un compte différent sur votre iPad mini, vous devez effectuer la configuration sur celui-ci.

1. Touchez **Réglages ▶ Mail, Contacts, Calendrier**.

2. Dans la section Comptes, touchez **Ajouter un compte**.

3. Dans la liste des prestataires, touchez celui auprès duquel vous avez un compte.

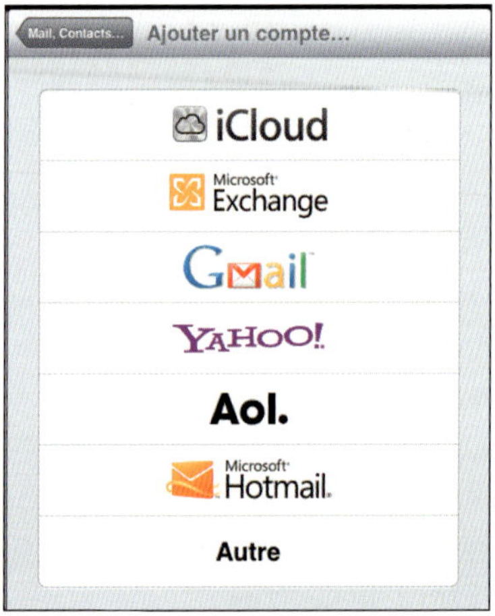

4. Saisissez les informations relatives au compte de messagerie : votre nom, votre adresse de messagerie et votre mot de passe.

5. Dans Description, saisissez un libellé vous permettant de reconnaître le compte (si vous en avez plusieurs). Si cela vous convient, vous pouvez laisser le nom du prestataire, ajouté par défaut.

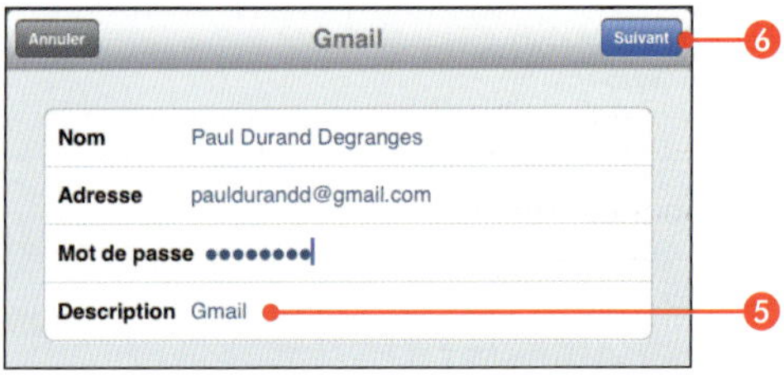

6. Touchez **Suivant**. Les paramètres du compte sont vérifiés.

7 Selon le prestataire, vous pouvez configurer plusieurs fonctionnalités. Dans le cas de Gmail, vous pouvez synchroniser vos courriers, mais également les calendriers et les notes. Faites éventuellement votre choix, puis touchez **Enregistrer**.

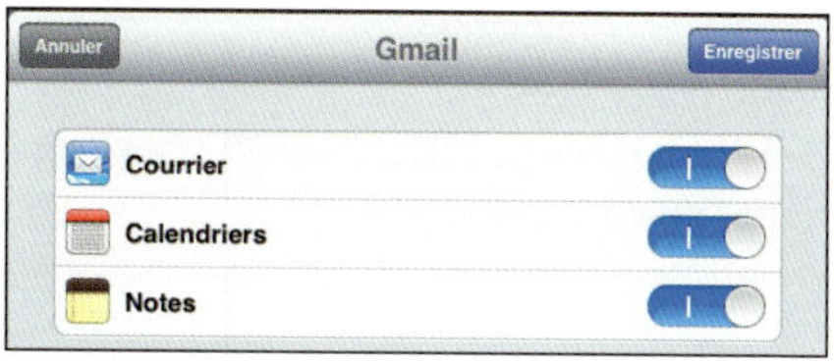

8 Le compte que vous venez de configurer s'affiche maintenant dans la section Comptes.

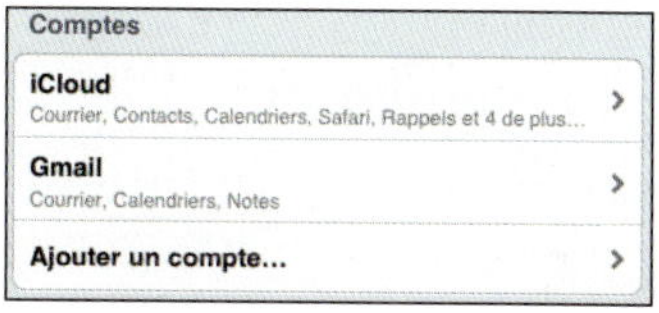

NOTE

Si vous avez configuré iCloud sur votre iPad mini, le compte de messagerie correspondant est automatiquement ajouté.

Configurer manuellement un compte de messagerie

1 Touchez **Réglages ▶ Mail, Contacts, Calendrier**.

2 Dans la section Comptes, touchez **Ajouter un compte**.

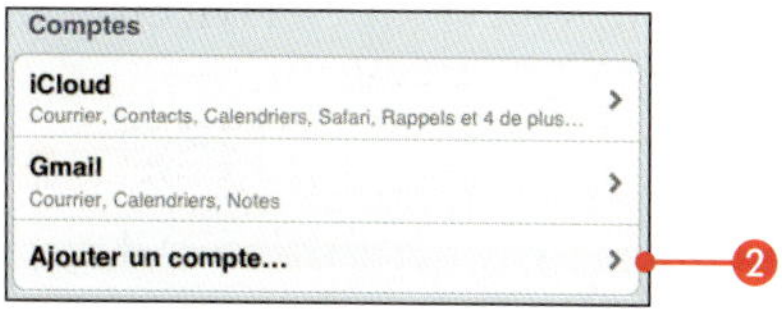

3 Touchez **Autre**.

4 Dans la section Courrier, touchez **Ajouter un compte Mail**.

5 Saisissez les informations concernant votre compte (votre nom, votre adresse de courriel, le mot de passe ainsi que la description pour le compte), puis touchez **Suivant**.

6 Si le prestataire que vous avez sélectionné est connu, tous les paramètres peuvent être renseignés automatiquement. Dans ce cas, votre compte apparaît immédiatement dans la liste. Dans le cas contraire, effectuez les étapes suivantes pour configurer les différents paramètres.

7 Indiquez si vous configurez un compte IMAP ou POP en touchant les boutons correspondants.

8 Saisissez les informations dans les sections Serveur de réception et Serveur d'envoi. Ces informations vous sont données par votre fournisseur.

9 Touchez ensuite **Enregistrer**.

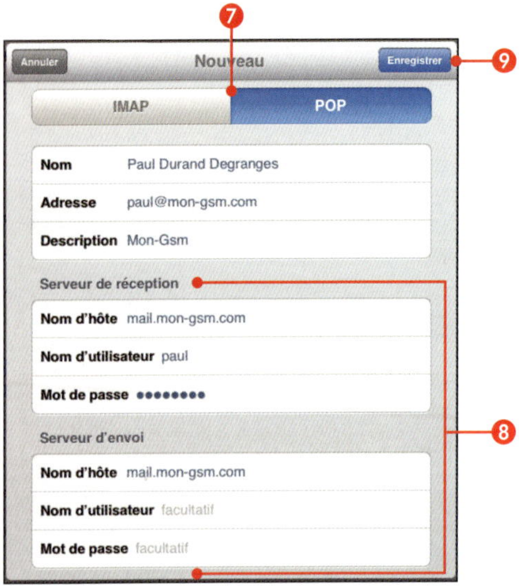

10 Le programme vérifie les paramètres que vous avez saisis. Dans certains cas, une fenêtre vous indique qu'une connexion SSL est impossible, touchez **Oui** pour continuer. La vérification continue.

L'iPad mini doit se connecter et vérifier l'ensemble des paramètres que vous avez indiqués ; cette vérification peut demander quelques minutes.

Afficher les nouveaux courriels

1 Touchez l'icône **Mail** (placée par défaut dans le Dock, au bas de l'écran d'accueil). S'il existe des courriels non lus, une pastille rouge en indique le nombre.

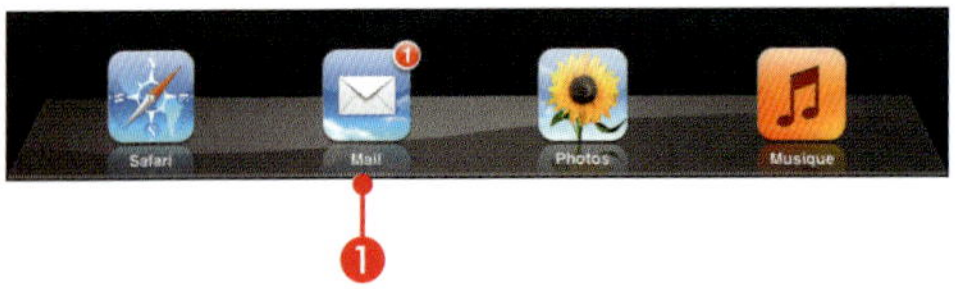

2 Le courriel s'affiche à l'écran. Touchez le bouton en haut à gauche (**Boîte de réception** ou **Toutes les boîtes** selon votre configuration) pour afficher la liste des messages présents dans votre boîte aux lettres.

3 Touchez le message que vous souhaitez afficher dans le volet principal.

❹ Si vous utilisez plusieurs comptes de messagerie, vous pouvez choisir d'afficher uniquement le contenu de l'un d'eux. Pour cela, touchez **BAL**.

❺ Dans la liste Boîtes de réception, touchez **Toutes les boîtes**, pour afficher dans une seule liste les messages de toutes les boîtes.

Touchez le nom d'une boîte pour afficher uniquement les messages qu'elle contient.

NOTE : Dans la section Comptes, pour afficher tous les dossiers du compte de messagerie (Boîte de réception, Brouillons, Messages envoyés, *etc.*), touchez le nom d'un compte.

À quoi correspondent les icônes des messages ?

Lorsque vous affichez le volet contenant les messages, vous obtenez plusieurs informations avant même de lire le contenu de ce message :

❶ **Expéditeur**. La première ligne indique le nom ou l'adresse de courriel de l'expéditeur, suivi de la date d'envoi. Un trombone avant la date d'envoi indique que le courriel contient une pièce jointe.

❷ **Objet**. La deuxième ligne indique l'objet du courriel. Le numéro qui peut s'afficher à droite de la ligne indique le nombre de messages dans la conversation (même sujet). Lorsqu'il y a plusieurs messages, en touchant un message vous affichez l'ensemble des messages de la conversation dans le volet.

❸ **Extrait du message**. Les deux dernières lignes sont un extrait du message.

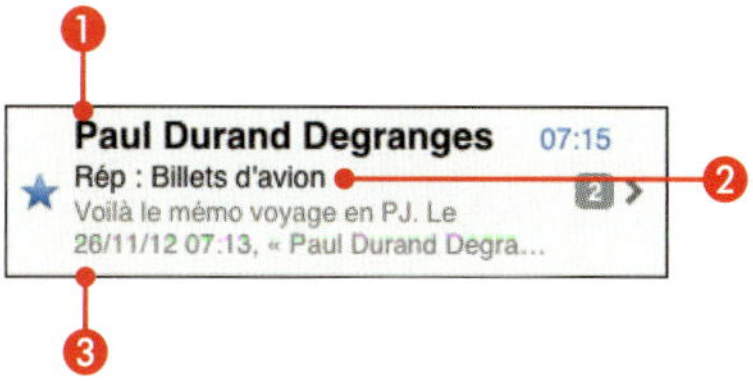

Afficher une pièce jointe

Lorsque vous recevez une pièce jointe, vous avez souvent la possibilité d'afficher le document correspondant directement dans Mail.

1 Affichez le contenu d'un message contenant une pièce jointe (vous le repérez grâce au trombone sur la première ligne).

2 Faites défiler le message jusqu'à la fin pour trouver la pièce jointe qui s'affiche sous la forme d'une icône.

3 Si nécessaire, la pièce jointe est téléchargée, puis elle s'affiche à l'écran.

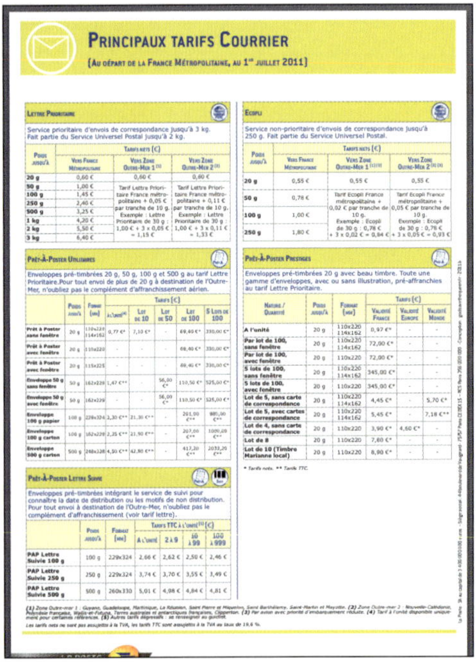

4 Touchez l'écran pour afficher la barre d'outils en haut du document. Touchez **OK** pour revenir à votre courriel.

5 Vous pouvez toucher le bouton **Partager** pour ouvrir votre pièce jointe dans une autre application. La première icône correspond à l'application par défaut (ici, iBook pour afficher un PDF). Touchez **Envoyer par courrier** pour créer un nouveau courriel contenant la pièce jointe. Touchez **Imprimer** pour imprimer votre pièce jointe (à condition d'avoir configuré une imprimante compatible sur votre iPad mini). Touchez **Copier** pour copier la pièce jointe afin de la coller dans une autre application. Notez que les icônes proposées dans le menu varient en fonction du type de pièce jointe ainsi que des applications installées sur votre iPad mini.

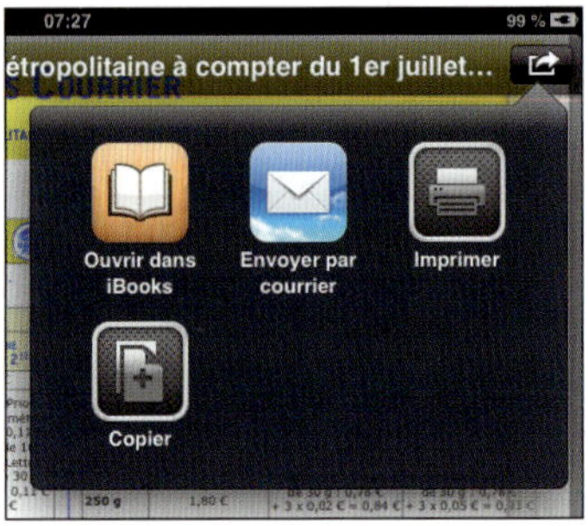

Si vous recevez des pièces jointes que Mail ne sait pas ouvrir, un message d'alerte s'affiche. Cela peut être le cas avec des documents qui doivent être ouverts par des programmes précis qui n'existent pas pour l'iPad mini ou que vous n'avez pas installés sur votre iPad mini. Vous avez donc le choix entre télécharger ces programmes sur votre iPad mini ou utiliser un ordinateur équipé de ces derniers.

Organiser et supprimer des messages

Tous les messages que vous recevez arrivent dans la boîte de réception du compte de messagerie. Vous avez la possibilité de placer les messages dans un dossier appelé **Archives** (qui existe déjà) ou dans d'autres dossiers (par exemple, **Famille**, **Travail**, *etc.*) que vous créez afin d'organiser vos messages. Enfin, pour faire place nette, supprimez les messages qui ne vous intéressent pas.

- **Déplacer un message**. Pour archiver un message ou le placer dans un dossier que vous avez créé, touchez le bouton **Déplacer vers une boîte aux lettres** en haut de l'écran. La liste des dossiers du compte s'affiche dans le volet à gauche. Touchez le dossier dans lequel vous souhaitez placer le message. Dans certains cas, il est possible de déplacer un message dans le dossier d'un autre compte de messagerie configuré sur votre iPad mini.

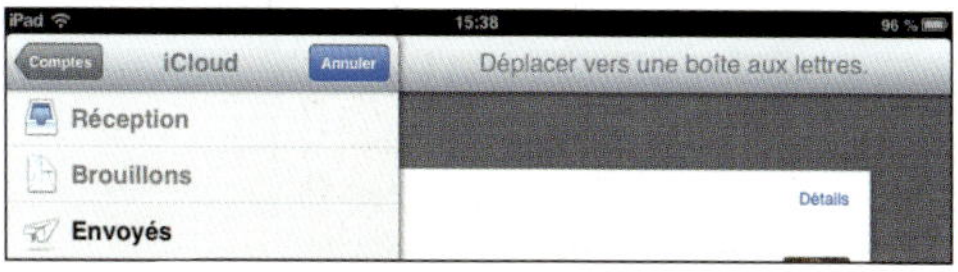

- **Créer un dossier**. Affichez la liste des dossiers du compte (voir précédemment dans ce chapitre), puis touchez **Modifier**.

Touchez **Nouvelle boîte aux lettres**, en bas du volet, puis nommez le dossier. Si vous souhaitez créer un sous-dossier, touchez le nom du compte dans la section Emplacement, puis choisissez le dossier dans lequel vous souhaitez déplacer le message. Lorsque vous avez terminé, touchez **Enregistrer**.

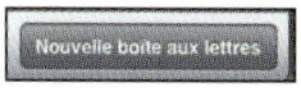

Votre dossier apparaît dans la liste. Touchez **OK** pour quitter le mode modification.

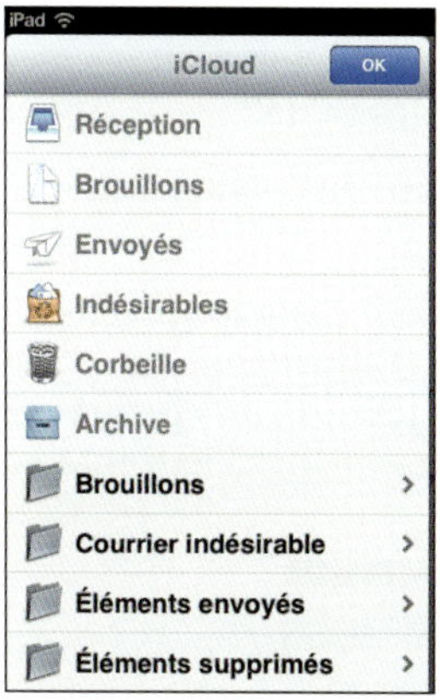

- **Supprimer un message**. Pour supprimer un message, touchez l'icône en forme de corbeille. Le message est immédiatement supprimé.

> NOTE
>
> Vous avez supprimé un message par erreur ? Affichez les dossiers de votre compte de messagerie puis visualisez le contenu du dossier nommé **Corbeille**. Votre message doit s'y trouver. Sélectionnez-le et déplacez-le dans le dossier que vous souhaitez (Réception ou autre).

Ajouter une personne aux contacts

Vous utilisez l'application Contacts de l'iPad mini (voir chapitre 14) comme carnet d'adresses dans lequel vous placez les coordonnées de vos connaissances. Lorsque vous recevez un courriel, vous pouvez insérer rapidement l'adresse de messagerie de l'expéditeur dans la liste de vos contacts (bien entendu, vous faites cela pour les adresses des personnes que vous connaissez).

Vous pouvez aussi ajouter à vos contacts des adresses de liste de diffusion auxquelles vous êtes abonné afin que les courriels que vous recevez, en provenance de ces adresses, ne partent pas automatiquement dans le courrier indésirable.

1 Touchez l'adresse du contact dans la zone **De**.

2 Dans la fenêtre qui s'affiche, touchez **Créer un nouveau contact** pour créer une nouvelle fiche ou **Ajouter à un contact** pour ajouter l'adresse de courriel à un contact existant.

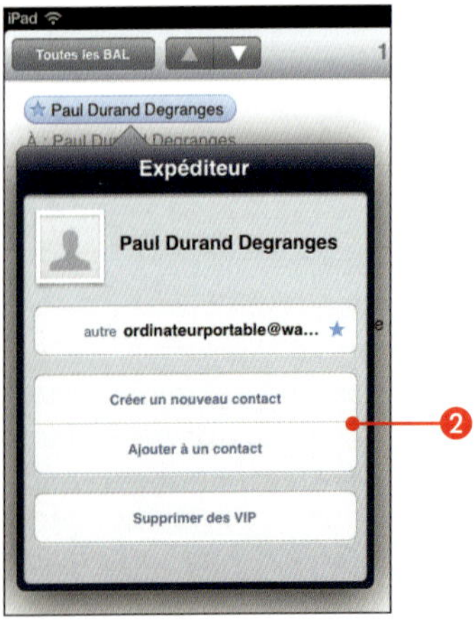

- Si vous créez un nouveau contact, saisissez les informations (au minimum, le prénom et le nom ou le nom de la société). Touchez ensuite **OK**.

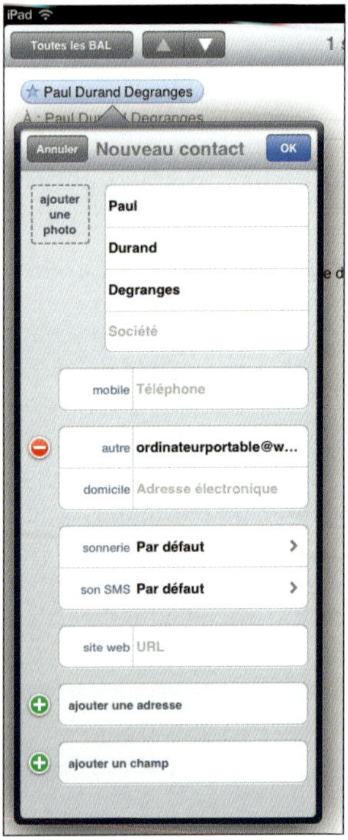

- Si vous ajoutez l'adresse à un contact existant, touchez ce contact dans la liste, puis dans la fiche du contact qui apparaît, touchez **OK** pour valider l'ajout de l'adresse.

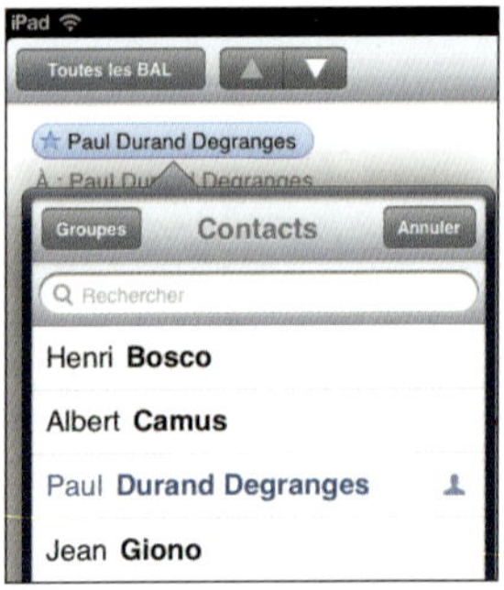

Rechercher des courriels

1. Affichez le volet contenant les messages puis touchez la zone de recherche (Rechercher dans « Réception »). Vous pouvez effectuer des recherches dans les différents dossiers (Corbeille, Archives, les dossiers que vous avez créés, *etc.*).

2. Au fur et à mesure que vous saisissez les mots-clés à rechercher, la liste des messages change pour afficher les courriels correspondants.

3. Touchez **De**, **À** ou **Objet** pour limiter la recherche aux champs correspondants. Touchez **Tous** pour rechercher dans tous ces champs. En revanche, vous ne pouvez pas effectuer de recherche dans le corps des messages.

NOTE : Vous pouvez également utiliser la recherche Spotlight pour effectuer une recherche dans les messages. Celle-ci s'effectue sur tous les champs (mais toujours pas dans le corps des messages).

Répondre à un courriel

1. Affichez le message auquel vous souhaitez répondre.

2. Touchez le bouton en forme de flèche courbée vers la gauche.

3. Dans le menu qui apparaît, touchez **Répondre**. Si le message auquel vous répondez a été adressé à plusieurs destinataires, le bouton **Répondre à tous** vous permet d'envoyer votre réponse à toutes les personnes et non pas uniquement à l'expéditeur du message. Vous avez aussi la possibilité d'imprimer le message si vous avez configuré une imprimante avec votre iPad mini. Pour plus d'informations sur le transfert, consultez la section suivante.

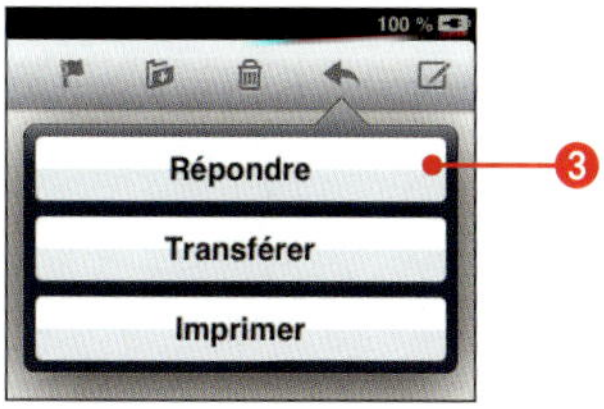

4. Un nouveau message s'affiche. Le champ **À** est déjà renseigné avec l'adresse mail de la personne à qui vous répondez. Le champ **Objet** est renseigné avec l'objet du message auquel vous répondez, mais le libellé est précédé de « Re : » pour indiquer qu'il s'agit d'une réponse. Le corps du message reprend le message auquel vous répondez et le point d'insertion (le curseur où vous allez saisir le texte) se trouve avant le texte reçu.

5 Si nécessaire, ajoutez des adresses dans les champs **À**, **Cc** et **Cci**, changez le compte avec lequel vous expédiez le message et modifiez l'objet (en général, on laisse tous les champs dans l'état).

6 Saisissez votre réponse, puis touchez le bouton **Envoyer**.

Transférer un message

Vous transférez un message lorsque le contenu peut intéresser des personnes. Par exemple, vous recevez des horaires d'avion pour un voyage en famille et vous transférez ce courriel aux autres membres de la famille qui voyagent.

1 Affichez le message à transférer.

2 Touchez le bouton en forme de flèche courbée vers la gauche.

3 Dans le menu qui apparaît, touchez **Transférer**.

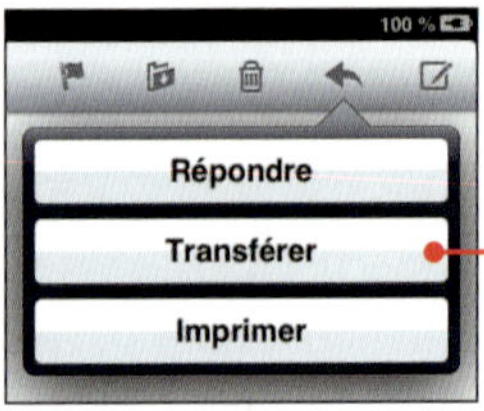

4 Un nouveau message s'affiche. Le champ **À** n'est pas renseigné. Indiquez l'adresse du ou des destinataires. Si nécessaire, remplissez les champs **Cc** et **Cci** avec l'adresse mail de tierces personnes à qui transférer le message.

5 Le champ **Objet** est renseigné avec l'objet du message que vous transférez, mais le libellé est précédé de « Fwd : » pour indiquer qu'il s'agit d'un transfert (*forward*, en anglais).

6 Le corps du message reprend le message que vous transférez, vous pouvez saisir du texte avant le message pour indiquer pourquoi vous faites suivre ce message.

7 Touchez le bouton **Envoyer** lorsque vous avez terminé.

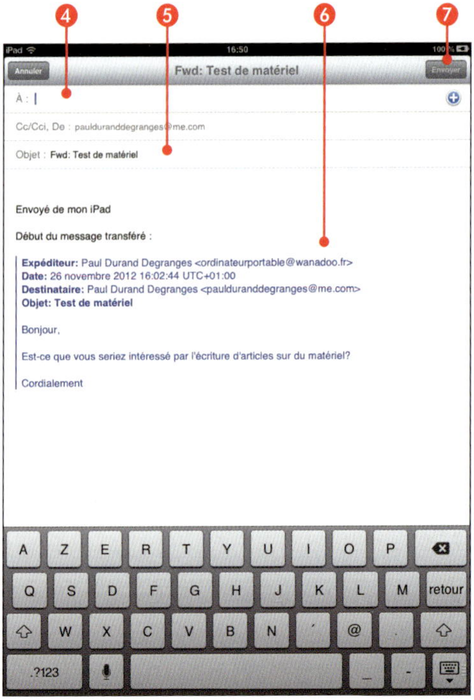

Envoyer un courriel

❶ Touchez **Nouveau message** dans la barre d'outils.

❷ Dans le nouveau message vide qui s'affiche, saisissez l'adresse du destinataire dans le champ **À**. Vous pouvez ajouter plusieurs destinataires dans le champ. Touchez **Cc/Cci** pour afficher les champs correspondants et ajouter des destinataires en copie ou en copie cachée. Vous faites également apparaître le champ **De**, dans lequel vous choisissez le compte de messagerie utilisé pour envoyer le courriel (si vous avez configuré plusieurs comptes).

❸ Touchez le champ **Objet**, puis saisissez l'objet de votre message.

❹ Touchez la zone principale du courriel et saisissez votre message.

❺ Touchez **Envoyer**.

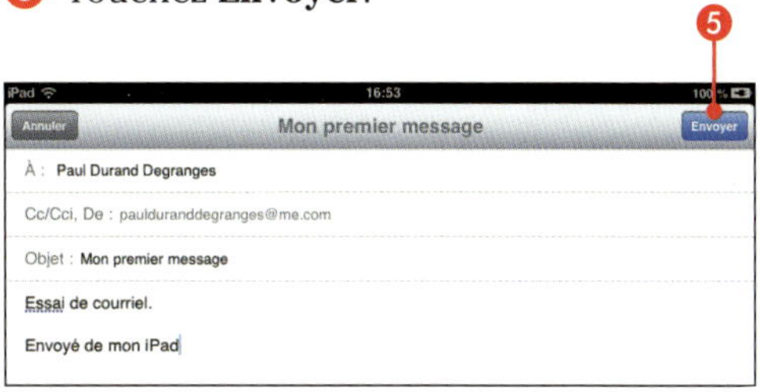

Pour définir le compte utilisé par défaut pour l'envoi des messages, à partir de l'écran d'accueil, touchez **Réglages ▶ Mail, Contacts, Calendriers ▶ Compte par défaut**.

Changer la signature par défaut

Par défaut, tous les messages sont signés « Envoyé de mon iPad mini ». Vous pouvez supprimer cette signature ou en créer une autre.

❶ À partir de l'écran d'accueil, touchez **Réglages ▶ Mail, Contacts, Calendrier ▶ Signature**.

❷ Indiquez si vous souhaitez la même signature pour **Tous les comptes** ou **Par compte**.

3 Dans la zone de saisie, supprimez Envoyé de mon iPad mini (en touchant le bouton **Effacer**) et saisissez éventuellement le texte de remplacement que vous souhaitez. Si vous avez choisi **Par compte**, saisissez les signatures pour chacun des comptes.

Vous pouvez saisir l'adresse d'une page Web dans la signature, elle sera automatiquement convertie en lien.

Envoyer des pièces jointes

Vous pouvez ajouter des pièces jointes aux courriels que vous envoyez de votre iPad mini.

1 Pour envoyer une photo ou une vidéo, tapez dans le corps du message que vous souhaitez envoyer puis choisissez **Insérer photo ou vidéo**.

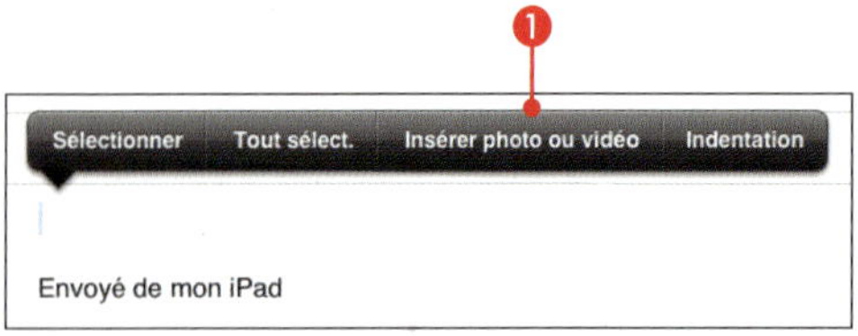

2 Une boîte de dialogue Photos s'affiche. Affichez la photo que vous souhaitez placer dans le courriel puis touchez **Utiliser**.

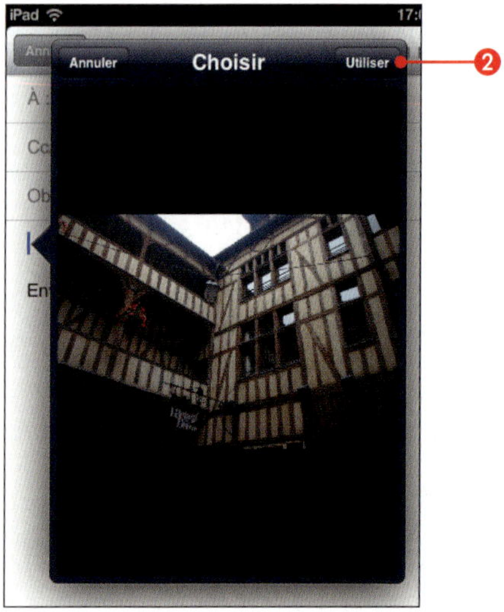

❸ La photo s'insère dans votre courriel.

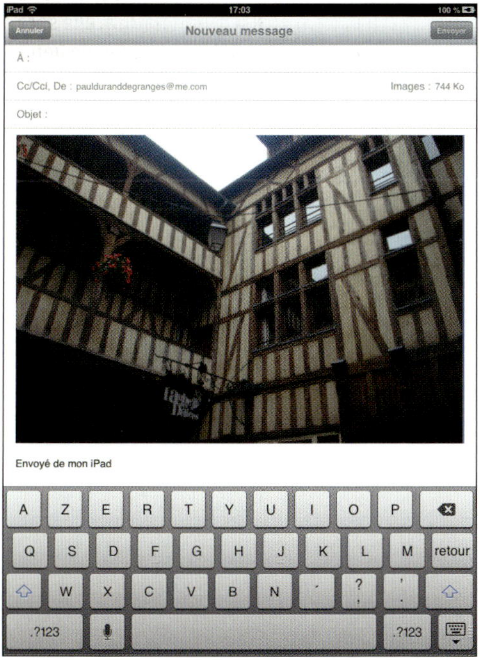

Vous pouvez aussi utiliser le bouton de partage qui se trouve dans certaines applications, afin d'envoyer en pièce jointe d'autres éléments que des photos ou des vidéos.

- **Envoyer une photo**. Ouvrez l'application **Photos**, puis affichez la photo à envoyer. Touchez le bouton **Partager** puis dans le menu qui s'affiche, touchez **Envoyer par courrier**.

Pour envoyer plusieurs photos dans un même message, affichez la pellicule ou tout autre album, puis touchez le bouton **Modifier**. Touchez les photos à envoyer par courriel (jusqu'à cinq photos). Puis touchez **Envoyer**. Dans le menu qui s'affiche, touchez **Envoyer par courrier**.

- **Envoyer un lien**. Dans Safari, touchez le bouton **Envoyer**, puis choisissez **Envoyer par courrier**.

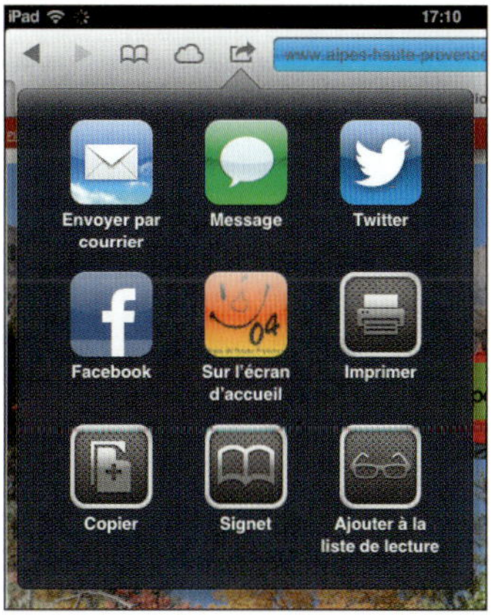

- **Envoyer un lieu**. Dans Plans, affichez un lieu ou une adresse puis touchez le ***i*** à droite de l'étiquette du lieu. Dans le menu qui s'affiche, touchez **Envoyer ce lieu**, puis **Envoyer par courrier**.

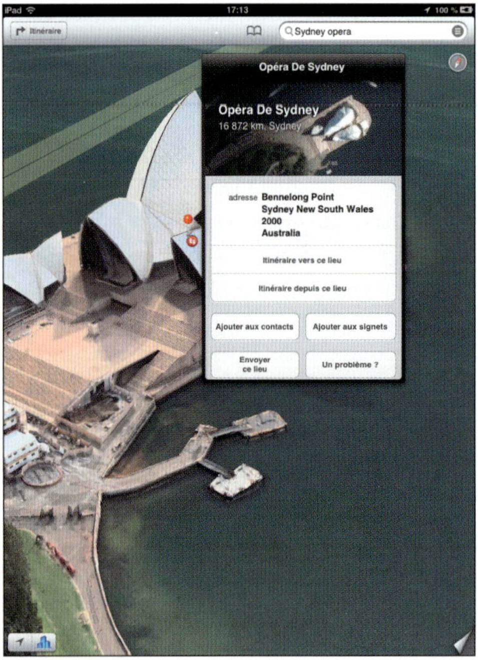

Dans tous les cas, un nouveau message s'affiche, il contient les photos, les liens ou la position géographique que vous avez sélectionnés. Indiquez le destinataire, l'objet et saisissez votre message avant de l'envoyer.

Ajouter un correspondant aux VIP

Afin de pouvoir consulter rapidement les courriels provenant de certaines personnes (votre famille, vos collaborateurs, *etc.*), vous pouvez placer certains correspondant dans la liste des VIP. Lorsqu'un VIP vous envoie un courriel, celui-ci se classe automatiquement dans le dossier VIP créé par l'application Mail.

Dans la liste des courriels, repérez les VIP grâce à l'étoile placée sur le côté gauche du message.

Pour ajouter une personne dans la liste VIP, touchez son adresse de messagerie dans un courriel que vous avez reçu puis, dans la boîte de dialogue qui s'affiche, touchez **Ajouter aux VIP**.

Pour supprimer une personne de la liste VIP, touchez son adresse et, cette fois, touchez **Supprimer des VIP**.

Chapitre 6

Messagerie instantanée, téléphonie et visiophonie

Dans ce chapitre :

- Configurer Messages
- Envoyer un message
- Afficher les messages reçus et y répondre
- Supprimer un message ou toute une conversation
- Configurer FaceTime
- Lancer un appel FaceTime
- Répondre à un appel FaceTime
- Installer Skype
- Configurer un compte Skype
- Utiliser la messagerie instantanée Skype
- Passer un appel vocal avec Skype
- Passer un appel vidéo avec Skype
- Envoyer un SMS avec Skype
- Autres applications de téléphonie pour iPad mini

L'iPad mini, même avec une carte SIM pour une connexion au réseau cellulaire, n'est pas un iPhone géant. En effet, il ne permet pas de téléphoner… enfin presque, puisqu'un certain nombre d'applications (dont certaines fournies par défaut) permettent de communiquer, de différentes manières, avec vos proches.

Configurer Messages

La première application que vous pouvez utiliser pour communiquer avec vos proches s'appelle Messages. Elle est fournie par défaut avec l'iPad mini et elle vous permet d'échanger des messages à la manière des SMS ou des messageries instantanées. Pour pouvoir communiquer avec des proches à l'aide de Messages, ces derniers doivent également posséder l'application (sur un iPhone, un iPod touch ou un Mac) et être connectés à Internet. De votre côté, vous devez également configurer l'application Messages pour envoyer et recevoir des messages. Sachez qu'un message envoyé entre applications d'Apple s'appelle un iMessage.

1. Touchez **Messages**.

2. Dans l'écran iMessage qui s'affiche, saisissez votre identifiant Apple, puis touchez **Connexion**. Vous possédez un identifiant Apple si vous avez acheté sur l'App Store, l'iTunes Store ou l'Apple Store. Si vous possédez un identifiant iCloud, vous pouvez également l'utiliser.

3. Si vous ne possédez pas d'identifiant, touchez **Créer un nouvel identifiant Apple**, puis suivez les instructions pour créer votre compte.

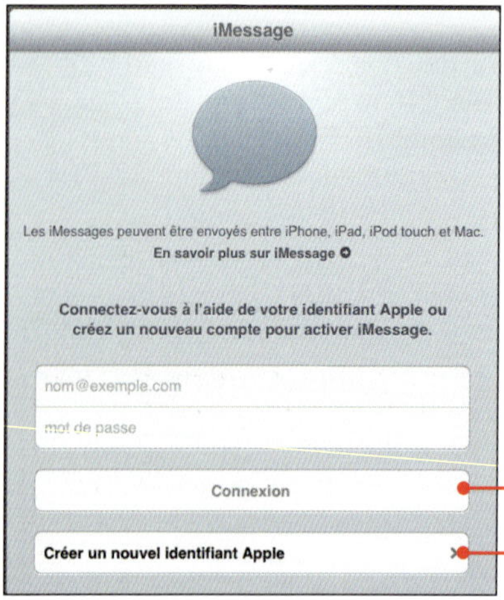

4. L'adresse de courriel que vous utilisez pour recevoir les iMessages s'affiche, touchez **Suivant**. Plusieurs adresses peuvent être associées à votre compte, dans ce cas, cochez celles que vous souhaitez utiliser.

5. Messages vérifie les informations que vous avez saisies. Vous devez consulter votre messagerie électronique, car un courriel vous demandant de confirmer que vous êtes le propriétaire de l'adresse vous a été expédié. Vous utilisez le lien dans le courriel pour afficher la page de confirmation.

6. Messages affiche l'interface pour envoyer et recevoir des messages.

Modifier l'adresse de réception des iMessages

❶ Touchez **Réglages** ▶ **Messages** ▶ **Envoi et réception**.

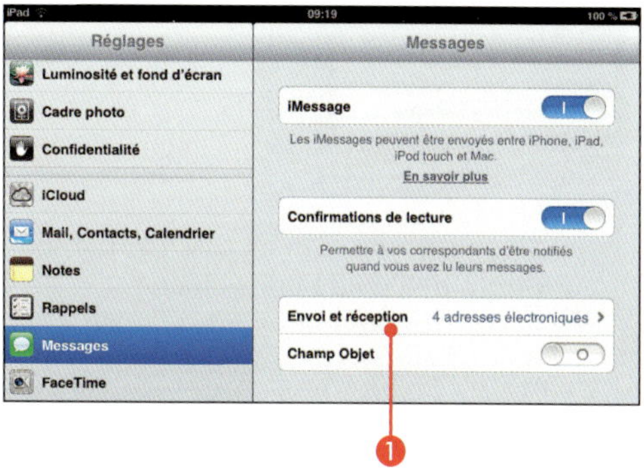

❷ Touchez **Ajoutez une adresse électronique**.

❸ Saisissez l'adresse puis touchez **Retour** au clavier.

❹ Votre adresse électronique est alors vérifiée. Vous devez consulter votre messagerie électronique et, dans le message de confirmation, ouvrir le lien de vérification. Une fois que vous avez vérifié votre adresse de messagerie, celle-ci est ajoutée à votre compte.

Envoyer un iMessage

❶ Touchez **Messages** pour ouvrir l'application.

❷ Touchez le bouton **Nouveau message** (à droite du libellé Messages).

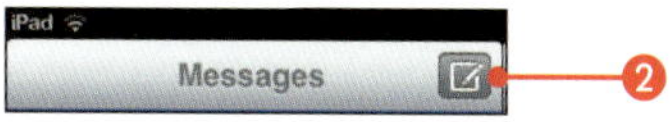

❸ Le volet Nouveau message s'affiche à droite de l'écran. Le curseur clignote dans le champ **À**. Saisissez l'adresse de messagerie du destinataire de votre message ou appuyez sur le bouton + pour choisir un contact dans le carnet d'adresses.

❹ Notez qu'à mesure que vous saisissez l'adresse, la liste des contacts correspondants s'affiche. Si le contact souhaité s'y trouve, touchez-le, sinon continuez la saisie. Il est possible de saisir des numéros de téléphone. En effet, les utilisateurs d'iPhone peuvent être joints à l'aide de leur numéro de téléphone, par iMessages.

5 Une fois l'adresse saisie, Messages vérifie l'état de votre correspondant.

- Si le correspondant n'est pas en ligne ou pas enregistré, un point d'exclamation s'affiche. Dans ce cas, vous ne pouvez pas envoyer de message à ce correspondant.

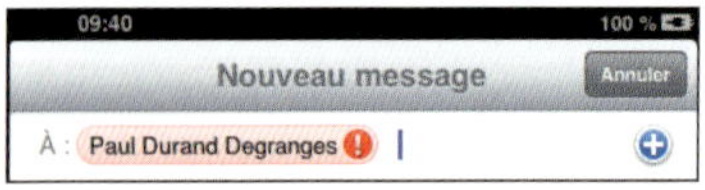

- Si le correspondant est enregistré et qu'il est en ligne, son nom apparaît sur fond bleu.

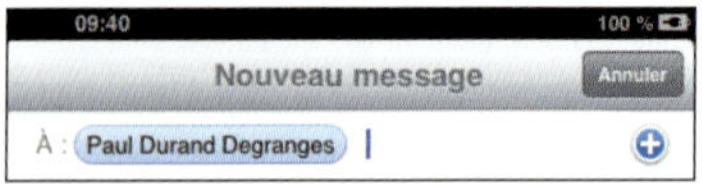

- Lorsque les contacts s'affichent, une bulle bleue en regard d'une adresse de courriel ou d'un numéro de téléphone indique que le contact est inscrit à Messages et donc que vous pouvez lui envoyer un iMessage.

6 Si nécessaire, indiquez d'autres destinataires.

7 Touchez la zone du message (en bas du volet de droite), puis saisissez-le.

8 Si vous le souhaitez, vous pouvez joindre une photo en touchant le bouton représentant un appareil photo. Indiquez ensuite si vous souhaitez prendre une photo avec l'appareil intégré à votre iPad mini ou si vous souhaitez choisir une photo existante sur l'iPad mini.

- Si vous prenez une photo, l'appareil photo de l'iPad mini s'affiche ; utilisez le capteur avant ou arrière, puis appuyez sur le bouton pour prendre la photo. Touchez ensuite **Utiliser** pour envoyer la photo ou sur **Recommencer** pour prendre une nouvelle photo.

- Si vous choisissez une photo existante, la liste des photos disponibles sur l'iPad mini s'affiche. Touchez les événements pour afficher la photo souhaitée, puis touchez **Utiliser** pour l'envoyer.

❾ Lorsque vous avez terminé, touchez **Envoyer** pour envoyer le message.

❿ Lorsque le message est arrivé à destination, la mention **Distribué** apparaît.

Lire les messages reçus

Lorsque votre iPad mini est en veille ou lorsque vous utilisez une application autre que Messages, une notification s'affiche lorsque vous recevez un message.

- **iPad mini en veille**. Lorsque l'iPad mini est en veille, une alerte sonore vous informe de l'arrivée du message (si vous n'avez pas coupé le son) et l'écran se rallume pour afficher le message au centre. Faites glisser le bouton **Répondre** pour aller dans Messages et afficher le fil de la conversation.

- **iPad mini utilisé**. Si vous utilisez l'iPad mini, le message peut s'afficher de plusieurs manières, selon la configuration des notifications (consultez le chapitre 2). Une alerte peut apparaître au centre de l'écran. Celle-ci vous empêche de continuer ce que vous êtes en train de faire. Vous devez toucher **Fermer** pour fermer l'alerte ou **Répondre** pour afficher le fil de la conversation dans Messages.

Le message peut également s'afficher dans une bannière qui apparaît quelques instants dans la partie supérieure de l'écran. Si vous souhaitez quitter ce que vous êtes en train de faire pour afficher le fil de la conversation dans Messages, il vous suffit de toucher la bannière. Vous pouvez également laisser la bannière disparaître et lorsque vous avez terminé ce que vous êtes en train de faire, vous retournez à l'écran d'accueil et touchez Messages pour afficher le fil de la conversation (une pastille sur l'icône de l'application doit indiquer le nombre de messages non lus).

Il est également possible de régler les notifications afin de ne pas afficher d'alerte. Dans ce cas, seul le son (s'il n'est pas coupé) vous informe de l'arrivée d'un message.

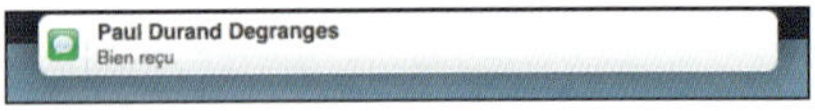

Lorsque vous affichez le fil de la conversation, vous voyez le message reçu du côté gauche du volet de conversation et à droite, vous voyez ceux que vous avez envoyés. Saisissez éventuellement votre réponse et envoyez-la.

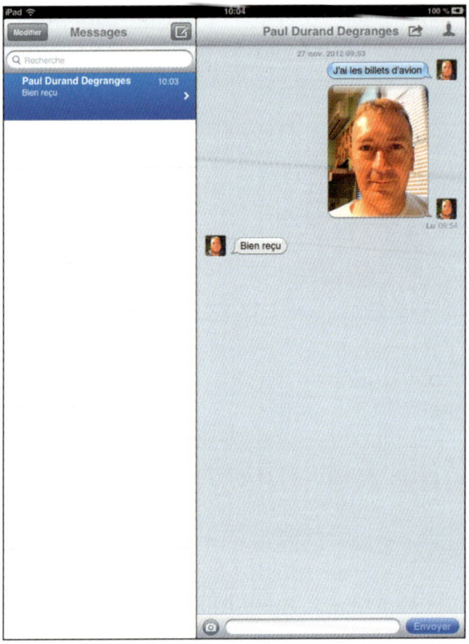

Supprimer des iMessages

Vous avez la possibilité d'effacer la totalité d'une conversation ou seulement quelques messages.

- **Effacer la conversation**. Faites glisser le doigt horizontalement sur le nom de la personne avec qui vous êtes en conversation (volet de gauche). La conversation devient grisée et le bouton **Supprimer** apparaît en regard du nom. Touchez ce bouton pour supprimer la totalité de la conversation, touchez en dehors du bouton, n'importe où sur l'écran, pour annuler.

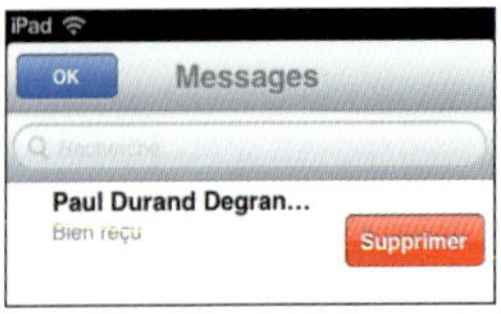

- **Effacer un message**. Touchez le bouton **Partager** placé à droite du nom dans le volet de la conversation.

Touchez le ou les messages à supprimer ; un rond rouge avec une coche blanche apparaît en regard des messages à supprimer (touchez de nouveau les messages pour décocher).

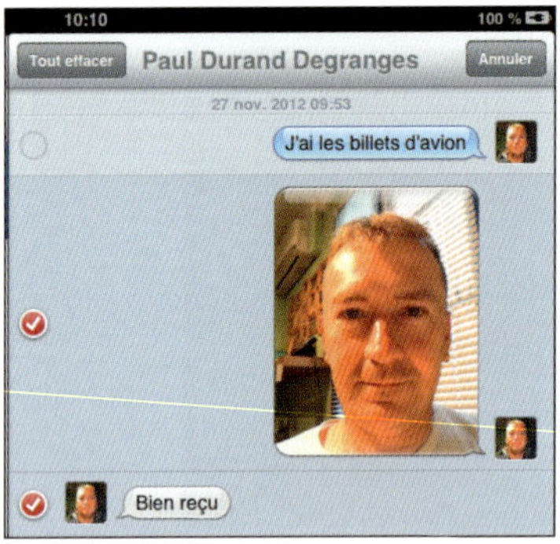

Touchez le bouton **Supprimer** pour effacer les messages sélectionnés (le chiffre entre parenthèses indique le nombre de messages à supprimer).

NOTE

Vous pouvez également transférer les messages sélectionnés. Touchez le bouton **Transférer**, indiquez le destinataire, puis touchez **Envoyer**.

Configurer FaceTime

FaceTime vous permet d'établir des conversations vidéo avec d'autres personnes équipées également de FaceTime (iPhone, iPad mini, iPod touch ou Mac). Comme c'est le cas avec Messages, pour pouvoir utiliser FaceTime, vous devez configurer l'application afin d'indiquer une adresse de courriel pour vous joindre.

1. Sur l'écran d'accueil, touchez **FaceTime**.

2. Saisissez votre identifiant Apple. Si vous n'en possédez pas, touchez le bouton **Créer un compte** puis suivez les instructions.

3. FaceTime vérifie l'adresse de courriel fournie. Il peut être nécessaire de consulter votre messagerie pour ouvrir un lien afin de confirmer que l'adresse vous appartient.

4. Une fois la configuration terminée, le volet de contrôle de FaceTime s'affiche. Dans la partie supérieure, deux boutons permettent d'afficher **Tous** les appels (reçus, émis ou manqués) ou uniquement les appels **Manqués**.

Dans le bas, trois boutons permettent d'afficher les contacts **Favoris**, la liste des **Appels** ou la liste des **Contacts**.

Passer un appel FaceTime

Pour plus de confort, vous pouvez utiliser un casque ou mieux un casque équipé d'un micro (ceux vendus pour l'iPhone conviennent).

1. Touchez **Contacts** au bas de l'écran.

2. Dans la liste des contacts, touchez le contact que vous souhaitez appeler. Une caméra en regard d'une adresse ou d'un numéro indique que cette adresse ou ce numéro peuvent être utilisés pour un appel FaceTime.

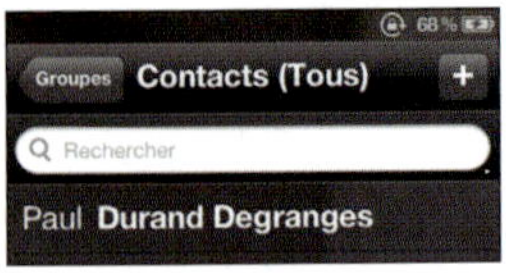

3. Touchez le numéro de téléphone ou l'adresse de courriel à utiliser pour passer l'appel FaceTime. Votre correspondant est averti de l'appel. Lorsqu'il répond, votre image s'affiche dans le coin supérieur gauche de l'écran et l'image de votre correspondant occupe tout l'écran.

4. Utilisez les boutons au bas de l'écran pour contrôler l'appel. Touchez le Micro barré pour désactiver le micro sur votre iPad mini afin que votre interlocuteur ne vous entende plus (touchez de nouveau le micro pour rétablir le son). Touchez l'appareil photo pour passer de la caméra frontale à la caméra arrière et inversement. Touchez **Terminer** pour mettre fin à votre appel FaceTime.

NOTE

Si vous faites pivoter votre iPad mini en mode paysage et que l'orientation n'est pas verrouillée, l'image que vous transmettez est automatiquement orientée.

Répondre à un appel FaceTime

Lorsqu'un correspondant cherche à vous joindre à l'aide de FaceTime, l'application s'affiche sur l'écran de votre iPad mini. Le nom de l'appelant s'affiche en haut de l'écran. Avant de répondre, vous pouvez contrôler votre image qui s'affiche à l'écran. Pour répondre, touchez **Accepter** ou touchez **Refuser** si vous ne souhaitez pas répondre à l'appel.

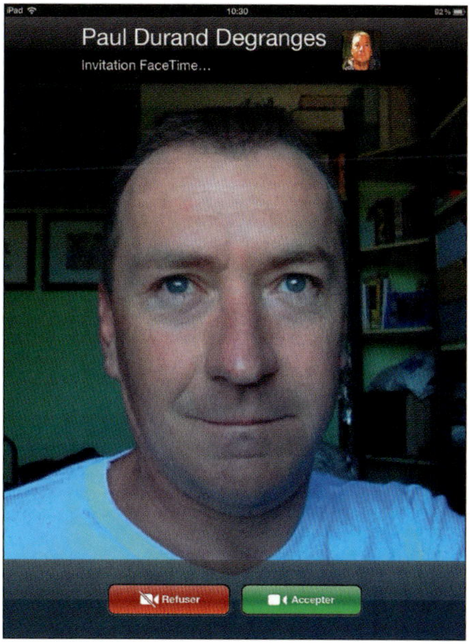

Installer Skype

Skype est une application largement utilisée à travers le monde par des utilisateurs de PC, de Mac ou de périphériques mobiles (téléphones, tablettes, *etc.*).

Skype n'est pas installé par défaut sur votre téléphone, vous devez donc le télécharger sur l'App Store (consultez le chapitre 2). Notez que vous devez choisir la version « Skype pour iPad mini », l'application nommée simplement « Skype » est destinée à l'iPhone et à l'iPod touch.

L'application est gratuite et elle vous permet d'effectuer, gratuitement, les opérations suivantes avec d'autres utilisateurs de Skype :

- Échanger des messages instantanés (sur le même principe que Messages présenté précédemment).
- Passer des appels vocaux (l'équivalent du téléphone).
- Passer des appels vidéo (l'équivalent de FaceTime).

Des options payantes vous permettent de :

- Téléphoner vers n'importe quel numéro de téléphone fixe ou mobile.
- Obtenir un numéro de téléphone qui vous permet d'être contacté par n'importe qui à l'aide d'un simple téléphone.
- Obtenir une messagerie vocale sur laquelle vos correspondants peuvent vous laisser des messages si vous ne répondez pas aux appels.
- Envoyer des SMS vers les téléphones portables.

NOTE

Pour que Skype fonctionne et que vous soyez en mesure de recevoir ou d'émettre des appels, votre iPad mini doit être connecté à Internet. Skype indique qu'il est possible de passer des appels sur le réseau cellulaire (3G), toutefois vous devez vérifier cela auprès de votre opérateur de téléphonie. Ce dernier peut en effet interdire, voire bloquer ce type d'appels.

Configurer un compte Skype

Lorsque vous démarrez Skype pour la première fois, vous devez indiquer vos identifiants, puis toucher **Se connecter**. Notez qu'il n'est pas possible de créer votre identifiant à partir de l'application.

Si vous ne possédez pas d'identifiant, vous devez vous rendre sur la page Web de Skype pour créer votre compte. Vous pouvez effectuer cela à partir de votre iPad mini, il vous suffit d'ouvrir Safari et d'afficher la page `www.skype.fr`. Une fois la page d'accueil affichée, touchez **Créer un compte**.

Dans la nouvelle page qui s'affiche, saisissez les informations demandées (les champs marqués d'un astérisque sont obligatoires).

Une fois que votre compte est créé, retournez dans l'application Skype pour saisir le pseudo et le mot de passe que vous avez renseignés lors de la création. La fenêtre de l'application s'affiche et vous obtenez la liste des contacts (normalement, si vous venez de créer votre compte, vous ne possédez pas de contacts).

NOTE — En touchant **Listes**, vous affichez la liste des différents contacts, ceux qui sont en ligne, ceux de l'application Contacts, les contacts de Skype, les numéros de téléphone enregistrés ou tous les contacts.

Envoyer un message instantané avec Skype

1. Touchez l'icône du contact à qui vous souhaitez envoyer un message (celui-ci doit être en ligne pour envoyer un message instantané).

2. Touchez **Message**.

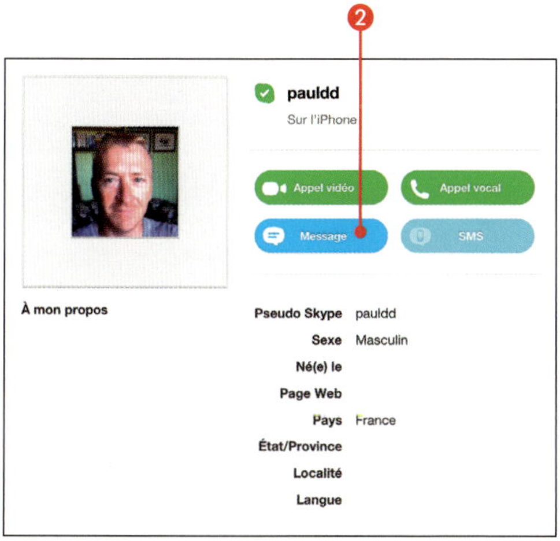

3. Une fenêtre de conversation s'affiche. Touchez le bas de l'écran (**Tapez le message ici**), saisissez votre message, puis appuyez sur la touche **Envoyer**.

4. Le message que vous avez envoyé ainsi que la réponse de votre interlocuteur s'affichent dans la fenêtre des messages.

NOTE — Remarquez en haut à gauche deux boutons qui permettent respectivement, de gauche à droite, de lancer un appel vocal et de lancer un appel vidéo avec votre correspondant.

Passer un appel vocal avec Skype

Pour plus de confort lorsque vous passez un appel vocal, connectez à votre iPad mini un casque ou casque/micro. Si vous ne connectez pas de casque, la voix de votre interlocuteur sort par le haut-parleur de votre iPad mini et elle sera entendue par toute personne se trouvant autour de vous.

❶ Touchez l'icône du contact que vous souhaitez appeler (celui-ci doit être en ligne pour recevoir un appel vocal).

❷ Touchez **Appel vocal**.

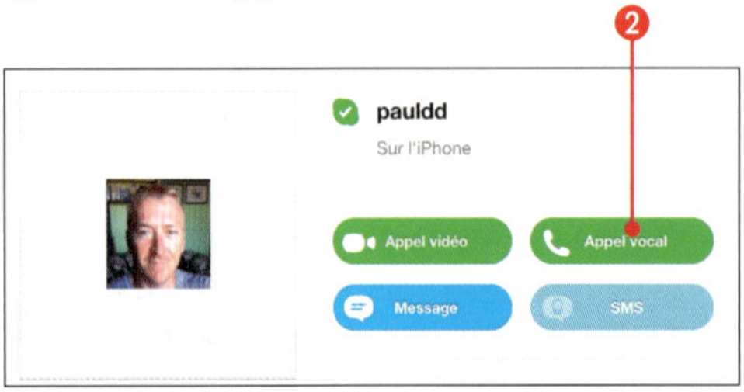

❸ L'écran vous indique que Skype sonne chez le destinataire de l'appel.

❹ Lorsque votre interlocuteur répond, le temps passé en ligne s'affiche et une série d'icônes au bas de l'écran vous permettent (de gauche à droite) :

- d'afficher le volet de navigation ;
- d'ouvrir une fenêtre pour envoyer des messages instantanés tout en ayant une conversation audio ;
- d'activer/désactiver la vidéo en choisissant la caméra avant ou arrière ;
- de couper le micro pour que votre interlocuteur ne vous entende pas ;
- d'afficher le clavier pour éventuellement composer un code ;
- de sélectionner la sortie audio (si vous avez connecté un casque, vous pouvez basculer entre le casque et le haut-parleur de l'iPad mini) ;
- de raccrocher et de mettre fin à l'appel vocal.

Passer un appel vidéo avec Skype

Comme pour les appels vocaux, il est plus confortable d'utiliser un casque/micro pour parler avec votre interlocuteur.

❶ Touchez l'icône du contact à qui vous souhaitez passer un appel vidéo (celui-ci doit être en ligne pour recevoir un appel vidéo).

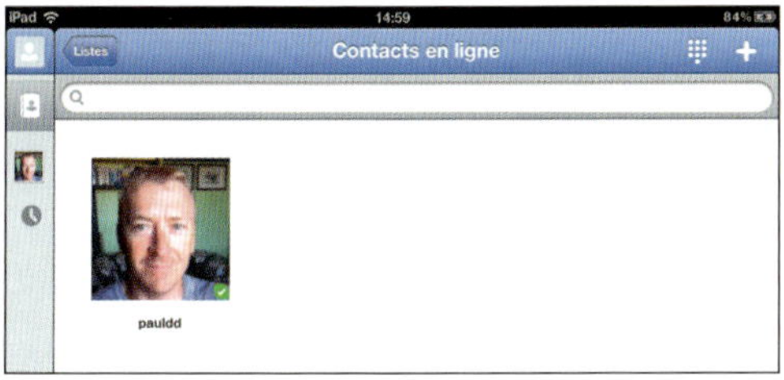

❷ Touchez **Appel vidéo**.

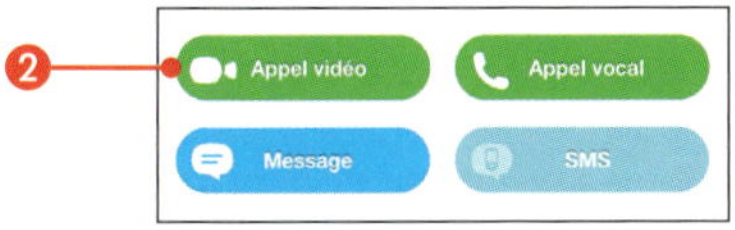

❸ L'écran vous indique que Skype effectue la connexion avec le destinataire.

❹ Une fois que la connexion est établie, l'image de votre correspondant s'affiche sur la totalité de l'écran et une miniature, placée par défaut en bas à droite, vous permet de voir votre image. Vous pouvez faire glisser cette miniature sur l'écran pour la positionner ailleurs. La barre d'outils au bas de l'écran disparaît automatiquement au bout de quelques secondes. Pour l'afficher de nouveau, touchez l'écran. Les boutons permettent les actions suivantes (de gauche à droite) :

- D'afficher le volet de navigation ;
- D'ouvrir une fenêtre pour envoyer des messages instantanés tout en ayant une conversation vidéo ;
- D'activer/désactiver la vidéo en choisissant la caméra avant ou arrière ;
- De couper le micro pour que votre interlocuteur ne vous entende pas ;
- De sélectionner la sortie audio (si vous avez connecté un casque, vous pouvez basculer entre le casque et le haut-parleur de l'iPad mini) ;
- De raccrocher et de mettre fin à l'appel vidéo.

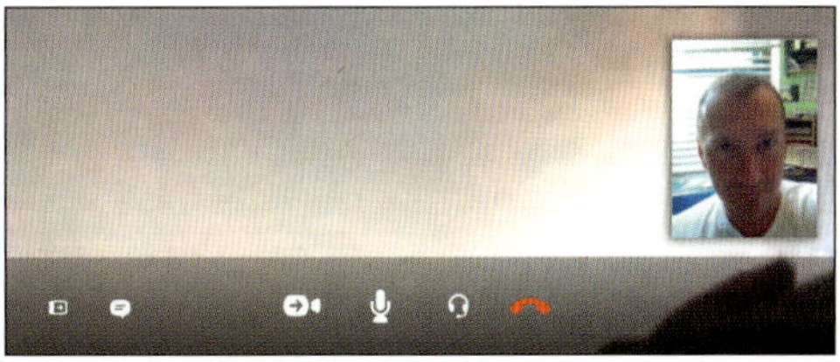

Envoyer des SMS avec Skype

Avec Skype, vous avez la possibilité d'envoyer des SMS vers des téléphones mobiles.

1 Commencez par acheter du crédit en vous rendant sur la page Web de Skype (`www.skype.fr`) et en vous connectant avec votre identifiant. Suivez ensuite le lien **Acheter des crédits Skype** et fournissez les informations demandées.

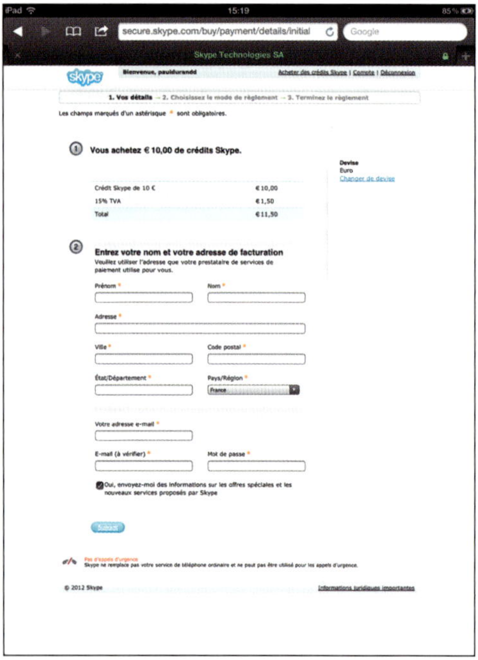

2 Lorsque vous avez du crédit sur votre compte Skype, touchez le bouton représentant un clavier (en haut à droite) pour ouvrir le clavier.

3 Composez le numéro auquel vous souhaitez envoyer le SMS puis touchez le bouton représentant une bulle dans laquelle se trouve un téléphone.

> **NOTE** Vous pouvez également utiliser un numéro de téléphone placé dans vos contacts ou que vous avez enregistré dans Skype.

4 La fenêtre de conversation s'affiche. Saisissez votre message puis touchez **Envoyer**. Le numéro du destinataire s'affiche au-dessus de la zone de saisie et le coût de l'envoi d'un message est spécifié à côté du bouton **Envoyer**.

> **NOTE** Vous pouvez aussi téléphoner vers n'importe quel numéro (fixe ou mobile) en touchant la touche verte avec un téléphone au lieu de toucher l'icône pour envoyer un SMS. Le coût de la communication est décompté de votre crédit.

Existe-t-il d'autres programmes pour téléphoner ?

Il existe de nombreux services appelés VoIP (*voice over IP*, voix sur IP). Par exemple, la société OVH propose, pour un peu moins de 2 euros par mois, un numéro de téléphone avec des appels inclus vers les numéros de fixes en France et vers 40 pays. Vous pouvez obtenir plus d'informations à cette adresse : `http://www.ovh.fr/telephonie/`. L'inconvénient d'OVH, c'est que la société ne propose pas de programme pour l'iPad mini et que vous devrez faire l'acquisition d'une application (recherchez VoIP sur l'App Store).

Un autre opérateur Ippi (`http://tinyurl.com/cvypn8t`) propose un service équivalent, mais cette fois il est possible de télécharger l'application Ippi pour iPhone qui fonctionne sur l'iPad mini et qui se configure très simplement. Vous avez la possibilité de recharger votre compte ou d'opter pour un abonnement. Une fois identifié, vous obtenez un clavier téléphonique que vous utilisez pour passer vos appels.

Chapitre 7

Les réseaux sociaux sur l'iPad mini

Dans ce chapitre :

- Utiliser Twitter
- Configurer Twitter
- Envoyer des tweets
- Partager des photos et d'autres éléments avec Twitter
- Télécharger Facebook pour l'iPad mini
- Découvrir Facebook
- Publier un statut
- Découvrir les fonctionnalités de Facebook pour l'iPad mini
- Les autres réseaux sociaux sur l'iPad mini

Vous utilisez votre iPad mini pour accéder aux réseaux sociaux. Les deux plus connus sont Facebook et Twitter. Ce dernier est en partie intégré au système d'exploitation de l'iPad mini puisque les boutons de partage des applications permettent souvent de publier sur Twitter, ce qui n'est pas le cas (au moment de la rédaction de cet ouvrage) avec Facebook.

Tweeter avec l'iPad mini

Grâce à l'intégration de Twitter dans le système d'exploitation de l'iPad mini, vous utilisez Twitter de deux manières complémentaires :

- Vous tweetez directement depuis les applications qui offrent la possibilité de partager un élément, par exemple une photo, un lien vers une page Web ou une vidéo ou une position géographique.
- Vous utilisez l'application Twitter elle-même pour publier vos tweets et suivre vos abonnements.

Installer Twitter

❶ Touchez **Réglages ▶ Twitter ▶ Installer**. Puis saisissez votre identifiant Apple pour pouvoir télécharger gratuitement l'application sur l'App Store. L'icône de Twitter se place sur l'écran d'accueil et le téléchargement démarre.

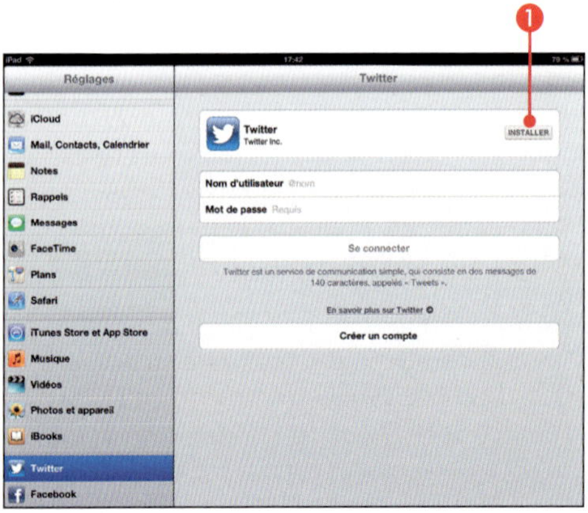

❷ Touchez de nouveau **Réglages ▶ Twitter** et saisissez votre nom d'utilisateur et votre mot de passe. Si vous ne possédez pas encore de compte Twitter, touchez **Créer un compte** puis suivez les instructions. Si vous créez un compte, vous recevez un lien par courriel afin de confirmer votre adresse. Vous pouvez vous rendre sur le site `www.twitter.com` pour plus d'informations sur la création de votre compte.

❸ Touchez **Se connecter** (une alerte peut s'afficher pour vous demander si vous souhaitez installer Twitter ; touchez **Installer**).

❹ Si nécessaire, touchez le bouton principal pour afficher l'écran d'accueil. Touchez l'icône de Twitter pour ouvrir l'application.

❺ Une alerte vous demande de préciser si vous autorisez l'utilisation de vos données de localisation. Si vous touchez **OK**, vos coordonnées géographiques accompagneront vos tweets. Pour éviter que l'on vous localise, touchez **Refuser**.

❻ Un écran de bienvenue vous permet de continuer la configuration de Twitter.

❼ L'interface de Twitter s'affiche une fois la configuration terminée. Si vous suivez déjà des personnes, vous retrouvez leurs tweets.

Utiliser Twitter pour iPad mini

❶ Touchez l'icône Twitter pour ouvrir l'application.

❷ Votre fil d'actualité s'affiche. Pour que le fil d'actualité contienne des messages, vous devez suivre des comptes Twitter : vos proches, des gens connus ou des institutions. Touchez **Rechercher** pour trouver des sujets et éventuellement des comptes à suivre.

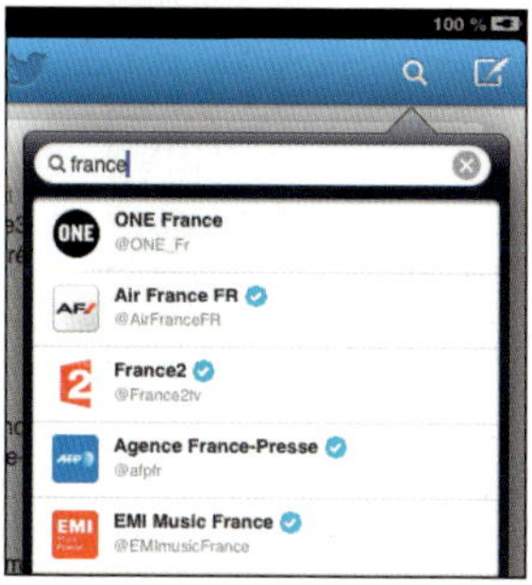

❸ Dans le volet de gauche, touchez :

- **Accueil**, pour afficher le fil des messages. Un point bleu sur le côté gauche de l'icône indique qu'il existe de nouveaux messages. Pour afficher le message le plus récent, touchez la barre d'état au-dessus des messages (à la hauteur de l'heure).
- **Connecter**, pour afficher les messages dans lesquels vous êtes mentionné ou pour voir les personnes qui s'abonnent à vous, vous retweetent ou vous ajoutent à leurs favoris.
- **Découvrir**, pour afficher différents éléments (articles sur le web, activités des personnes que vous suivez, tendances sur Twitter) qui pourraient vous intéresser.

- **Moi**, pour afficher votre profil et éventuellement modifier les informations qui vous concernent. Ce bouton vous permet aussi d'accéder aux messages privés.

4 Pour afficher le détail d'un message, touchez-le. Si le message est une réponse à un autre message, la conversation s'affiche.

5 Pour refermer un message, touchez-le de nouveau.

6 Pour créer un nouveau message, touchez le bouton **Nouveau message** (en haut à droite de l'écran).

7 Une fenêtre Nouveau Tweet s'affiche. Saisissez votre message, vous êtes limité à 140 caractères (le nombre de caractères restant s'affiche en bas à gauche).

8 Utilisez les boutons en bas à gauche de la fenêtre de saisie pour (de gauche à droite) :

- **Ajouter une photo**. Touchez le bouton puis indiquez si vous prenez une photo à l'aide des caméras de l'iPad mini ou si vous sélectionnez l'une des photos de votre photothèque.
- **Vous localiser**. Touchez le bouton pour que votre tweet soit localisé. Un plan s'affiche et une épinglette indique le lieu. La flèche pour la localisation est bleue lorsque vous êtes localisé. Pour supprimer la localisation du message, touchez la flèche pour ouvrir le plan et touchez **Désactiver la localisation**.

9 Pour mentionner un utilisateur, placez un caractère @ puis saisissez le début du pseudo pour afficher une liste. Vous pouvez aussi saisir la totalité du pseudo manuellement.

10 Pour mentionner un sujet, placez un caractère # puis saisissez quelques caractères pour choisir l'un des sujets d'actualité ou saisissez le sujet qui vous convient s'il ne se trouve pas dans la liste.

11 Touchez **Tweeter** pour envoyer votre tweet.

Partager des éléments sur Twitter

Vous avez la possibilité de publier des tweets directement à partir des applications intégrées **Photos**, **Plans** et **Safari**. Certaines applications que vous pourrez installer sur votre iPad mini, par exemple **YouTube**, pourront également proposer de partager des informations sur Twitter.

- **Envoyer une photo**. Ouvrez l'application Photos, puis affichez la photo à envoyer. Touchez le bouton **Partager** puis dans le menu qui s'affiche, touchez **Twitter**.

> NOTE
> Il n'est pas possible de lier plusieurs photos à un tweet.

- **Envoyer un lien**. Dans Safari, touchez le bouton **Partager**, puis choisissez **Twitter**.

- **Envoyer un lieu**. Dans Plans, affichez un lieu ou une adresse puis touchez le ***i*** à droite de l'étiquette du lieu. Dans le menu qui s'affiche, touchez **Envoyer ce lieu**, puis **Twitter**.

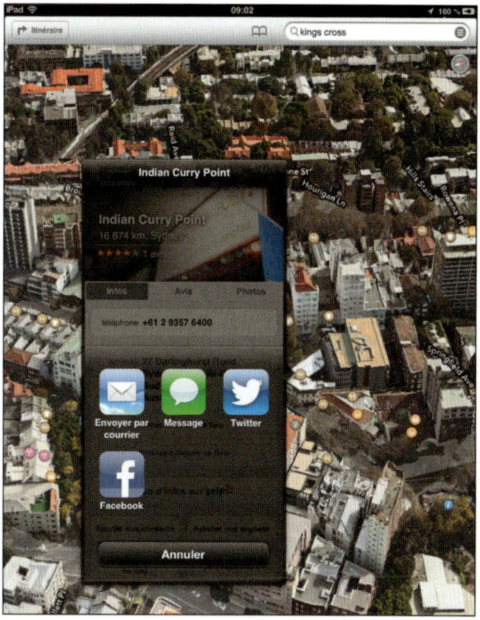

Dans tous les cas, une fenêtre de nouveau tweet s'affiche. Modifiez le message si nécessaire avant de l'envoyer sur Twitter.

Télécharger Facebook pour l'iPad mini

Facebook est également intégré au système d'exploitation de l'iPad mini. Vous procédez de la même façon pour configurer votre compte et télécharger l'application.

❶ Touchez **Réglages** ▶ **Facebook** ▶ **Installer**. Puis saisissez votre identifiant Apple pour pouvoir télécharger gratuitement l'application sur l'App Store. L'icône de Facebook se place sur l'écran d'accueil et le téléchargement démarre.

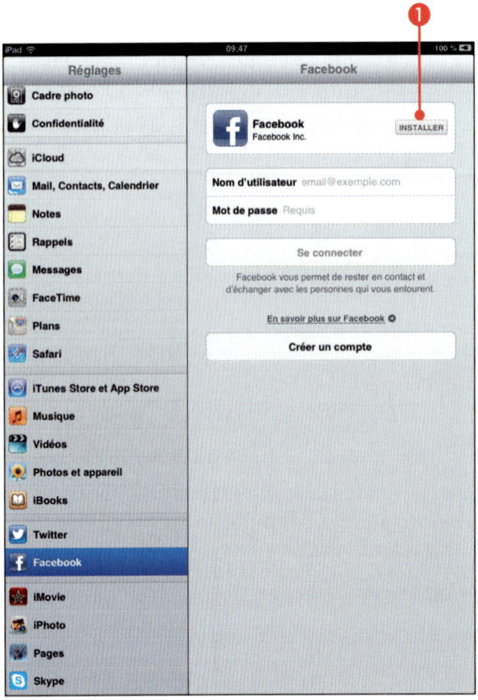

❷ Touchez de nouveau **Réglages** ▶ **Facebook** et saisissez votre nom d'utilisateur et votre mot de passe. Si vous ne possédez pas encore de compte Facebook, touchez **Créer un compte** puis suivez les instructions.

❸ Une fois que l'application est installée et que vous avez configuré votre compte, revenez sur l'écran d'accueil puis touchez l'icône Facebook. Si nécessaire, confirmez le compte que vous allez utiliser avec Facebook.

❹ Une fois que vous êtes identifié, le **Fil d'actualité** de Facebook s'affiche. Faites défiler le contenu de l'écran pour afficher les autres publications.

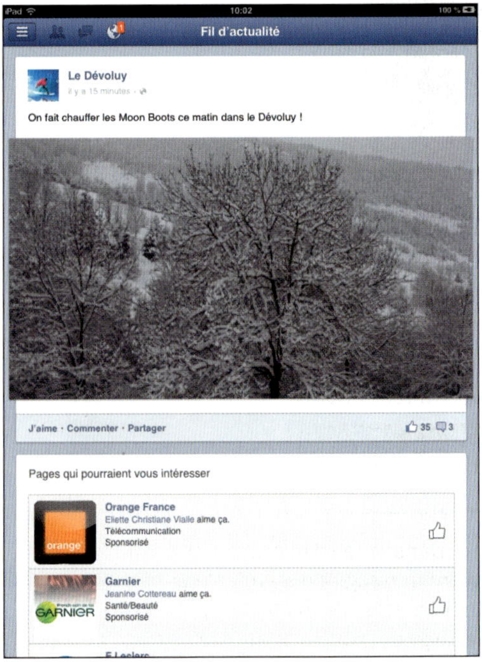

❺ Un bouton en haut à gauche permet d'ouvrir un volet de navigation et une zone de recherche.

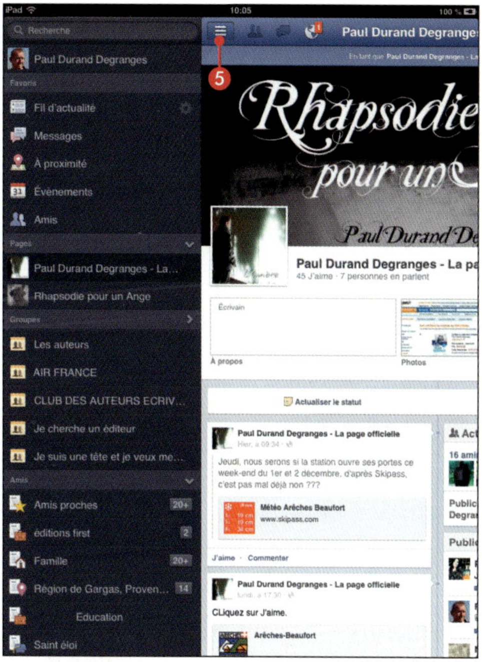

6 Toujours en haut de la fenêtre, vous utilisez les autres boutons (de gauche à droite) pour :

- **Afficher les demandes d'ajout**. Vous pouvez voir ici les demandes d'invitation.
- **Afficher les messages privés**. Tous les messages privés que vous échangez avec vos amis sont accessibles à l'aide de ce bouton.
- **Afficher les notifications**. Toutes les notifications que vous recevez, par exemple un commentaire sur une de vos publications, sont accessibles à l'aide de ce bouton.

Publier un statut sur Facebook

1 Touchez **Statut**.

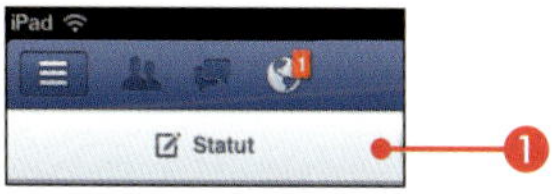

2 Dans la fenêtre qui s'ouvre, saisissez votre message de statut. Vous pouvez ajouter un lien vers une page Web, Facebook détecte la page et crée un aperçu vers cette adresse.

3 Touchez le bouton représentant une personne si vous souhaitez citer des amis dans votre message.

4 Touchez l'épinglette pour vous localiser.

5 Si vous n'avez pas saisi d'adresse de page Web, vous pouvez toucher l'appareil photo pour inclure une photo.

6 Touchez le globe pour indiquer qui peut lire votre statut.

7 Touchez **Publier** lorsque vous avez terminé.

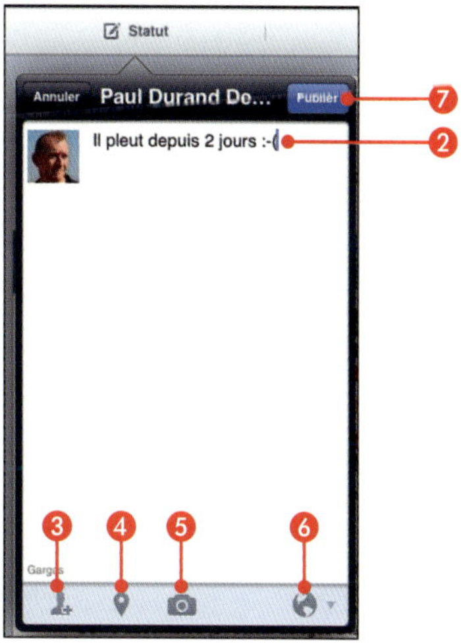

Publier une photo sur Facebook

❶ Touchez **Photo**.

❷ Touchez **Prendre une photo ou une vidéo** pour prendre une photo avec l'une des caméras de l'iPad mini.

❸ Touchez **Choisir dans la bibliothèque** pour utiliser l'une des photos existantes sur votre iPad mini.

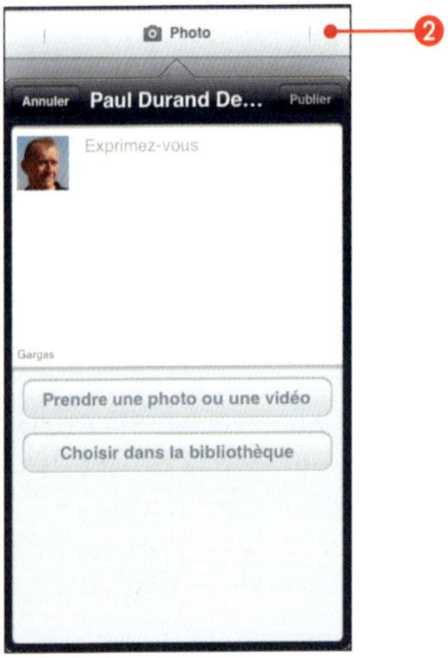

❹ Si nécessaire, touchez la photo pour identifier la ou les personnes qui s'y trouvent.

❺ Touchez **Joindre** pour ajouter la photo à un statut.

❻ Saisissez un commentaire pour accompagner votre photo.

❼ Indiquez éventuellement les informations complémentaires : les personnes présentes, le lieu où la photo a été prise ainsi que les personnes qui peuvent voir votre statut.

❽ Touchez **Publier**.

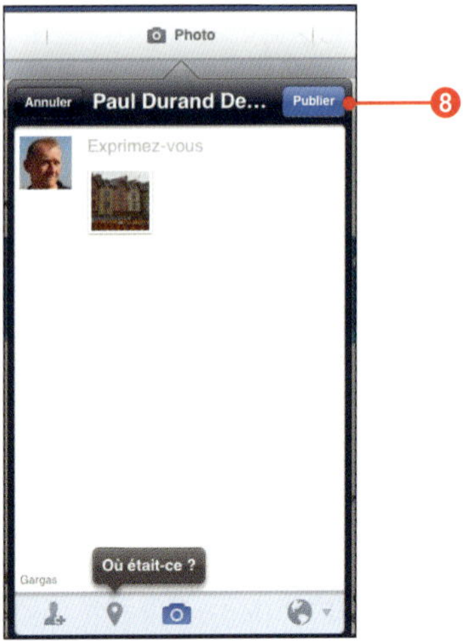

Partager à partir des applications

Comme c'est le cas avec Twitter, lorsque vous avez configuré Facebook sur votre iPad mini, vous trouvez l'option Facebook dans le menu qui s'affiche lorsque vous touchez le bouton **Partager** présent dans de nombreuses applications, par exemple dans l'application Photos.

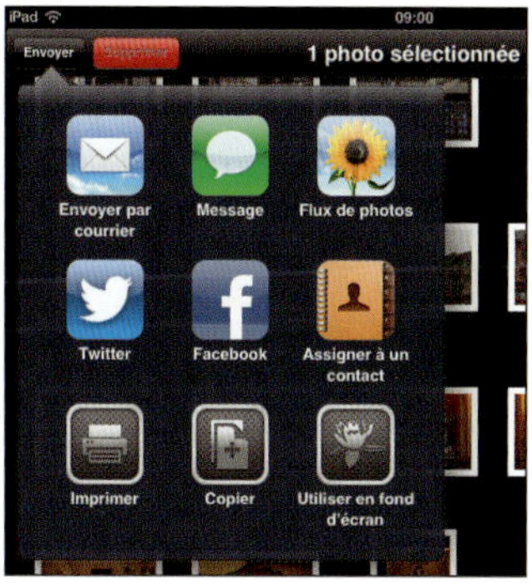

Les autres réseaux sociaux

Il existe d'autres réseaux sociaux et certains possèdent des applications spécifiques pour l'iPad mini alors que pour d'autres, vous devrez vous contenter de la version iPhone.

- **Google+**. L'application existe en version iPad mini. Il s'agit d'un réseau équivalent à celui de Facebook du point de vue des fonctionnalités. Toutefois, étant bien plus récent, il a du mal à percer, il faut en effet souvent alimenter les statuts sur Facebook et sur Google+ en même temps.
- **Instagram**. Cette application existe uniquement en version iPhone. Il s'agit d'un espace de partage de photos. Il est également possible de retoucher les photos et de leur ajouter des effets spéciaux.

Chapitre 8

Photos et vidéos sur l'iPad mini

Dans ce chapitre :

- Prendre des photos avec l'iPad mini
- Utiliser Photo Booth
- Filmer avec l'iPad mini
- Afficher les photos et les vidéos
- Afficher un diaporama
- Configurer les options par défaut d'un diaporama
- Régler le diaporama du mode cadre
- Retoucher facilement les photos
- Utiliser iPhoto pour retoucher des photos
- Éditer une vidéo
- Acheter iMovie pour monter des vidéos
- Attribuer une photo à un contact
- Partager ou utiliser une photo
- Publier des vidéos sur YouTube
- Utiliser le flux de photos
- Utiliser des services de partage de photos
- Transférer des photos

Dans ce chapitre, vous allez découvrir les outils liés à la photographie et à la vidéo. En effet, votre iPad mini peut se transformer en appareil photo numérique ou en caméscope. Ce n'est sans doute pas l'appareil photo le plus discret dans la rue, mais vous ne serez pas le seul à utiliser un iPad mini pour prendre quelques clichés lors d'un voyage.

Prendre des photos avec l'iPad mini

L'iPad mini possède deux objectifs : un à l'avant (le petit trou que vous pouvez observer en haut, au centre) et un autre à l'arrière (dans le coin supérieur gauche, quand vous regardez l'iPad mini de dos). La mise au point est automatique, mais vous pouvez indiquer manuellement les zones sur lesquelles vous souhaitez faire la mise au point. En revanche, il n'est pas équipé d'un flash et vous ne pourrez pas prendre de photos si l'éclairage ambiant n'est pas suffisant (toutefois, la sensibilité de l'appareil permet des prises de vue avec un éclairage artificiel).

1 Pour prendre une photo, démarrez l'application **Appareil photo** en touchant son icône sur l'écran d'accueil.

2 Pointez l'iPad mini vers le sujet à photographier. L'écran affiche la photo telle qu'elle sera prise. Pour vous aider à composer votre photo, utilisez les repères de la grille de composition. Pour afficher/masquer la grille de composition, touchez **Options**.

3 Pour effectuer la mise au point sur une zone précise de la scène, touchez cette zone. Un carré s'affiche pour vous indiquer que l'iPad mini effectue la mise au point sur la zone souhaitée. Notez que l'iPad mini règle également la luminosité de la photo sur la zone que vous touchez. Si vous prenez une personne en photo et que son visage est un peu sombre, touchez le visage pour l'éclaircir (les parties très claires de la photo s'éclaircissent également).

4 Pour effectuer un zoom, écartez le pouce et l'index sur l'écran. Un curseur de zoom s'affiche. Attention, il s'agit d'un zoom numérique. Cela signifie que l'iPad mini conserve uniquement une partie de la photo et l'agrandit à l'écran. Vous perdez donc un certain nombre de pixels et la définition de la photo sera moindre.

5 Lorsque la composition est comme vous le souhaitez, touchez le bouton avec l'icône d'un appareil photo pour prendre le cliché.

6 Si vous souhaitez afficher la photo que vous avez prise, touchez la miniature en bas à gauche ou faites glisser votre doigt vers la droite sur l'écran.

7 Lorsque vous affichez la photo que vous avez prise, vous revenez à l'appareil photo en touchant la photo pour afficher la barre de menus, puis en touchant le bouton **OK**. Si vous avez fait glisser votre doigt vers la droite pour afficher la pellicule, faites-le glisser vers la gauche pour revenir à l'appareil photo.

NOTE

Touchez le bouton représentant un appareil photo avec deux flèches qui tournent, en bas à droite, pour passer d'un objectif à l'autre.

Utiliser Photo Booth

L'application Photo Booth, qui peut se traduire par Photomaton, utilise par défaut l'objectif avant pour que vous puissiez vous prendre en photo. Par rapport à l'application Appareil Photo, Photo Booth permet de jouer avec des effets spéciaux.

1 Touchez l'icône **Photo Booth** sur l'écran d'accueil.

2 Le rideau du Photomaton s'ouvre et vous voyez l'image de l'objectif avant.

3 Regardez l'iPad mini comme si c'était un miroir pour cadrer la photo.

4 Touchez le bouton central pour prendre le cliché.

5 Pour changer d'objectif, touchez le bouton de droite.

6 Pour ajouter des effets spéciaux, touchez le bouton de gauche.

7 L'iPad mini vous propose huit effets spéciaux. Vous obtenez un aperçu dans chacune des vignettes.

8 Touchez la vignette souhaitée pour utiliser l'effet correspondant. Pour revenir à une photo sans effet, affichez la liste des effets, puis touchez **Normal**.

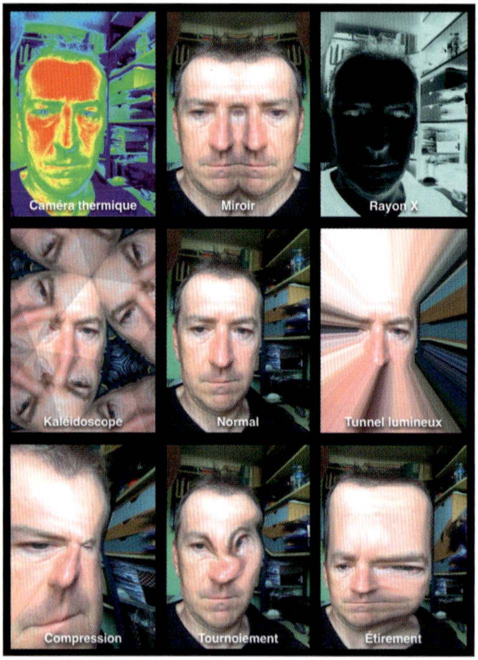

9 L'effet spécial s'affiche en plein écran.

10 Lorsque vous avez pris des photos, celles-ci apparaissent au bas de l'écran. Touchez celle que vous souhaitez afficher. La barre de boutons disparaît au bout de quelques secondes lorsque vous affichez une photo. Touchez l'écran pour la faire réapparaître.

11 Sur la photo sélectionnée, une croix s'affiche dans le coin supérieur gauche. Touchez cette croix pour supprimer la photo.

12 Pour revenir au mode photo, touchez le bouton central représentant l'appareil photo.

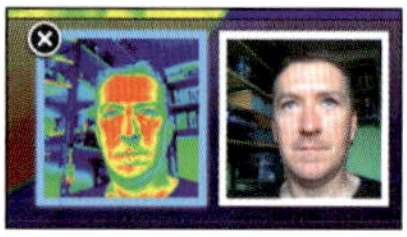

Filmer avec l'iPad mini

Les objectifs de l'iPad mini (face avant et face arrière) se transforment en caméra afin de vous permettre de prendre des vidéos numériques. Avec la caméra avant, vous pouvez, par exemple, enregistrer un message vidéo.

1. Démarrez l'application **Appareil photo**, puis passez en mode caméra en touchant le bouton en bas à droite. Vous revenez en mode appareil photo, en touchant de nouveau ce bouton.

2. Comme avec le mode appareil photo, touchez le bouton de permutation pour passer de la caméra frontale à la caméra arrière.

3. Si nécessaire, touchez la zone de l'écran sur laquelle vous souhaitez faire la mise au point.

4. Touchez le bouton **Enregistrement**.

5. La durée de l'enregistrement s'affiche en haut à droite de l'écran.

6. Touchez de nouveau le bouton **Enregistrement** pour arrêter ce dernier.

7. La vidéo que vous avez enregistrée se place dans la miniature en bas à gauche. Vous pouvez y accéder comme vous le faites avec les photos : en touchant la miniature ou en faisant glisser votre doigt vers la droite sur l'écran.

Afficher les photos et les vidéos

Pour afficher les photos et vidéos présentes sur votre iPad mini, vous utilisez l'application **Photos**. Par défaut, son icône se trouve dans le Dock.

1. Touchez **Photos**.

2. Les photos et les vidéos s'affichent, regroupées par albums (si vous avez importé des photos de votre ordinateur). Les photos et les vidéos que vous avez prises avec votre iPad mini se trouvent dans l'album nommé **Pellicule**. Vous repérez les vidéos grâce à la caméra et à la durée d'enregistrement affichées au bas de la miniature.

❸ Touchez le bouton en haut à droite pour naviguer dans les différents albums de photos éventuellement présents sur votre iPad mini.

❹ Touchez une photo ou une vidéo pour l'afficher en plein écran.

❺ Lorsque vous affichez une photo ou une vidéo, des barres d'outils s'affichent en haut et en bas de l'écran. Elles disparaissent au bout de quelques secondes, il suffit de toucher l'écran pour les afficher de nouveau.

- **Pellicule**. Le bouton en haut à gauche porte le nom de l'album dont vous affichez les photos. Touchez ce bouton pour monter d'un niveau dans le classement des albums.
- **3 sur 7**. Au centre de la barre d'outils supérieure, deux chiffres indiquent le numéro de la photo affichée par rapport au nombre total de photos de l'album.
- **Modifier**. Touchez ce bouton pour modifier la photo (pour plus de détails, consultez la suite de ce chapitre).
- **Diaporama**. Touchez ce bouton pour afficher un diaporama (pour plus de détails, consultez la suite de ce chapitre).
- **Partager**. Touchez ce bouton pour ouvrir un menu permettant différentes actions, dont l'envoi de la photo par courriel. L'utilisation des différents éléments de ce menu est présentée au cours des chapitres de cet ouvrage.
- **Corbeille**. Touchez ce bouton pour supprimer la photo. Vous devez confirmer la suppression, car il n'est en effet pas possible de récupérer une photo par la suite.

- La barre d'outils inférieure affiche les miniatures de l'album que vous êtes en train de consulter. Passez votre doigt sur les miniatures pour changer la photo affichée en grand sur l'écran

Vous pouvez aussi faire défiler les photos en faisant glisser votre doigt, vers la droite ou vers la gauche, sur l'écran.

Afficher un diaporama

L'application Photos vous permet d'afficher un diaporama, avec fond musical, de vos photos.

1. Pour démarrer le diaporama, commencez par afficher une photo en plein écran.

2. Touchez le bouton **Diaporama**.

3. Un menu s'ouvre et affiche les options du diaporama.

4. Touchez **Transitions** puis sélectionnez la transition souhaitée.

5. Touchez **Musique** pour activer la musique puis touchez la nouvelle option **Musique** qui s'affiche pour choisir la musique à jouer pendant le diaporama.

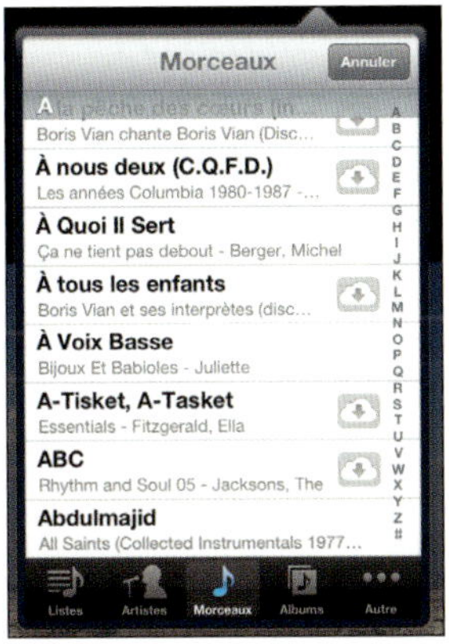

6. Touchez **Démarrer le diaporama**.

7. Le diaporama démarre, vous pouvez l'arrêter à tout instant en touchant l'écran.

Configurer les options par défaut d'un diaporama

❶ Touchez **Réglages ▶ Photos et appareil**.

reglagesphoto

❷ Dans la section Diaporama, réglez les options suivantes :

- **Afficher chaque photo**. Touchez puis indiquez le temps d'affichage de chacune des photos dans le diaporama.
- **Boucle**. Touchez pour activer ou désactiver la lecture en boucle du diaporama.
- **Aléatoire**. Touchez pour activer/désactiver la lecture aléatoire. Lorsque l'option est activée, les photos n'apparaissent pas dans l'ordre lors de la lecture du diaporama, mais dans un ordre aléatoire.

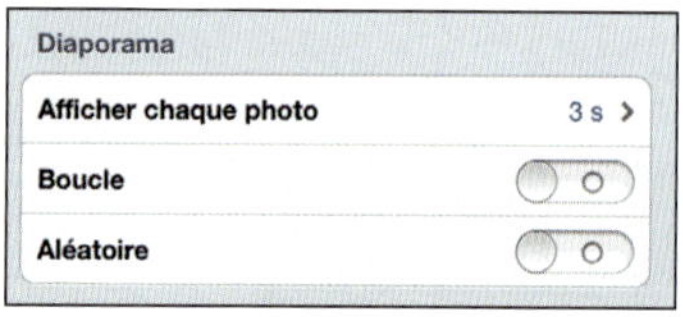

Régler le diaporama du mode cadre

Lorsque l'iPad mini est en veille et que vous affichez l'écran verrouillé, une icône à droite de la glissière de déverrouillage permet de transformer votre iPad mini en cadre photo. Cette fonctionnalité est pratique si vous possédez un socle sur lequel poser votre iPad mini. En mode cadre, l'iPad mini affiche un diaporama de vos différentes photos. Vous avez la possibilité de configurer les photos utilisées pour le mode cadre ainsi que la manière dont elles s'affichent.

❶ Touchez **Réglages ▶ Cadre photo**.

❷ Dans la section **Transition**, choisissez la transition entre les photos : **Fondu**, les photos sont affichées les unes après les autres avec un effet de fondu ; **Origami**, plusieurs photos sont affichées en même temps et les transitions se font avec des effets de pliage.

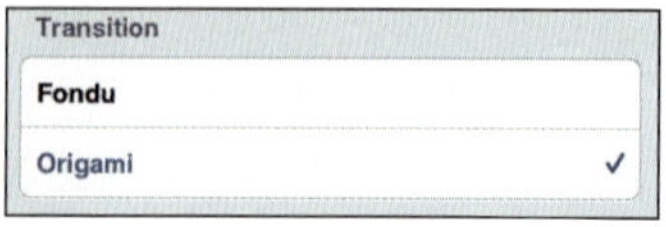

❸ Indiquez ensuite le temps d'affichage de chacune des photos et si vous souhaitez un zoom sur les visages (l'option est modifiable uniquement avec la transition Fondu). Indiquez ensuite si les photos s'affichent de manière aléatoire ou si elles s'affichent dans l'ordre.

❹ Dans la dernière section, choisissez si vous souhaitez afficher toutes les photos de votre iPad mini, un album précis ou un événement précis.

Retoucher facilement les photos

L'application Photos vous permet d'effectuer quelques retouches de base à vos photos.

❶ Affichez la photo à retoucher puis touchez **Modifier**.

❷ Une barre d'outils apparaît au bas de l'écran.

❸ Touchez **Tourner** pour faire pivoter une photo de 90° dans le sens antihoraire. Vous pouvez toucher plusieurs fois le bouton afin d'orienter correctement la photo.

❹ Touchez **Améliorer** pour qu'iPhoto améliore automatiquement la photo.

❺ Si l'un des sujets a des yeux rouges, touchez le bouton **Yeux rouges**, puis touchez les yeux à corriger.

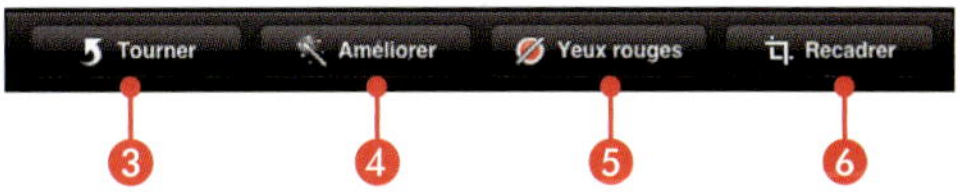

❻ Touchez **Recadrer** pour recadrer la photo. Un cadre s'affiche, touchez les coins et déplacez-les pour réduire la partie de la photo à conserver. Pour déplacer le cadre sur la photo, touchez-le à l'intérieur et faites-le glisser. Pour imposer un format au cadre de rognage, touchez le bouton **Imposer un format**, puis choisissez le format souhaité. Touchez **Recadrer** pour recadrer la photo.

❼ Lorsque vous avez appliqué des modifications, touchez **Enregistrer** pour les enregistrer.

Utiliser iPhoto pour retoucher des photos

Si vous souhaitez aller un peu plus loin dans la retouche de vos photos sur l'iPad mini, vous pouvez faire l'acquisition de l'application iPhoto d'Apple, pour 3,99 €.

> NOTE
> Si vous possédez un Mac, celui-ci est équipé d'iPhoto, mais la version du logiciel pour Mac n'a rien à voir avec celle pour iPad mini.

iPhoto, comme l'application Photos, vous permet d'afficher vos albums, toutes les photos ou les événements.

1. Choisissez une photo pour l'afficher en plein écran.

iPhoto

2. Dans la partie inférieure, vous pouvez voir les miniatures des photos de l'album en cours. Touchez l'une des photos pour l'afficher.

3. Vous avez la possibilité de faire glisser vers le haut ou le bas la barre de séparation. Pour cela, touchez-la au centre et faites glisser votre doigt vers le haut ou le bas. Sa taille minimale est d'une ligne de photos miniatures.

4. Pour faire défiler les photos au centre, vous pouvez également faire défiler votre doigt, vers la droite ou la gauche, sur l'écran.

5. Pour masquer totalement les miniatures au bas de l'écran, touchez le bouton miniature (deuxième bouton en partant de la gauche de la barre d'outils).

6. Pour obtenir de l'aide sur ce que vous pouvez faire, touchez le bouton Aide (avec le point d'interrogation). L'aide s'affiche sur l'écran. Touchez une des flèches dans les bulles d'aide pour afficher une fenêtre contenant une aide détaillée.

7 Touchez le bouton **Envoyer** pour ouvrir le menu Envoyer et obtenir plusieurs options d'envoi de vos photos.

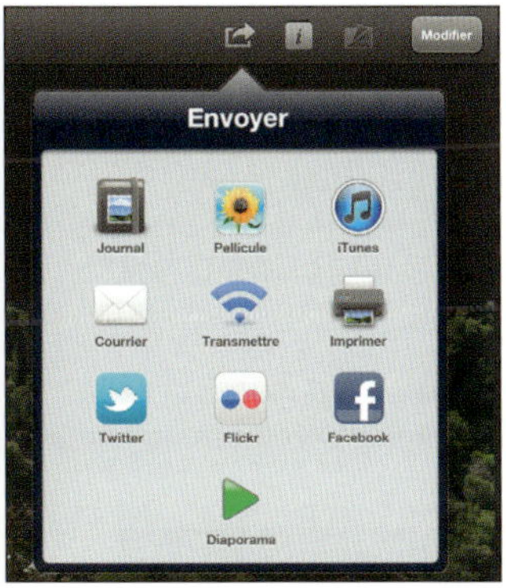

8 Touchez **Info** pour afficher des informations sur la photo. Dans l'onglet Commentaires, vous pouvez afficher les commentaires laissés par des utilisateurs si vous avez publié les photos sur Facebook ou Flickr à l'aide du bouton **Envoyer**.

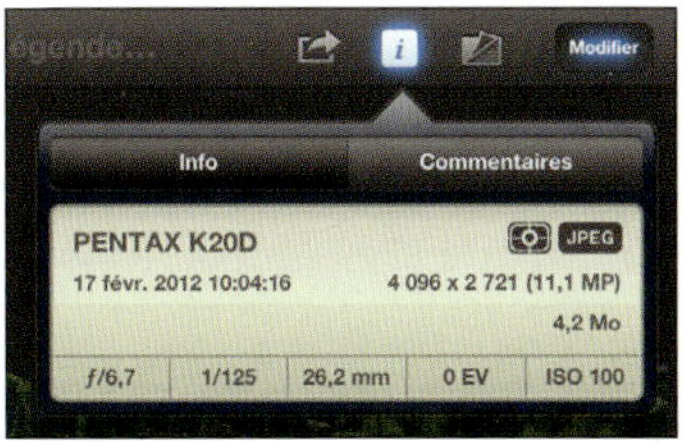

9 Si vous avez apporté des modifications à la photo, le bouton **Afficher l'original est actif**. En touchant ce bouton, vous affichez la photo d'origine à la place de celle modifiée et vous pouvez comparer afin de vérifier que les modifications apportent réellement un plus à votre photo.

10 Le bouton **Modifier** vous permet d'afficher la barre d'outils de modification au bas de l'écran. iPhoto offre bien plus d'outils que ceux que propose l'application Photo. Là encore, l'aide sous forme de bulles vous permet de découvrir tous les outils.

Il existe de nombreuses applications qui permettent de retoucher les photos ou d'ajouter des effets spéciaux. Un grand nombre d'entre elles sont gratuites, faites une recherche avec le terme **photo** sur l'App Store.

Éditer une vidéo

Avec les outils d'origine, votre iPad mini ne permet pas de monter les différentes vidéos que vous avez enregistrées. Vous avez toutefois la possibilité de raccourcir une séquence en supprimant des images au début et à la fin.

❶ Pour supprimer des images au début et à la fin de vos films, affichez la vidéo (celle-ci doit provenir de la Pellicule).

❷ Si nécessaire, touchez l'écran pour afficher les commandes. Vous remarquez qu'à gauche et à droite de la chronologie se trouvent des poignées de déplacement.

❸ Faites glisser la poignée de gauche pour supprimer des images au début de la vidéo. Un cadre jaune apparaît pour indiquer que la vidéo a été modifiée.

❹ Faites glisser la poignée de droite pour couper les images de fin.

❺ Une fois la vidéo recadrée comme vous le souhaitez, touchez **Raccourcir**, puis :

- **Raccourcir l'original**. Vous raccourcissez la vidéo existante et les images supprimées le sont définitivement.
- **Nouvel extrait.** Vous conservez la vidéo d'origine et créez une nouvelle vidéo raccourcie.

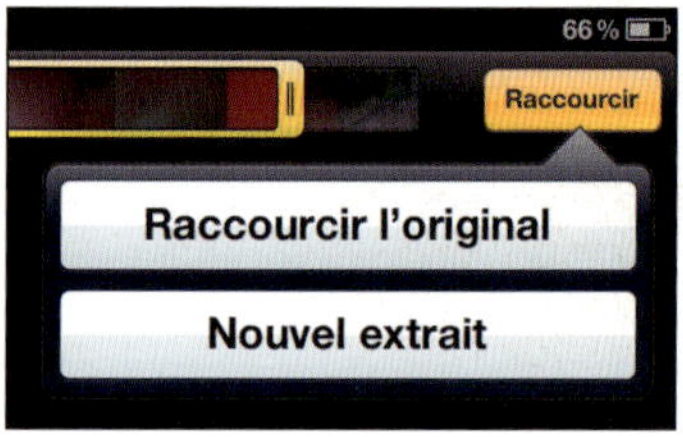

Acheter iMovie pour monter des vidéos

Comme c'est le cas avec iPhoto (vu précédemment), Apple commercialise sur l'App Store une version d'iMovie spéciale pour l'iPad mini. Vous pouvez ainsi effectuer un véritable montage vidéo à partir de votre iPad mini en assemblant plusieurs séquences, en ajoutant des titres, des transitions ou de la musique.

NOTE — Un bouton d'aide (avec un point d'interrogation) vous permet d'obtenir de l'aide sur l'utilisation d'iMovie.

1. Une fois que vous avez acheté et installé iMovie, démarrez l'application en touchant son icône.

2. L'écran d'accueil d'iMovie s'affiche.

3. Un message vous indique de toucher + pour créer un nouveau projet. Touchez le +, puis choisissez **Nouveau projet**.

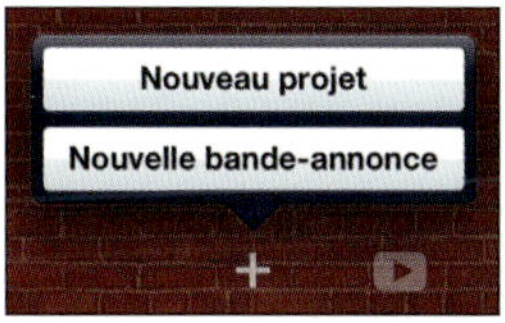

4. Votre nouveau projet s'affiche à l'écran. Vous devez y ajouter du contenu (vidéos, photos, musiques). Touchez **Insertion de contenu** (le bouton représentant un film et une note de musique).

NOTE — Vous pouvez aussi enregistrer une vidéo avec votre iPad mini directement dans iMovie, pour cela, touchez l'icône représentant une caméra (au centre à droite).

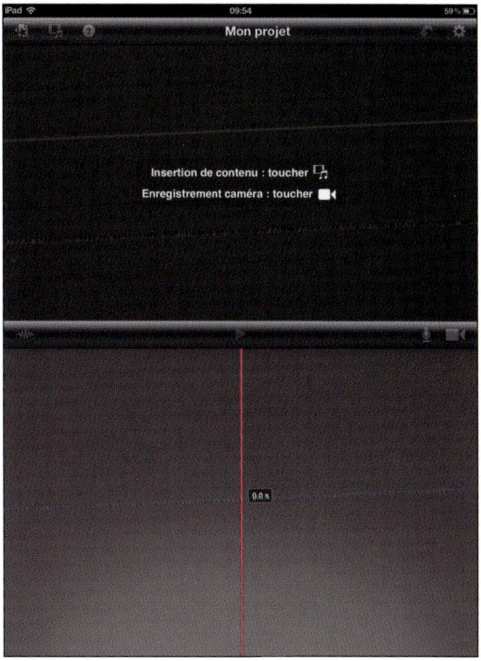

5 Touchez la séquence vidéo à ajouter.

6 Un cadre de sélection apparaît autour de la séquence et des poignées jaunes de rognage s'affichent au début et à la fin. Si nécessaire, « pincez » la séquence pour effectuer un zoom arrière.

> NOTE — Si la longueur de la séquence est correcte, vous n'avez pas besoin de la rogner.

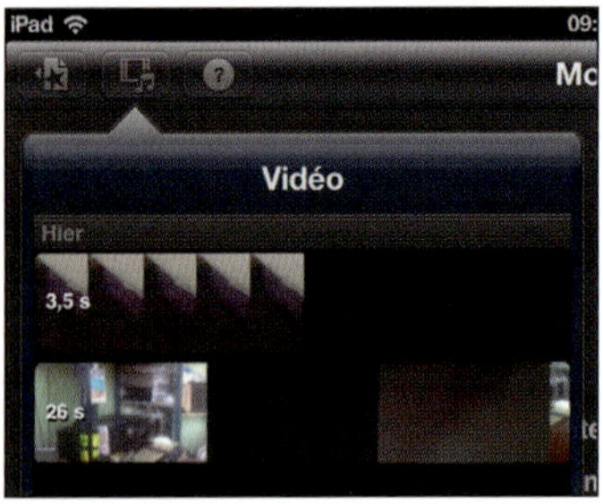

7 Si nécessaire, ajoutez d'autres séquences vidéo dans le plan de montage en répétant les étapes 3 à 5.

8 Pour supprimer un clip d'un film, touchez-le dans le plan de montage et faites-le glisser vers le haut de l'écran. Le clip s'évanouit dans un nuage de fumée. Si vous trouvez cette manipulation trop difficile, double-touchez le clip pour afficher la boîte de dialogue Réglages du clip, puis touchez **Supprimer le clip**.

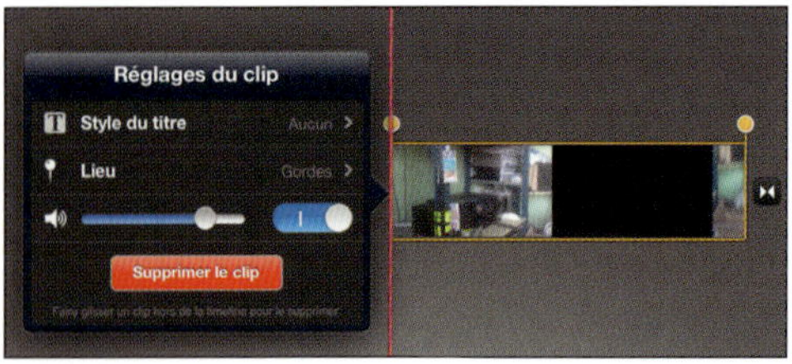

9 Pour ajouter un titre au début du film, touchez le plan de montage et faites-le défiler jusqu'à ce que le premier clip s'affiche.

10 Double-touchez le premier clip.

11 Dans la boîte de dialogue Réglages du clip, touchez **Style du titre**.

12 Dans la boîte de dialogue Style du titre, touchez un type de titre. Votre titre s'affiche dans le volet supérieur, sur la vidéo. Touchez la zone de saisie puis saisissez votre titre, puis touchez **Terminé** au clavier.

> NOTE — Choisissez **Fin** pour ajouter un titre à la fin du film et **Milieu** pour ajouter des titres au milieu du film.

13 Pour ajouter une musique, touchez le bouton **Ajouter du contenu**, puis au bas du volet qui s'affiche, touchez **Audio**.

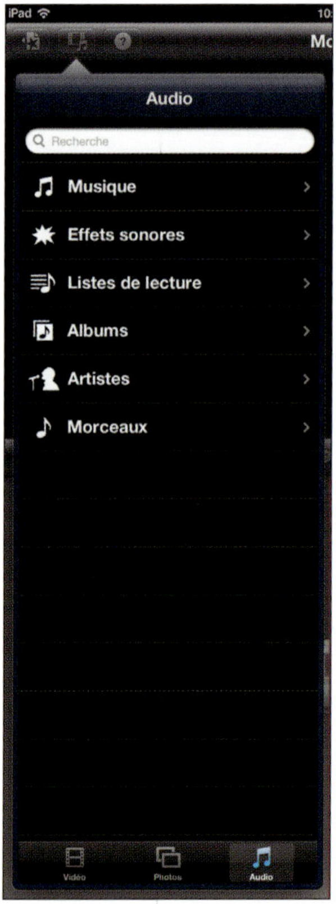

⑭ Touchez la catégorie musicale souhaitée, puis touchez la musique à utiliser.

⑮ Lorsque vous avez terminé votre film, pour le partager avec vos proches, touchez **Partager** dans l'écran des projets puis touchez le service avec lequel vous souhaitez partager le film (par exemple, YouTube).

Partager ou utiliser une photo

Vous pouvez facilement partager les photos qui se trouvent sur votre iPad mini en les envoyant par courriel ou sur Twitter. Vous pouvez aussi utiliser une photo pour l'attribuer à un contact ou comme fond d'écran. Si vous avez configuré une imprimante sur votre iPad mini, vous pouvez également imprimer vos photos.

Envoyer une photo ou une vidéo

❶ Affichez la photo ou la vidéo, puis touchez le bouton **Envoyer**.

- Touchez **Envoyer par courrier** pour créer un courriel avec la photo ou la vidéo en pièce jointe.
- Touchez **Message** pour envoyer la photo par iMessage.
- Touchez **Flux** de photos pour envoyer la photo sur un flux de photos partagé.
- Touchez **Twitter** pour publier un tweet avec la photo en pièce jointe.
- Touchez **Facebook** pour publier la photo dans un statut sur Facebook.

NOTE

Lorsque vous affichez un album, commencez par toucher le bouton **Modifier**, puis sélectionnez les photos à envoyer par courriel (jusqu'à 5).

Attribuer une photo à un contact

1. Affichez la photo.
2. Touchez **Partager** puis **Assigner à un contact**.
3. Votre liste de contacts s'affiche, faites-la défiler pour atteindre le contact de votre choix et touchez son nom.
4. Repositionnez ou recadrez éventuellement la photo.

5. Touchez **Utiliser**.
6. La photo est attribuée au contact.

Utiliser une photo comme fond d'écran

❶ Affichez la photo.

❷ Touchez **Partager** puis **Utiliser en fond d'écran**.

❸ Repositionnez ou recadrez éventuellement la photo.

❹ Choisissez si la photo doit servir de fond d'écran pour l'iPhone verrouillé, pour l'écran d'accueil ou les deux.

Imprimer une photo

❶ Affichez la photo.

❷ Touchez **Partager** puis **Imprimer**.

❸ Sélectionnez l'imprimante.

❹ Indiquez le nombre de copies.

❺ Touchez **Imprimer**.

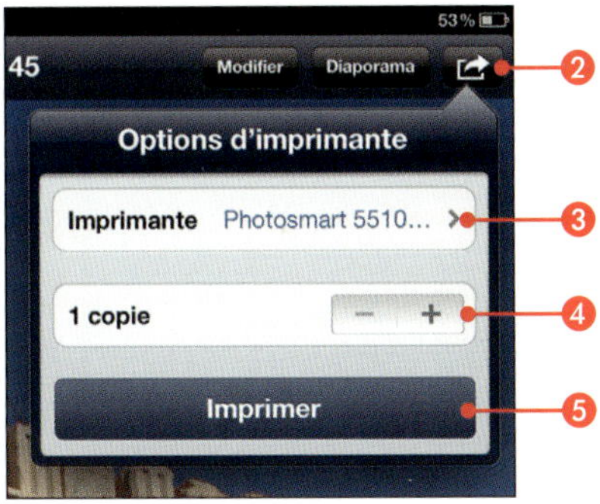

Publier des vidéos sur YouTube

À partir d'iPhoto, vous pouvez publier directement vos vidéos sur YouTube.

> NOTE
> Vous devez posséder un compte YouTube pour publier vos vidéos. Si vous n'en possédez pas, rendez-vous sur la page www.youtube.fr pour créer gratuitement votre compte.

❶ Affichez la vidéo.

❷ Touchez **Partager** puis **YouTube**.

❸ Si nécessaire, identifiez-vous puis saisissez les informations demandées : titre, description, mots-clés et catégorie.

4 Choisissez le mode de diffusion de la vidéo : publique, non listée (c'est-à-dire accessible uniquement à ceux à qui vous aurez donné le lien) ou privée (uniquement accessible à certains utilisateurs que vous aurez choisis).

5 Touchez **Publier**.

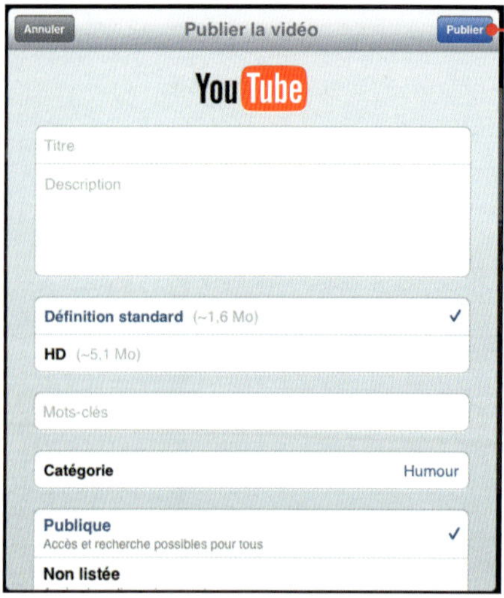

6 Une fois l'opération terminée, vous pouvez informer vos proches de la publication de la vidéo en envoyant un courriel contenant le lien vers la vidéo sur YouTube. Pour cela, touchez **Recommander à un ami**.

Utiliser le flux de photos

Si vous possédez un compte iCloud, vous pouvez utiliser le flux de photos pour que toutes vos nouvelles photos soient envoyées sur le serveur d'iCloud. Lorsque les photos se trouvent sur le serveur d'iCloud, vous pouvez y accéder à l'aide de vos autres appareils : Mac, iPhone, iPod touch. Il suffit d'avoir configuré votre compte iCloud sur chacun de ces appareils. De même, si vous ajoutez des photos sur ces appareils, le flux est automatiquement mis à jour et les photos sont disponibles sur votre iPad mini.

Vous pouvez également créer des flux de photos partagés dans lesquels vous sélectionnez les photos que vous placez (à l'aide du bouton **Partager**, dans l'application Photos). De plus, lorsque vous créez un flux partagé, vous indiquez les adresses de courriels des personnes que vous invitez dans votre flux (vous créez et invitez des personnes lorsque vous partagez la photo sur un flux).

1 Pour activer le flux de photos, touchez **Réglages ▶ Photos et appareils**.

❷ Touchez **Flux de photos partagé** pour activer ou désactiver la fonctionnalité.

❸ Indiquez vos identifiants iCloud, si ce n'est déjà fait.

❹ Une rubrique Flux de photos s'affiche dans iPhoto. Toutes les photos que vous avez prises après l'activation de la fonctionnalité s'y trouvent. Mon flux de photos correspond à la fonction Flux de photos, les autres flux sont les flux partagés (les vôtres et ceux auxquels vous êtes abonné).

Utiliser des services de partage de photos

Il existe de nombreux services de partage de photos sur Internet. Une fois inscrit à l'un de ces services, vous pouvez envoyer vos photos afin de les partager avec la terre entière (ou simplement avec vos proches). Trois services sont particulièrement utilisés, toutefois les applications existent uniquement en version iPhone. Elles fonctionnent parfaitement sur l'iPad mini, mais elles ne tirent pas profit de la totalité de l'écran. Dans tous les cas, vous devez vous inscrire au service que vous souhaitez utiliser (en passant par la page Web si nécessaire) puis télécharger l'application.

- **Posterous** (`www.posterous.com`). Il s'agit d'une plateforme de blogs où vous pouvez partager vos photos.
- **Flickr** (`www.flickr.com`). Il s'agit d'un site spécialement conçu pour le partage des photos.
- **Instagram** (`www.instagram.com`). Il s'agit d'un site de partage de photos très à la mode où vous pouvez publier vos photos, mais aussi vous abonner pour suivre les photos que publient d'autres personnes (dont des célébrités).

Transférer les photos avec l'ordinateur

Vous avez la possibilité de transférer les photos et les vidéos que vous avez prises sur votre iPad mini sur votre ordinateur. Vous avez également la possibilité de transférer les photos présentes sur votre ordinateur vers votre iPad mini.

De l'ordinateur vers l'iPad mini

Le transfert de photos depuis votre ordinateur vers l'iPad mini s'effectue à l'aide d'iTunes.

1. Lancez iTunes et connectez l'iPad mini à votre ordinateur.

2. Cliquez sur votre iPad mini dans le menu **Appareils** du volet placé à gauche.

3. Cliquez sur l'onglet **Photos** puis activez l'option **Synchroniser les photos**.

4. Choisissez le dossier contenant vos photos sur votre ordinateur ou, sur un Mac, choisissez iPhoto et sélectionnez les albums ou les événements à synchroniser.

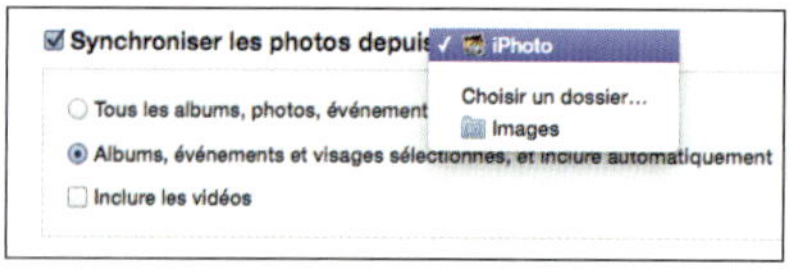

5. Cliquez sur le bouton **Appliquer** et patientez le temps du transfert des photos.

6. À la fin, vous pouvez déconnecter l'iPad mini et utiliser l'application Photos pour visualiser les photos que vous avez transférées.

Transférer des photos vers l'ordinateur

1. Connectez l'iPad mini à l'ordinateur.

2. Sur Mac, utilisez iPhoto ou Transfert d'images pour importer.

3. Sur PC, choisissez **Importer les images** ou **Ouvrir l'appareil mobile** pour importer les fichiers dans la fenêtre qui s'affiche une fois l'iPad mini connecté.

> NOTE
>
> Vous transférez les photos de votre iPad mini sur votre ordinateur comme vous le faites avec tout autre appareil photo numérique. Si vous utilisez une application précise pour transférer et gérer vos photos numériques, celle-ci doit détecter votre iPad mini une fois qu'il est connecté à l'ordinateur.

Chapitre 9

Écouter de la musique sur l'iPad mini

Dans ce chapitre :

- Acheter de la musique
- Transférer de la musique à partir de l'ordinateur
- Importer un CD
- Écouter de la musique
- Contrôler la lecture de la musique
- Accéder rapidement aux commandes de la musique
- Utiliser des écouteurs avec télécommande
- Utiliser Music Match
- Accéder à une bibliothèque partagée
- Écouter la radio sur l'iPad mini
- Écouter de la musique avec Deezer

Dans ce chapitre, vous allez découvrir comment utiliser l'iPad mini pour écouter de la musique. Avec l'application Musique d'abord, qui permet de transformer votre iPad mini en iPod. Vous découvrirez ensuite comment écouter des radios et télécharger légalement de la musique.

Placer de la musique sur l'iPad mini

Il existe deux façons d'obtenir de la musique et des vidéos sur votre iPad mini.

- Acheter, à partir de l'iPad mini, des morceaux, des albums complets, des films ou des séries TV sur l'iTunes Store, la boutique en ligne.
- Transférer votre musique et vos vidéos d'un ordinateur vers l'iPad mini. Pour effectuer cette opération, vous utilisez le logiciel iTunes sur votre ordinateur et vous indiquez quels sont les éléments à synchroniser.

Acheter de la musique

Pour acheter de la musique pour votre iPad mini, vous devez passer par l'iTunes Store. Pour cela, vous utilisez votre ordinateur sur lequel se trouve iTunes et vous parcourez la boutique en ligne en touchant le bouton **iTunes Store**, placé en haut à droite de la fenêtre d'iTunes. Toutefois, lorsque vous aurez acheté la musique, vous devrez synchroniser votre iPad mini pour transférer ce qui se trouve sur votre ordinateur (consultez la suite de ce chapitre pour plus d'informations).

Vous avez également la possibilité de parcourir la boutique en ligne directement à partir de votre iPad mini. Pour cela, touchez l'icône **iTunes** placée sur l'écran d'accueil (vous pouvez aussi toucher le bouton **Store**, qui se trouve en bas à gauche de l'application Musique).

Pour acheter sur iTunes Store, vous devez posséder un compte avec un identifiant Apple. Si vous ne possédez pas de compte, il vous sera proposé d'en créer un au moment de l'achat. Vous devrez également fournir des informations afin d'effectuer le paiement au moyen d'une carte bancaire.

Il existe des cartes cadeaux iTunes Store que vous utilisez pour créditer votre compte. Cela évite de fournir des informations bancaires sur le site. Ce peut être utile si vous n'avez pas de carte bancaire ou pour créer un compte pour un adolescent.

❶ Pour acheter un titre ou un album complet, démarrez iTunes en touchant son icône sur l'écran d'accueil.

❷ La page d'accueil de la boutique s'affiche. Vous obtenez les morceaux mis en avant. Vous pouvez toucher le bouton **Classement**, pour afficher les morceaux par ordre de classement. Le bouton **Genius** vous propose une liste de morceaux en fonction des titres que vous avez déjà achetés. Par conséquent, tant que vous n'avez pas fait d'achat, cette liste est vide. Dans la partie supérieure, vous trouvez des boutons pour limiter la liste à des genres musicaux. À gauche du champ Rechercher, vous trouvez un bouton permettant d'afficher votre historique de navigation dans la boutique. Vous pourrez ainsi retrouver facilement un titre dont vous avez écouté un extrait, il y a plusieurs jours, et que vous avez décidé d'acheter.

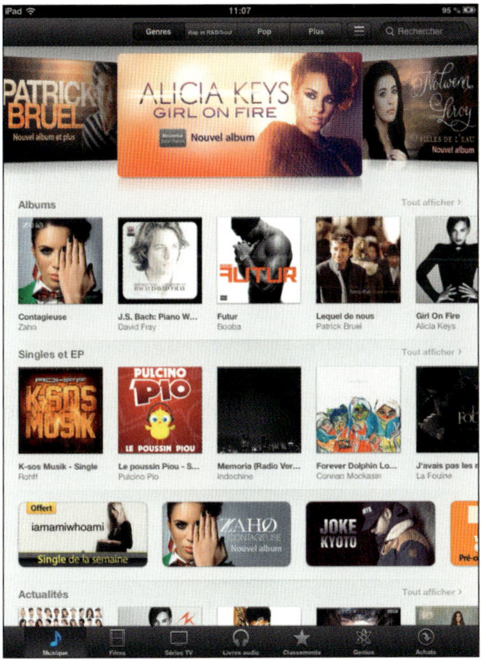

3 Pour effectuer une recherche, touchez dans la zone **Rechercher**, puis saisissez des mots-clés. Une liste de mots-clés s'affiche, touchez éventuellement l'élément qui correspond à ce que vous recherchez, sinon touchez **Rechercher** au clavier.

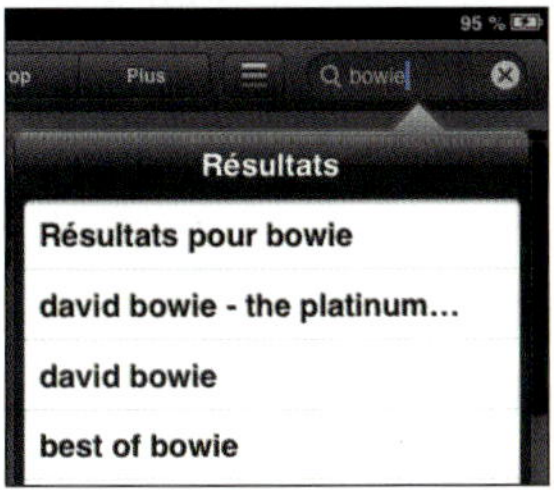

4 Les résultats de recherche s'affichent. Touchez un élément pour obtenir plus d'informations.

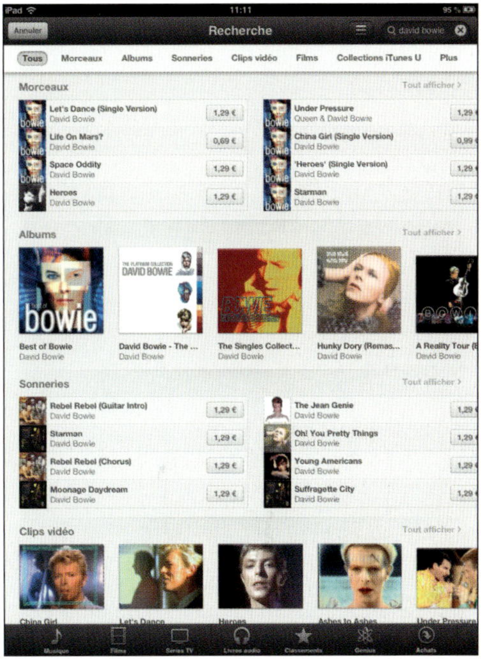

5 Dans la fenêtre qui s'affiche, vous obtenez le détail des morceaux de l'album (si nécessaire, faites défiler la liste). Le prix en regard de chacun des titres correspond au prix du morceau. Le prix dans la partie supérieure (à droite de l'image de l'album) correspond au prix de l'album complet. Dans l'exemple ici, vous notez que l'album propose 57 morceaux et qu'il est vendu 8,99 €, alors que les morceaux sont vendus à 1,29 € l'unité. Dans certains cas, il existe des morceaux ou des suppléments disponibles uniquement avec l'album.

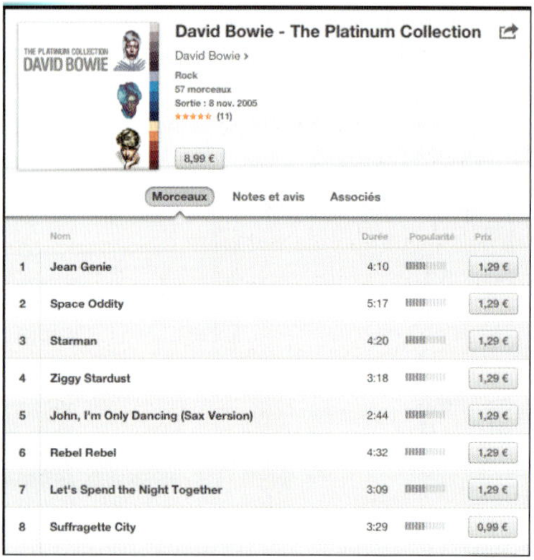

6 Pour acheter l'album ou un morceau, touchez le prix. Confirmez en touchant **Acheter l'album** ou **Acheter le morceau**.

7 Si nécessaire, saisissez votre identifiant Apple. Le morceau ou l'album est ensuite téléchargé dans votre audiothèque.

Télécharger un morceau gratuit

Pour tester le téléchargement d'un morceau sans vous ruiner, essayez de télécharger le morceau gratuit, qui change toutes les semaines. Allez sur la page d'accueil de la boutique en ligne (touchez le bouton **Musique**, si nécessaire) et recherchez dans la page une vignette nommée « Single de la semaine ».

Touchez la vignette pour afficher le morceau en question. Touchez **Gratuit** et confirmez le téléchargement pour obtenir le morceau.

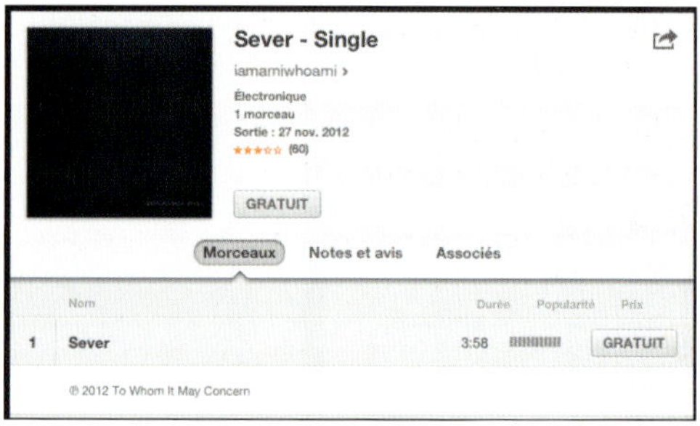

Synchroniser la musique avec l'ordinateur

Pour synchroniser la musique qui se trouve sur votre ordinateur avec l'iPad mini, vous utilisez iTunes (sur Mac ou sur PC). Si la quantité de musiques se trouvant sur votre ordinateur ne dépasse pas la capacité de stockage de votre iPad mini, vous pouvez synchroniser la totalité de vos musiques. Dans le cas contraire, vous devez sélectionner la musique à synchroniser afin d'en limiter la taille. Pour cela, vous avez plusieurs possibilités :

- Vous créez une liste intelligente dans laquelle vous spécifiez que vous souhaitez tous les morceaux, mais vous limitez la taille de cette liste.

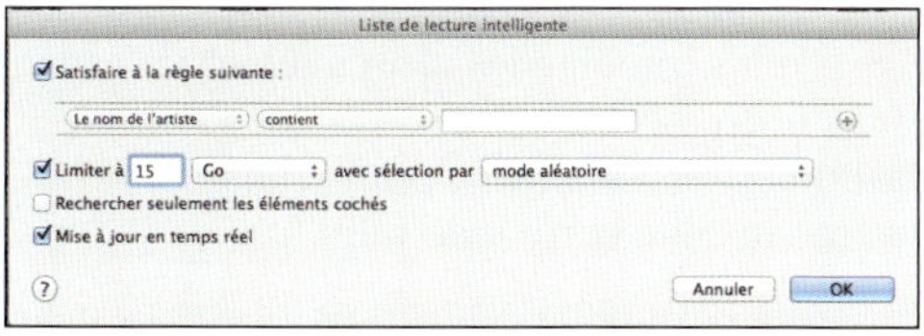

- Vous créez une liste de lecture standard dans laquelle vous faites glisser les morceaux que vous souhaitez transférer sur votre iPad mini.
- Vous choisissez les morceaux dans iTunes lors de la synchronisation.

❶ Connectez votre iPad mini à l'ordinateur et démarrez iTunes si nécessaire.

❷ Sélectionnez votre iPad mini dans le menu Appareils.

❸ Dans le volet principal, cliquez sur l'onglet **Musique**.

❹ Cochez la case **Synchroniser la musique**. Puis choisissez :

- **Toute la bibliothèque musicale**. Pour synchroniser la totalité de la musique se trouvant sur votre ordinateur.
- **Listes de lecture, artistes, albums et genres sélectionnés.** Si vous choisissez cette option, vous cochez ensuite les éléments que vous souhaitez synchroniser : des listes de lecture, des artistes, des albums et des genres musicaux.

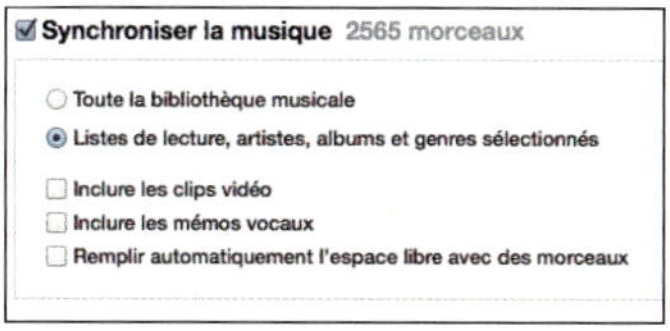

❺ Vérifiez, au bas de l'écran, la jauge qui vous indique l'espace disponible sur votre iPad mini et l'espace qu'occupe la musique sélectionnée.

❻ Lorsque vous avez terminé, cliquez sur le bouton **Synchroniser** ou **Appliquer**.

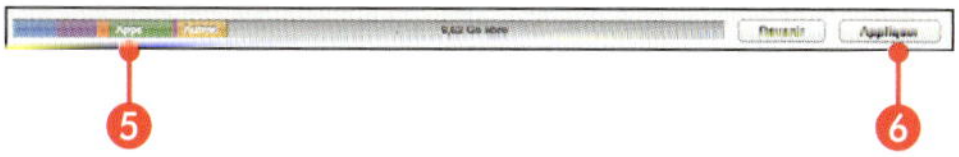

Importer la musique d'un CD audio

Vous avez des disques audio contenant de la musique que vous souhaitez mettre sur votre iPad mini ? Vous réalisez facilement cette opération si vous possédez un ordinateur et que vous synchronisez votre musique entre l'ordinateur et l'iPad mini. En effet, vous allez pouvoir extraire les pistes de votre CD audio à l'aide d'iTunes.

❶ Lancez iTunes.

❷ Insérez le CD audio dans le lecteur de votre ordinateur.

❸ iTunes reconnaît le disque audio et vous propose de l'importer dans votre bibliothèque de musiques. Cliquez sur **Oui** si vous souhaitez importer la totalité du disque. Cliquez **Non** pour importer uniquement certains morceaux. Si iTunes ne vous propose pas d'importer le disque, affichez le contenu du CD audio en cliquant sur le bouton **Musique**, en haut à gauche de la fenêtre.

❹ Si vous avez cliqué sur **Non**, cliquez sur le CD audio dans la liste, puis décochez les morceaux que vous ne souhaitez pas importer.

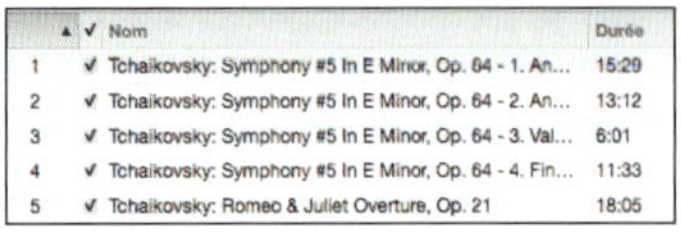

❺ Cliquez sur **Importer le CD** pour importer les morceaux cochés.

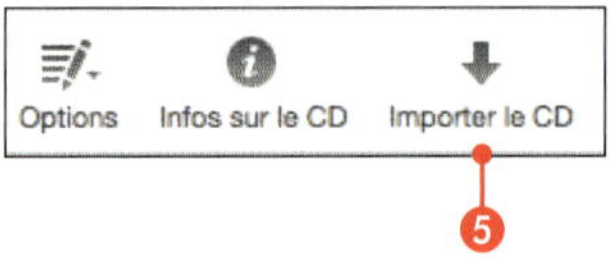

❻ iTunes importe les morceaux et les place dans votre bibliothèque. Procédez comme indiqué précédemment pour transférer ces morceaux sur votre iPad mini.

Écouter de la musique

Une fois que vous avez acheté de la musique ou que vous en avez transféré sur votre iPad mini, vous pouvez l'écouter. Pour cela, vous utilisez l'application Musique dont l'icône, par défaut, se trouve à droite du Dock.

❶ Touchez **Musique** pour démarrer l'application.

❷ Votre bibliothèque s'affiche. Une série d'onglets au bas de la fenêtre vous permet d'obtenir différents modes d'affichage de votre musique. Vous pouvez aussi toucher le champ de recherche au bas de l'écran et saisir des mots-clés (nom de l'artiste, titre, *etc.*).

- **Listes**. Permet d'afficher vos listes de lecture. Touchez l'une des listes de lecture pour en voir le contenu.

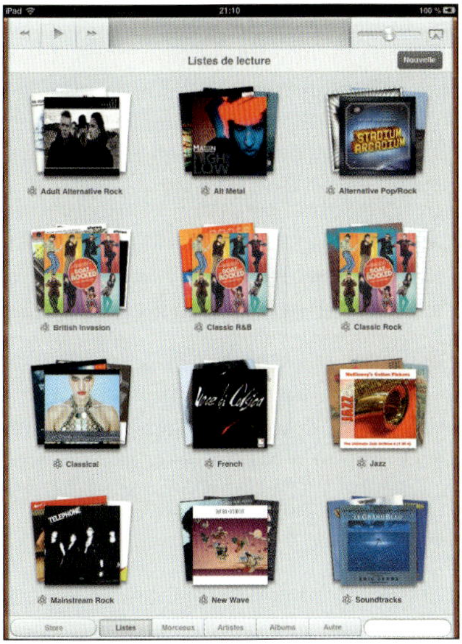

- **Morceaux**. Affiche une liste contenant tous les morceaux présents sur votre iPad mini. La liste est triée par ordre alphabétique sur les titres.

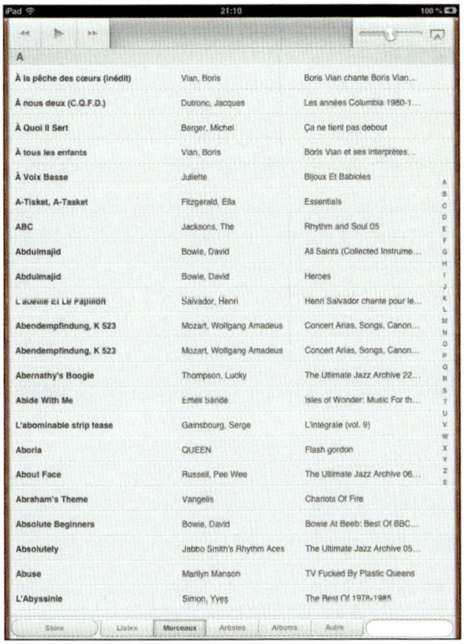

- **Artistes**. Vos titres sont regroupés par artistes. En dessous de chacune des miniatures représentant un artiste, vous trouvez l'indication du nombre d'albums et du nombre de morceaux disponibles pour l'artiste. Touchez la miniature d'un artiste pour afficher le contenu.

- **Albums**. Ces miniatures apparaissent pour chacun des albums présents sur votre iPad mini. Pour afficher le contenu d'un album, touchez-le.

- **Genres**. Pour obtenir le genre, touchez l'onglet **Autre**. Des miniatures correspondant aux différents genres musicaux présents dans votre iPad mini s'affichent. Touchez l'une des miniatures pour afficher le contenu.

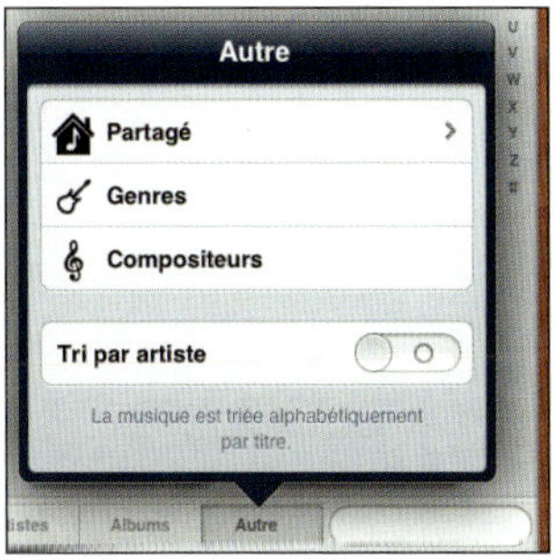

- **Compositeurs**. Touchez **Autre** puis **Compositeurs** pour afficher des miniatures classées par compositeurs et non par interprètes comme lorsque vous choisissez **Albums**. Touchez l'une des miniatures pour afficher le contenu.

- En touchant **Autre**, vous avez la possibilité d'activer le tri par artistes plutôt que par titres. Si vous partagez votre bibliothèque iTunes sur un autre appareil, par exemple un Mac, vous pouvez également accéder au partage à l'aide du bouton **Autre**.

3 Lorsqu'une liste de morceaux est affichée à l'écran, touchez le premier morceau que vous souhaitez écouter. La lecture démarre automatiquement.

4 Dans la partie supérieure de la fenêtre, vous trouvez des indications sur la lecture en cours.

5 Pour répéter un album ou un morceau, touchez l'icône **Répétition** ( ). Touchez une fois pour répéter l'album, une deuxième fois pour répéter le morceau et une troisième fois pour annuler la répétition.

6 Pour effectuer une lecture aléatoire des morceaux en cours de lecture, touchez l'icône **Aléatoire** ( ). Touchez de nouveau l'icône pour revenir à la lecture linéaire.

7 Touchez **Genius** ( ) pour créer une liste de lecture Genius qui se remplit automatiquement en plaçant des titres qui ressemblent à celui que vous écoutez.

Contrôler la lecture de la musique

Servez-vous des trois boutons en haut à gauche pour contrôler la lecture de la musique :

- : pour mettre la lecture en pause.
- : pour redémarrer la lecture.
- : pour revenir au début du morceau. Double-touchez pour aller au morceau précédent.
- : pour passer au morceau suivant.
- : pour ouvrir le menu AirPlay et choisir un périphérique AirPlay (casque Bluetooth, Apple TV, Freebox, *etc.*).

Vous pouvez également déplacer le curseur de lecture en posant le doigt dessus et en le faisant glisser à l'endroit voulu. La lecture reprendra à cet emplacement précis.

Accéder rapidement aux contrôles de lecture

Lorsque votre iPad mini est en veille ou lorsque vous utilisez une autre application que Musique, vous pouvez accéder rapidement aux contrôles de lecture.

- **En veille**. Appuyez deux fois rapidement sur le bouton principal. L'écran verrouillé s'affiche et dans la partie supérieure vous trouvez les contrôles de lecture. À gauche, vous pouvez régler le volume, au centre vous obtenez des informations sur le morceau en cours de lecture, à droite vous trouvez les contrôles de lecture. Vous pouvez utiliser les contrôles de volume sur le côté droit de votre iPad mini pour régler le volume sonore de la musique, même si vous n'êtes pas dans l'application Musique.

- Lorsque vous utilisez une autre application, vous pouvez accéder aux commandes spéciales du Dock. Appuyez deux fois rapidement sur le bouton principal afin d'afficher le Dock, puis faites glisser votre doigt vers la droite pour afficher les commandes spéciales.

Au centre, vous trouvez les commandes de lecture ainsi que le titre du morceau en cours de lecture. À droite, vous trouvez un curseur permettant de régler le volume sonore. Notez également l'icône placée tout à droite qui vous permet d'accéder rapidement à l'application Musique.

> NOTE
>
> Si vous utilisez une autre application pour écouter de la musique, par exemple Deezer, l'icône à droite des commandes spéciales change.

Utiliser des écouteurs à télécommande

Il existe sur le marché des écouteurs spéciaux pour iPhone/iPad mini équipés d'une télécommande (et parfois d'un micro). Vous utilisez les commandes incorporées aux écouteurs pour piloter la lecture.

1. Modifiez le volume à l'aide des boutons de volume des écouteurs.

2. Appuyez sur le bouton central des écouteurs pour interrompre et reprendre la lecture.

❸ Appuyez deux fois de suite rapidement sur le bouton central des écouteurs pour passer au morceau suivant. Appuyez trois fois rapidement sur le bouton central pour revenir en arrière d'un morceau. Pour effectuer une avance rapide, appuyez deux fois rapidement sur le bouton central, mais ne relâchez pas le bouton après le deuxième appui. Pour un retour rapide, appuyez trois fois rapidement et ne relâchez pas le bouton après le troisième appui. Dans les deux cas, la lecture s'effectue en avance ou en retour rapide ; relâchez le bouton lorsque vous êtes à l'endroit souhaité.

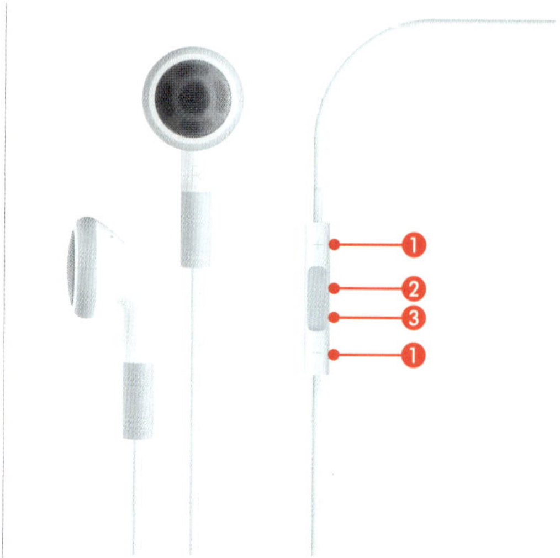

Utiliser Music Match

Music Match est un service proposé par Apple pour un peu moins de 25 € par an. Grâce à ce service, tous les morceaux que vous avez importés sur votre ordinateur sont placés sur les serveurs d'Apple. Vous pouvez ainsi accéder à votre musique à partir de différents appareils (jusqu'à 10), dont votre iPad mini.

❶ Sur votre ordinateur, démarrez **iTunes** et dans le menu Store, activez **Music Match**. Pour vous abonner, vous devez posséder un identifiant Apple et fournir des informations pour le paiement (carte bancaire).

❷ Sur l'iPad mini, touchez **Réglages** ▶ **Musique**.

❸ Activez l'option **Music Match**.

❹ Une alerte s'affiche pour vous indiquer que la musique de votre iPad mini va être remplacée par Music Match. Touchez **Activer**.

❺ Une nouvelle option s'affiche : **Afficher toute la musique**. Si vous désactivez cette option, seule la musique téléchargée sur l'iPad mini s'affiche. Par défaut, l'option est activée, cela vous permet d'afficher la totalité de la musique présente sur iTunes Match, même si elle n'est pas encore téléchargée sur votre iPad mini.

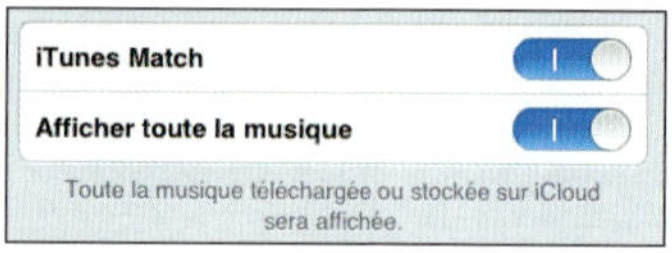

6 Dans l'application Musique, vous pouvez télécharger des albums en cliquant sur le bouton avec un nuage. Ceci vous permet d'écouter les morceaux même si vous n'avez plus de connexion à Internet.

Accéder à une bibliothèque partagée

Si vous possédez un ordinateur en plus de votre iPad mini, vous pouvez partager votre bibliothèque musicale. Ainsi, si vous avez sur votre ordinateur plus de musiques que ne peut en contenir votre iPad mini, en partageant votre bibliothèque vous pouvez accéder à la totalité de votre musique à partir de l'iPad mini. Pour cela, l'ordinateur et l'iPad mini doivent être reliés au même réseau local. C'est généralement le cas si vous possédez une box pour votre connexion Internet.

1 Dans iTunes, sur votre ordinateur, ouvrez les **Préférences** puis sélectionnez l'onglet **Partage**. Cochez la case **Partager ma bibliothèque sur mon réseau local**. Indiquez ensuite comment vous souhaitez partager la bibliothèque (en totalité ou une sélection de listes).

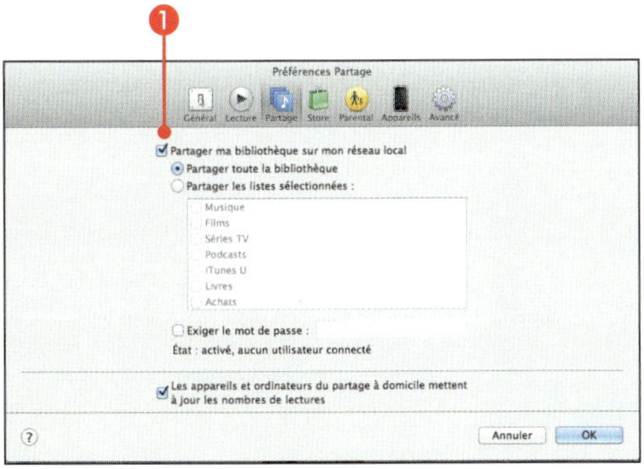

2 Dans le volet de gauche, touchez **Partage à domicile**, puis indiquez votre identifiant Apple.

3 Sur l'iPad mini, touchez **Réglages ▶ Musique**. Dans la section Partage à domicile, saisissez votre identifiant Apple.

4 Dans Musique, touchez **Autre**, puis touchez **Partagé**.

5 Dans la liste qui s'affiche, touchez la bibliothèque partagée que vous souhaitez afficher.

6 Utilisez les onglets au bas de la fenêtre pour naviguer dans la bibliothèque et écoutez les morceaux comme s'ils se trouvaient dans votre iPad mini.

Écouter la radio sur l'iPad mini

Votre iPad mini ne possède pas de récepteur de radio et, ici, il n'est pas question d'en ajouter un par magie. En fait, pour écouter des radios avec un iPad mini (ou tout autre appareil pouvant se connecter à Internet), il suffit de posséder une application capable de lire les flux audio transmis par une grande majorité de radios (sur un ordinateur, un simple navigateur Internet suffit pour écouter une radio). En effet, un grand nombre de radios offrent la possibilité de les écouter en ligne. Cela est particulièrement pratique, par exemple, pour les personnes qui sont à l'étranger et qui souhaitent écouter les informations françaises.

Vous avez plusieurs possibilités pour écouter des radios en ligne, mais dans tous les cas vous devrez commencer par télécharger une application. Notez que pour écouter la radio sur votre iPad mini, vous devez être connecté à Internet.

❶ Recherchez sur l'App Store le nom de la station de radio que vous souhaitez écouter. Par exemple, si vous souhaitez France Info, démarrez l'App Store et dans la zone de recherche, saisissez **France Info**.

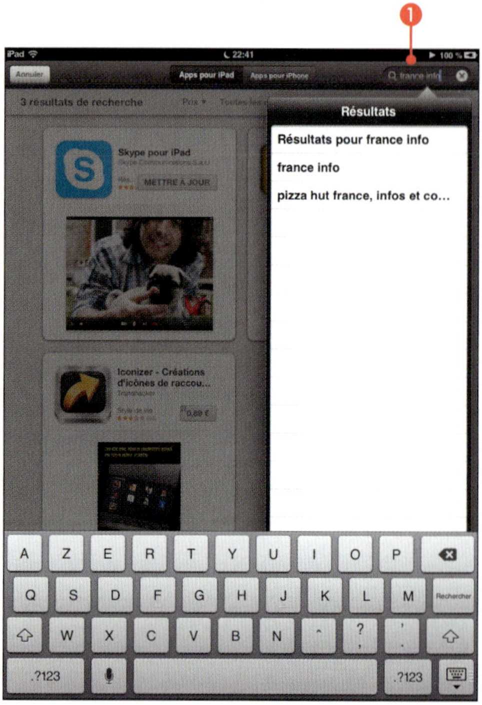

❷ Dans le cas de France Info, une application est disponible. Notez qu'elle existe uniquement en version iPhone (ce qui n'est pas très grave).

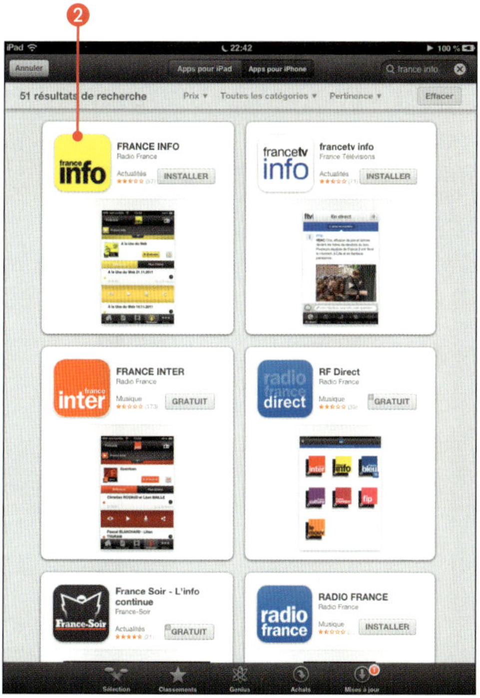

❸ Téléchargez l'application souhaitée, puis démarrez-la. Généralement, les applications permettent en plus de l'écoute du direct d'accéder à des sujets précis.

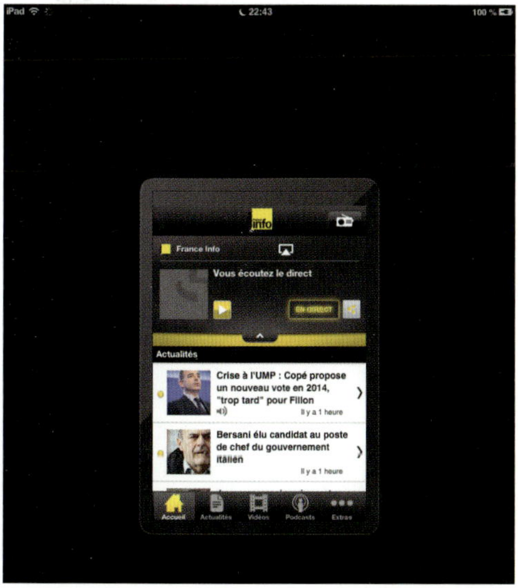

Une radio polyvalente

Plutôt que de télécharger une application par radio qui vous intéresse, vous pouvez également télécharger une application qui permet d'accéder à plusieurs radios.

Pour cela, vous pouvez télécharger gratuitement l'application **Radio StreamItAll** en saisissant son nom dans le champ de recherche de l'App Store. Il s'agit d'une application pour iPhone, en anglais, mais qui a l'avantage d'être gratuite.

❶ Lorsque vous lancez le programme pour la première fois, indiquez le pays dont vous souhaitez écouter les radios.

❷ Vous obtenez ensuite une liste de radios.

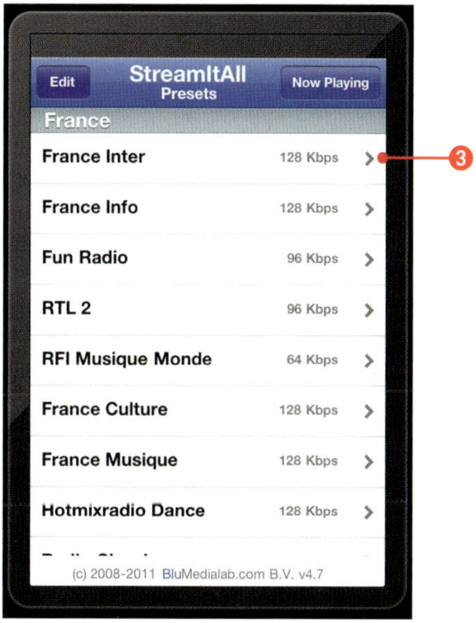

❸ Touchez la station qui vous intéresse et la lecture démarre au bout de quelques secondes. (Pour afficher la radio en cours de lecture, touchez **Now Playing**.) Un bouton vous permet de mettre en pause la lecture de la radio. Le curseur permet de régler le volume.

4 Pour revenir à la liste des radios, touchez le bouton **Preset**. Pour obtenir plus de stations de radio, touchez **Edit**.

5 Vous avez la possibilité d'ajouter des radios (**Add Channels**) ou de supprimer des radios (**Delete Channels**).

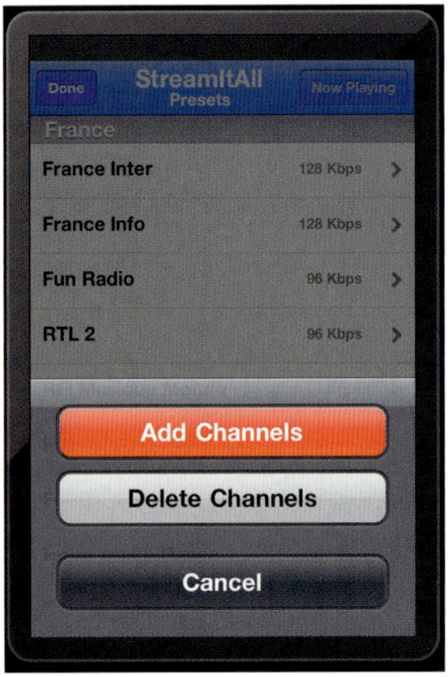

6 Si vous choisissez de supprimer des radios, la liste des radios s'affiche avec un bouton **Delete** en regard de chacune des stations. Touchez le bouton de la station à supprimer.

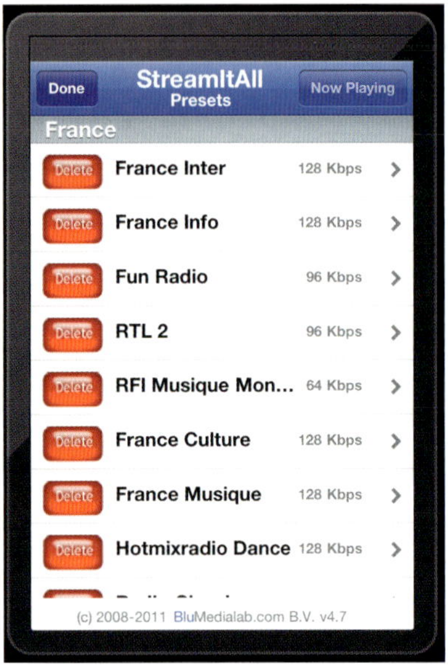

7 Si vous ajoutez des radios, vous pouvez choisir une radio dans une liste (**Select from list**) ou saisir l'adresse URL de la radio (vous trouvez cette information sur les pages Web des radios).

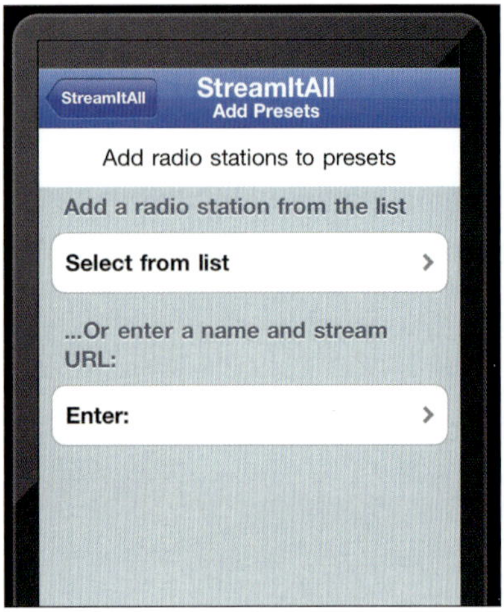

8 Si vous choisissez de sélectionner une radio dans une liste, un nouvel écran vous demande de choisir le pays et la région (**Countries and regions**) ou le genre musical (**Genres**).

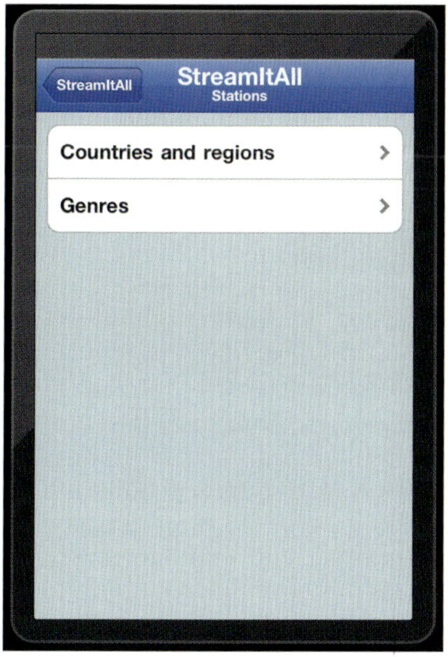

9 Lorsque vous arrivez sur une liste de radios (pour un pays ou un genre), vous ajoutez la station souhaitée en touchant le signe +.

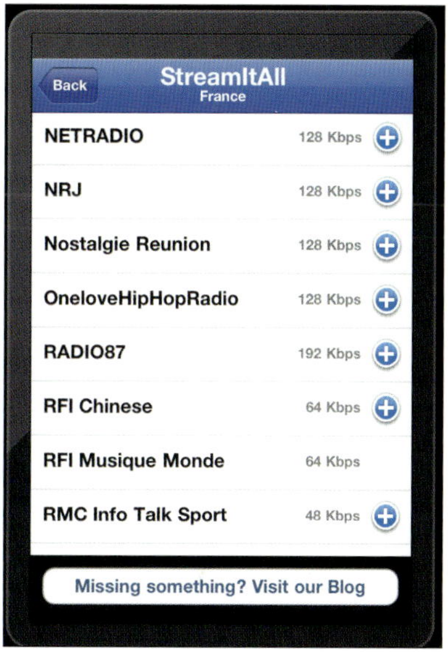

Écouter de la musique avec Deezer

Deezer est un service permettant d'écouter gratuitement toute la musique que vous souhaitez (ou presque) et cela légalement. Si vous possédez un ordinateur, vous pouvez vous rendre sur le site Web de Deezer et écouter gratuitement de la musique (il existe toutefois une limite dans l'écoute gratuite). À partir de votre iPad mini (et c'est aussi le cas avec un iPhone), il faut toutefois payer un abonnement mensuel pour pouvoir écouter le moindre morceau. L'abonnement Deezer Premium+ vous permet d'écouter la musique sur votre iPad mini même si vous n'êtes pas connecté à Internet (il faut toutefois télécharger les morceaux sur votre iPad mini lorsque vous avez la connexion à Internet).

1 Téléchargez l'application Deezer pour iPad mini sur l'App Store.

2 Pour rechercher un morceau, touchez la loupe puis saisissez le titre ou le nom de l'artiste. Touchez ensuite la touche **Rechercher** au clavier.

3 La liste des résultats s'affiche. Touchez un morceau pour en démarrer la lecture. Vous pouvez toucher le signe + à droite d'un morceau pour l'ajouter à une liste de lecture.

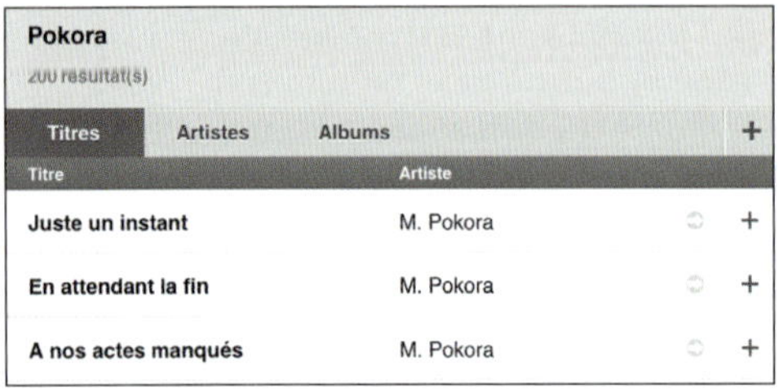

4 Utilisez les contrôles de lecture en haut à gauche de l'écran.

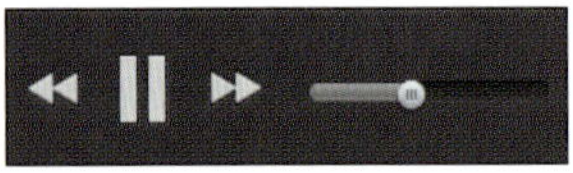

5 Au centre de l'écran, vous trouvez des informations sur le morceau à l'écoute. Dans la partie de droite, le signe + avec la note de musique permet d'ajouter le morceau dans une liste de lecture. Le bouton **Partager** permet de partager le morceau (l'adresse sur Deezer) avec vos proches grâce à Facebook, Twitter, un courriel ou Deezer.

6 Pour créer une liste de lecture (playlist), touchez le bouton +, en bas à gauche de l'écran.

7 Dans la fenêtre qui s'affiche, saisissez le nom de votre liste de lecture.

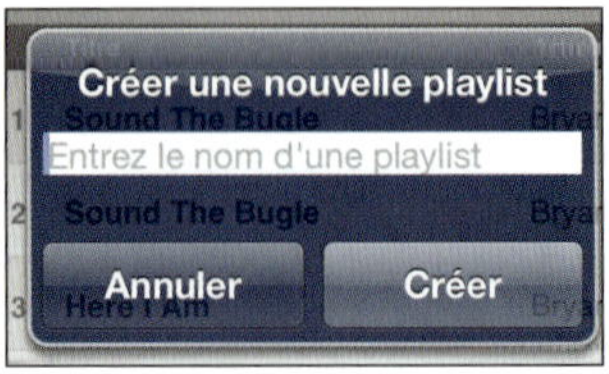

8 Pour accéder à une liste de lecture, touchez **Playlists** dans le panneau de gauche, puis touchez la liste de lecture souhaitée.

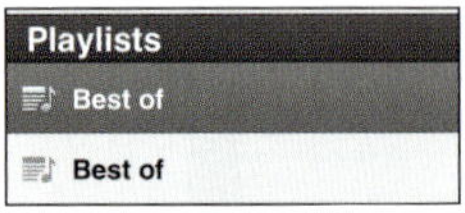

9 Le contenu de la liste de lecture s'affiche à droite de la fenêtre. Touchez le morceau que vous souhaitez écouter. Pour télécharger les morceaux, activez **Mode hors connexion**. Vous pouvez repérer les morceaux téléchargés (et disponibles hors connexion) grâce au coin inférieur gauche vert.

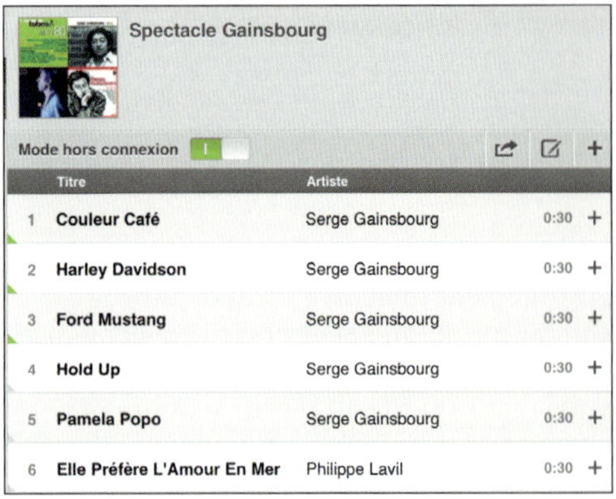

NOTE

Spotify propose un service équivalent à Deezer, au même tarif. Consultez le site www.spotify.com pour plus d'informations.

Chapitre 10

Visionner des films et des vidéos

Dans ce chapitre :

- Acheter des vidéos
- Quelle est la durée d'une location ?
- Regarder des séries TV
- Transférer des vidéos
- Regarder des vidéos sur l'iPad mini
- Importer un DVD vidéo
- Regarder des chaînes de télévision
- Diffuser des vidéos et de la musique sur d'autres appareils

Le format de l'iPad mini est parfait pour regarder des vidéos lors de déplacements. Pour obtenir des vidéos, vous avez plusieurs solutions : vous transférez vos films personnels se trouvant sur un ordinateur ou vous achetez des vidéos sur iTunes Store. Vous pouvez également télécharger et utiliser YouTube. Vous pouvez aussi accéder à des chaînes de télévision pour voir les programmes en direct ou en différé.

Acheter des vidéos

Comme c'était le cas pour la musique, pour regarder des vidéos, vous devez commencer par en placer sur votre iPad mini. Là encore, l'une des solutions consiste à acheter des vidéos ou à en louer.

❶ Démarrez iTunes en touchant son icône sur la page d'accueil.

itunes

❷ Vous arrivez sur la page d'accueil de la section Musique ou sur la dernière page que vous avez consultée.

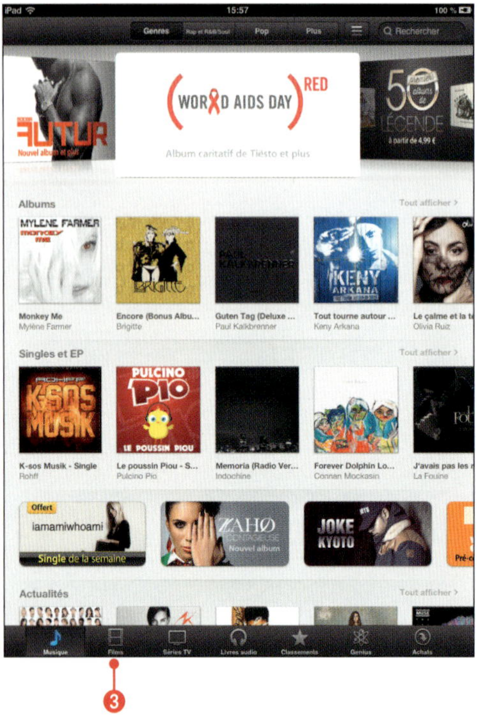

❸ Touchez le bouton **Films**.

❹ La liste des films « En vedette » s'affiche.

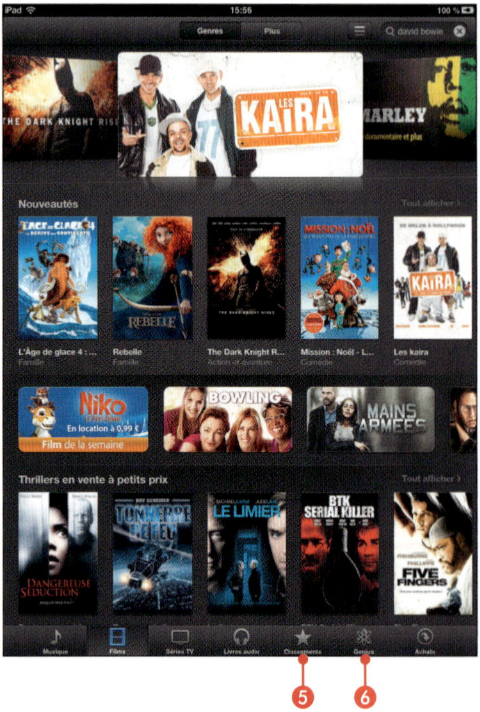

❺ Touchez le bouton **Classements** pour obtenir la liste des films classés par ordre de meilleures ventes.

❻ Le bouton **Genius** vous permet d'obtenir une liste personnalisée selon vos goûts. Toutefois, pour que l'iPad mini puisse définir vos goûts, vous devez d'abord avoir acheté des films.

❼ Pour rechercher un film précis, utilisez la zone de recherche en haut à droite.

8 Vous obtenez les résultats de la recherche dans toutes les parties d'iTunes Store : musique, film, podcast. Touchez le film qui vous intéresse pour plus de détails.

9 Vous obtenez plus de détails sur le film. Vous pouvez également choisir entre une version HD (haute définition) ou SD (définition standard). Vous obtenez également les tarifs pour la vente et la location du film. Selon le film ou le niveau de définition choisi, les deux options ne sont pas activées ; par exemple, le film peut être proposé uniquement à la location si vous choisissez HD et à la vente et à la location si vous choisissez SD.

10 Avant de toucher l'un des boutons pour finaliser votre achat ou votre location, vous pouvez toucher le bouton **Bande-annonce** pour visionner un extrait du film ou la bande-annonce.

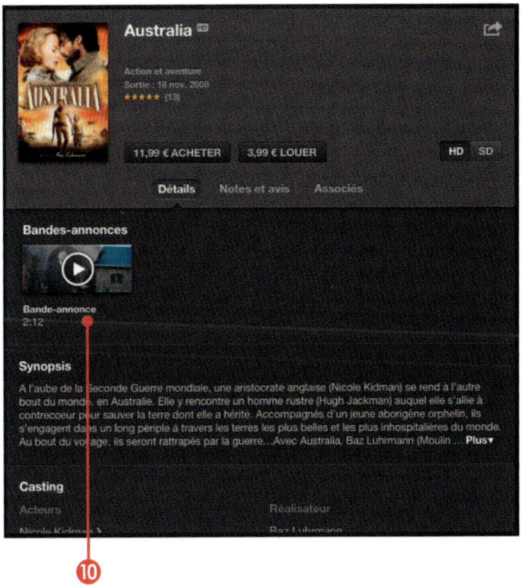

11 Lorsque vous visionnez l'extrait, des contrôles de lecture s'affichent au bas de l'écran (il est préférable de l'orienter en mode paysage). En haut de l'écran, vous trouvez la tête de lecture.

12 Pour retourner à iTunes, touchez le bouton **OK**.

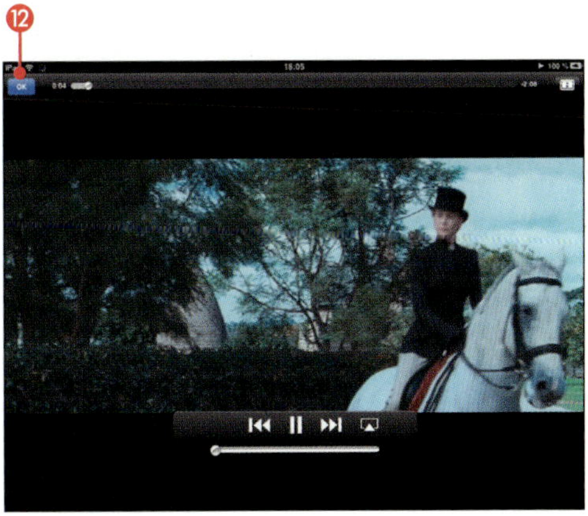

⓭ Si vous êtes décidé à acheter ou à louer, touchez le bouton indiquant le prix de l'option souhaitée. Un bouton **Louer** ou **Acheter** s'affiche. Touchez ce bouton pour confirmer votre achat et, si nécessaire, indiquez votre identifiant Apple.

> NOTE
> Si vous êtes intéressé par des films en version originale sous-titrée, consultez la section Langue de la page de description du film. Vous pourrez voir les langues et les sous-titres disponibles.

Quelle est la durée d'une location ?

Lorsque vous touchez **Louer** (ou **Location**), le téléchargement de votre film commence immédiatement sur votre iPad mini. Vous disposez alors de 30 jours pour commencer le visionnage de votre film. Une fois le visionnage commencé, vous avez 48 heures pour regarder le film dans son intégralité. Vous pouvez de plus regarder le film autant de fois que vous le souhaitez pendant ces 48 heures.

À l'issue de la période de location, le film disparaît de votre bibliothèque. Sachez également que les films loués sur votre iPad mini peuvent être visionnés uniquement sur votre iPad mini et ne peuvent pas être transférés vers votre ordinateur, ni vers tout autre appareil portable.

> NOTE
> Vous pouvez envoyer l'image de votre iPad mini sur votre téléviseur grâce à AirPlay.

Regarder des séries TV

Si vous êtes fans de séries TV, vous pouvez les retrouver sur iTunes et télécharger un épisode ou une série complète. Si vous préférez regarder les séries étrangères en VO sous-titrée, vous pourrez même trouver quelques épisodes.

❶ Dans l'application iTunes, touchez le bouton **Séries TV**.

❷ Une liste de séries TV mises en avant s'affiche.

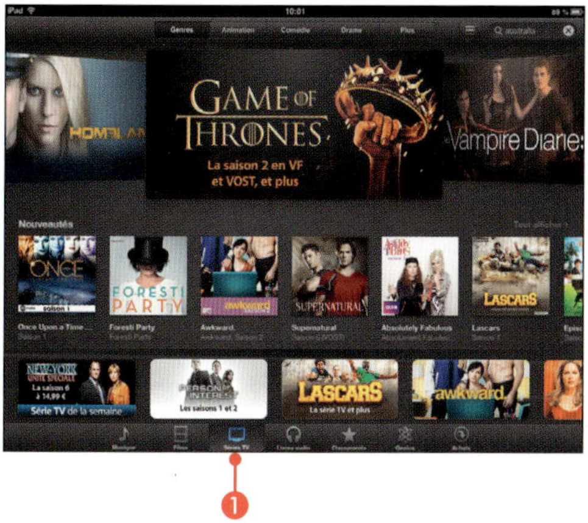

3 Recherchez la série qui vous intéresse en naviguant dans les différentes rubriques ou en utilisant l'outil de recherche. Touchez le bouton **Classements** pour obtenir la liste des séries classées par ordre de meilleures ventes. Le bouton **Genius** vous permet d'obtenir une liste personnalisée selon vos goûts. Toutefois, pour que l'iPad mini puisse définir vos goûts, vous devez d'abord avoir acheté des séries.

4 Lorsque vous avez trouvé une série, touchez-la pour l'afficher et obtenir plus d'informations. Notez que le titre de la saison indique si la série est en VOST (version originale sous-titrée) ou en français (aucune mention ou VF).

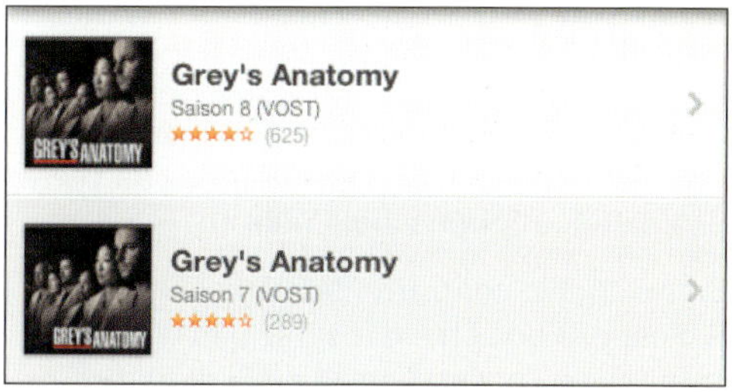

5 Choisissez éventuellement la qualité de l'image (HD ou SD) puis indiquez si vous souhaitez acheter la saison complète ou uniquement un épisode. Si vous souhaitez voir un extrait d'un épisode, touchez la miniature dans laquelle se trouve un bouton de lecture.

Au moment de l'écriture de ces lignes, il n'est pas possible de louer un épisode de série TV.

Transférer des vidéos

Comme avec la musique, vous avez la possibilité de transférer des vidéos de votre ordinateur sur votre iPad mini.

En revanche, contrairement aux CD audio, il n'est pas possible d'insérer un DVD vidéo dans l'ordinateur et de l'importer dans iTunes afin de transférer le film sur votre iPad mini. Toutefois, il existe des programmes pour réaliser cette opération (consultez « Importer un DVD vidéo », par la suite dans ce chapitre).

Lorsque vous avez un fichier vidéo sur votre ordinateur, placez-le dans iTunes pour pouvoir le transférer sur l'iPad mini à l'aide de la synchronisation.

❶ Choisissez **Fichier ▶ Ajouter le dossier à la bibliothèque**.

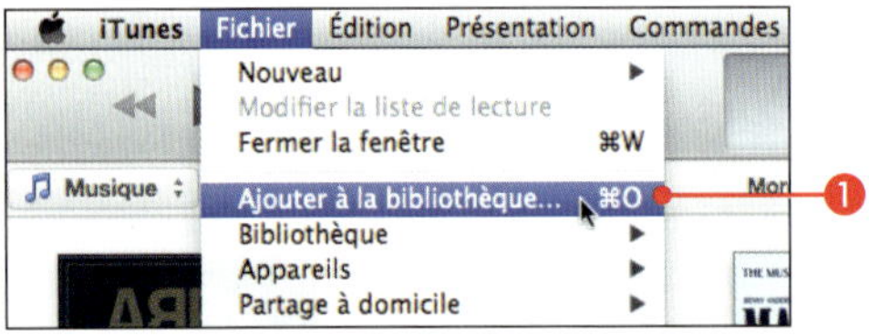

❷ Sélectionnez le fichier que vous souhaitez ajouter à la bibliothèque (vous pouvez sélectionner plusieurs fichiers). Notez que les fichiers doivent être dans un format accepté par iTunes, avec l'extension .m4v.

❸ Cliquez sur **Ouvrir**. Notez que vous pouvez également faire glisser les fichiers sur l'élément Bibliothèque de la fenêtre d'iTunes.

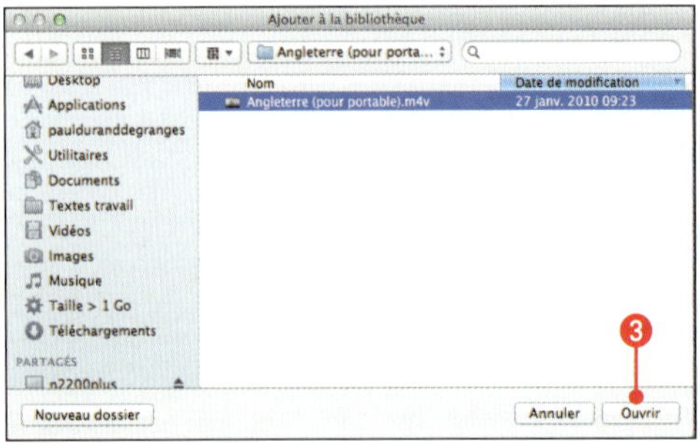

❹ Patientez le temps qu'iTunes importe vos fichiers vidéo.

❺ Cliquez sur l'élément **Films** dans le menu à gauche d'iTunes. Les vidéos que vous avez importées doivent s'y trouver.

❻ Connectez votre iPad mini à l'ordinateur, puis cliquez dessus dans le menu appareils.

❼ Cliquez sur l'onglet **Films**, cochez la case **Synchroniser les films**, puis indiquez si vous souhaitez synchroniser tous les films ou seulement certains d'entre eux.

❽ Cliquez sur **Appliquer**.

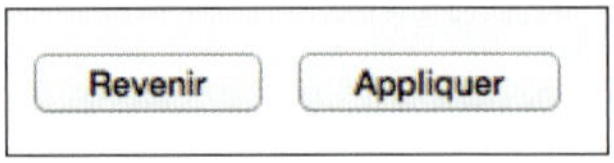

Regarder des vidéos sur l'iPad mini

❶ Touchez **Vidéos** sur l'écran d'accueil.

❷ L'application Vidéos s'ouvre. Les vidéos sont classées à l'aide de différents onglets (Vidéos, Séries TV ou Clips vidéo) selon ce que vous avez acheté ou transféré sur votre iPad mini. L'onglet Partagé permet d'accéder aux bibliothèques partagées sur le réseau. Touchez l'un des onglets pour afficher les vidéos souhaitées.

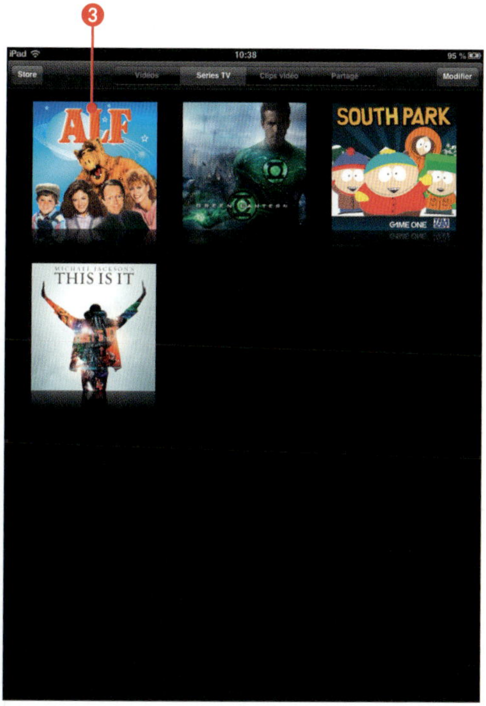

❸ Touchez la vidéo que vous souhaitez regarder.

❹ Un écran d'information sur la vidéo s'affiche. Pour démarrer la lecture, touchez le bouton **Lecture**.

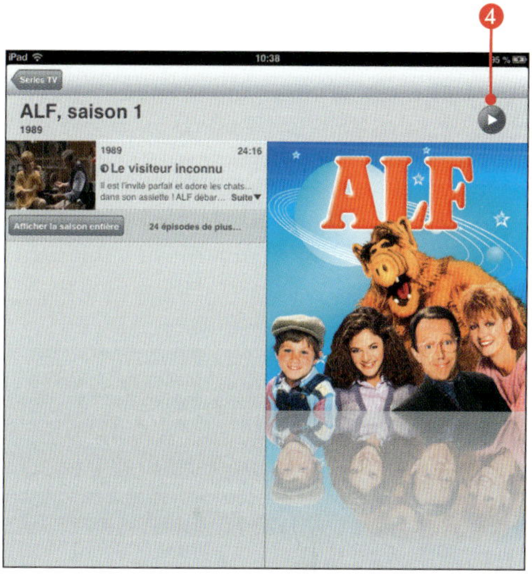

❺ La vidéo s'affiche. Généralement, il est préférable d'orienter l'iPad mini en mode paysage. Les contrôles de lecture disparaissent automatiquement au bout de quelques secondes. Pour les afficher de nouveau, touchez l'écran.

❻ Pour revenir à la liste des vidéos, touchez **OK**.

Importer un DVD vidéo

Si vous possédez un ordinateur avec un lecteur de DVD, vous pouvez envisager de transférer des films sur votre iPad mini. Il existe deux méthodes pour cela.

La première méthode est la plus simple, mais elle n'est pas toujours possible. En effet, certains éditeurs de DVD ou de Blu-ray proposent une *Copie digitale* lors de l'achat du disque. Dans le boîtier du disque, vous trouvez un code que vous utilisez sur le site de l'éditeur pour télécharger le film dans un format qui peut être lu par iTunes et aussi transféré sur votre iPad mini.

L'autre méthode consiste à utiliser un logiciel qui permet d'extraire le film du DVD et de créer un fichier compatible avec l'iPad mini. Vous pouvez par exemple rechercher sur Internet le logiciel HandBrake (il existe pour Mac et pour PC). Téléchargez-le et installez-le sur votre ordinateur.

1. Insérez un DVD vidéo dans le lecteur optique de votre ordinateur. Si une application de lecture se lance automatiquement, quittez-la.

2. Démarrez HandBrake. Une boîte de dialogue vous propose de sélectionner une source. Sélectionnez votre DVD et cliquez sur **Open**.

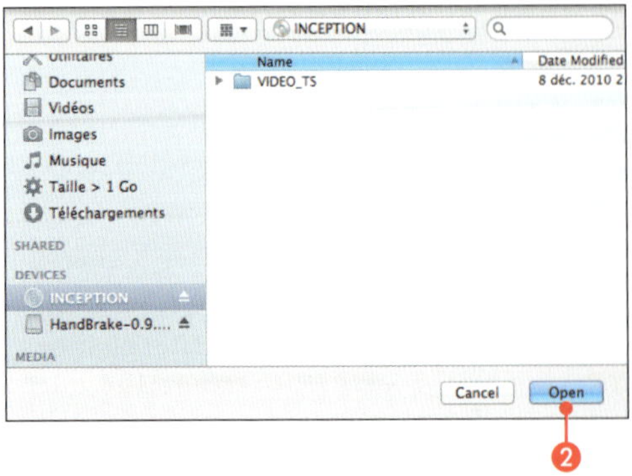

3. L'application scanne le disque pour détecter les différents chapitres. L'opération peut prendre plusieurs minutes.

4. Cliquez sur le menu **Title** dans la partie supérieure gauche de la fenêtre et sélectionnez l'élément avec la durée la plus longue (c'est certainement le film lui-même).

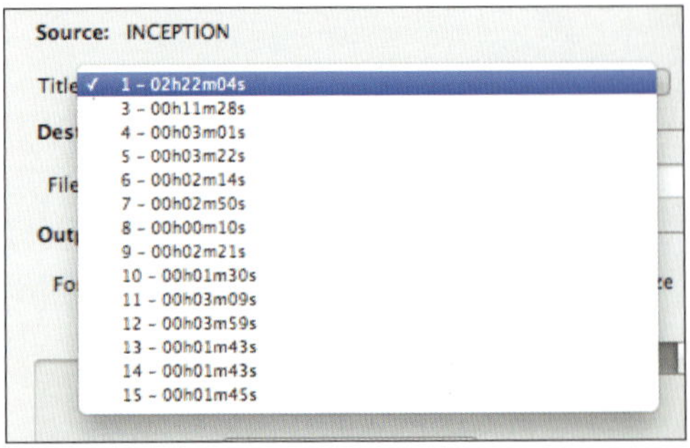

5. Vous pouvez vérifier l'élément sélectionné en cliquant sur **Preview Window**. Une fenêtre s'ouvre et vous permet de lire votre sélection.

6 Pour spécifier un dossier dans lequel enregistrer le fichier, cliquez sur **Browse** puis parcourez votre disque et sélectionnez le dossier souhaité.

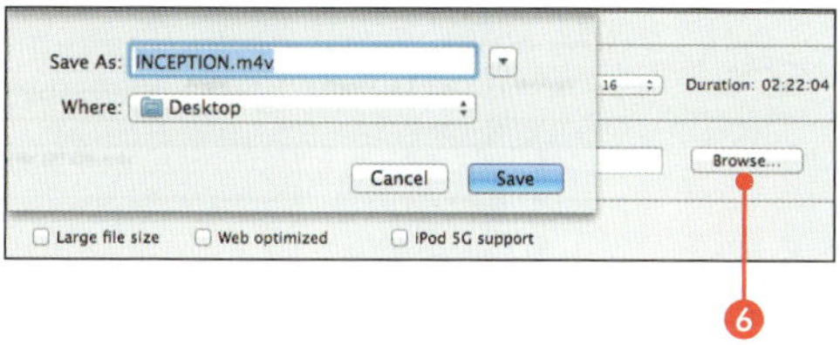

7 Cliquez sur le bouton **Toggle presets** dans la barre de menus.

8 Un tiroir avec des préréglages s'affiche à droite de la fenêtre. Dans la liste, cliquez sur le triangle à gauche du mot **Device** et sélectionnez **iPad**.

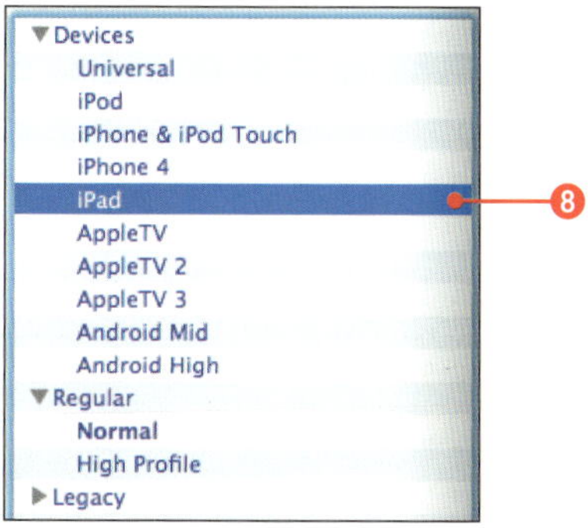

9 Cliquez sur le bouton **Start** dans la barre de menus. Une barre de progression s'affiche en bas de l'écran.

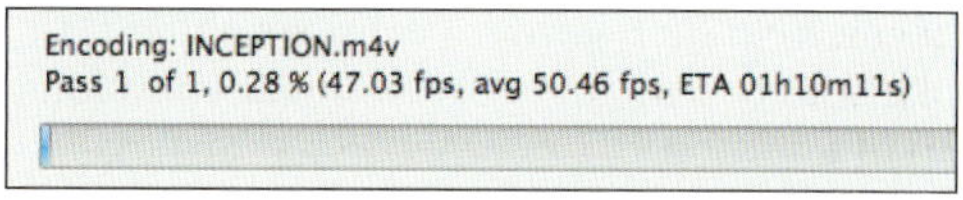

10 Placez le fichier .m4v obtenu dans votre bibliothèque iTunes comme cela est indiqué dans la section « Transférer des vidéos », précédemment dans ce chapitre. Le fichier vidéo apparaît dans la section Films.

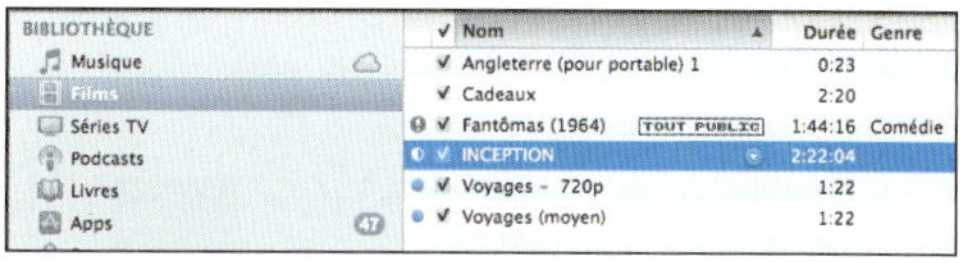

11 Effectuez une synchronisation avec votre iPad mini en spécifiant que le film doit être copié. Vous pouvez ensuite le visionner sur l'iPad mini.

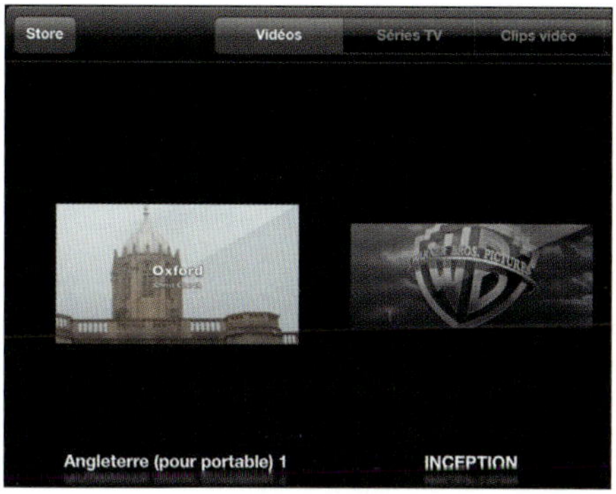

Regarder des chaînes de télévision

Il existe des applications qui vous permettent de regarder certaines chaînes de télévision en direct ou de voir des émissions en différé.

❶ Dans l'App Store, effectuez une recherche pour la chaîne de télévision qui vous intéresse.

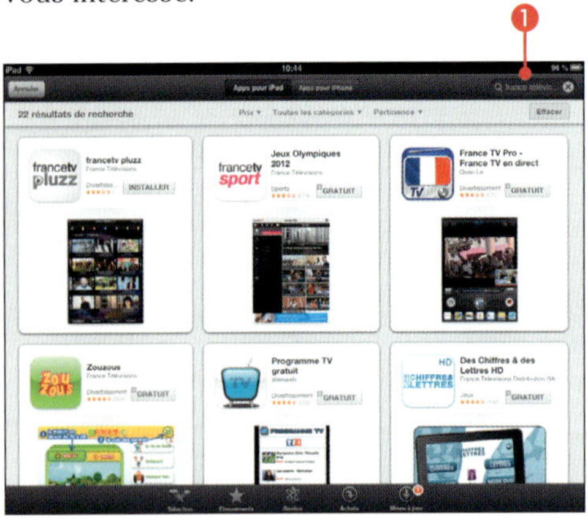

❷ Si une application est disponible, téléchargez-la.

❸ Ouvrez l'application.

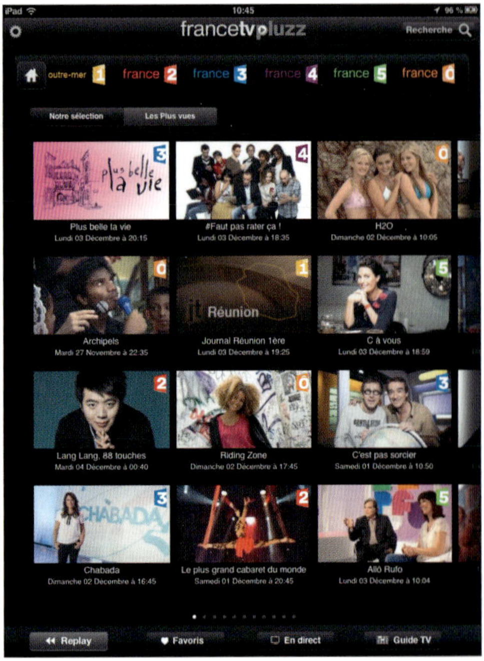

❹ Utilisez les onglets et les boutons pour accéder au contenu que vous souhaitez : revoir une émission ou accéder au direct.

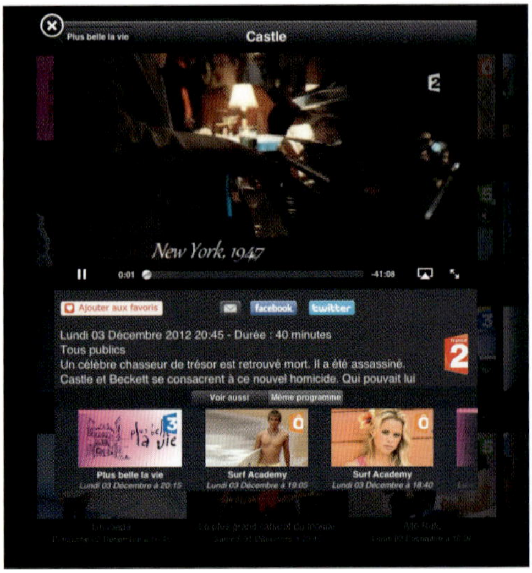

5 Des boutons permettent d'afficher la vidéo en plein écran. Selon que vous regardez une émission en direct ou une rediffusion, les commandes ne sont pas les mêmes.

> **NOTE** Si vous êtes abonné à Canal Satellite ou Canal+, vous pouvez télécharger l'application de Canal Sat pour accéder à vos programmes sur l'iPad mini (selon le type d'abonnement que vous possédez).

Diffuser des vidéos et de la musique sur d'autres appareils

Dans un grand nombre d'applications (Vidéos, Musique, le diaporama de Photos), vous avez la possibilité d'envoyer la musique et la vidéo sur un autre appareil en utilisant le réseau sans fil.

Si vous possédez l'Apple TV, une Freebox ou tout autre appareil compatible avec le système AirPlay d'Apple, un bouton apparaît dans les commandes.

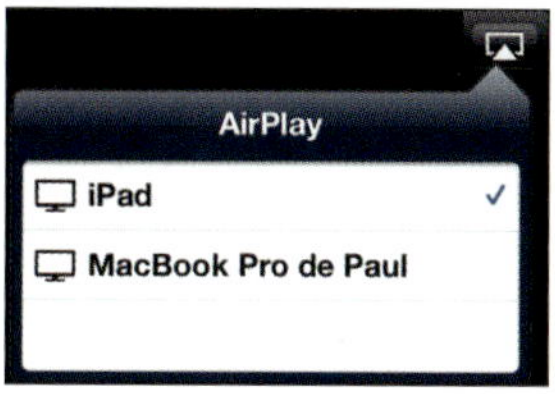

En touchant le bouton, vous pouvez choisir d'envoyer le son ou la vidéo sur l'appareil distant ou sur votre iPad mini.

Si vous n'avez pas d'appareil compatible AirPlay et que vous souhaitez diffuser vos vidéos ou vos diaporamas sur un téléviseur, vous pouvez faire l'acquisition d'un adaptateur qui se branche sur la prise Lightning de l'iPad mini et qui permet de connecter le téléviseur à l'aide d'un câble HDMI.

Chapitre 11

La lecture sur iPad mini

Dans ce chapitre :

- Télécharger l'application iBooks
- Acheter des livres électroniques
- Transférer des livres électroniques
- Accéder aux fichiers PDF
- Créer des collections
- Lire des livres avec iBooks
- Lire des magazines avec Kiosque

L'iPad mini se prête très bien à la lecture des livres numériques et des magazines. Dans ce chapitre, vous allez découvrir les fonctionnalités permettant la lecture sur l'iPad mini.

Télécharger l'application iBooks

L'application iBooks permet de lire des livres électroniques. Elle n'est pas installée par défaut sur l'iPad mini.

L'iPad mini vous propose notamment de télécharger cette application lorsque vous le connectez à iTunes ou lorsque vous démarrez l'application Kiosque (présentée plus loin dans ce chapitre).

Si vous ne recevez pas de message vous proposant de télécharger l'application, ouvrez l'App Store et effectuez une recherche sur iBooks. Téléchargez ensuite l'application gratuite.

Acheter des livres électroniques

Pour lire des livres électroniques sur votre iPad mini, vous devez acheter les livres sur la boutique d'Apple.

1. Lancez l'application iBooks.

2. La bibliothèque s'affiche, sur les étages se trouvent les livres que vous avez achetés (au premier lancement, vous n'aurez donc aucun livre). Cliquez sur le bouton **Store** en haut à gauche.

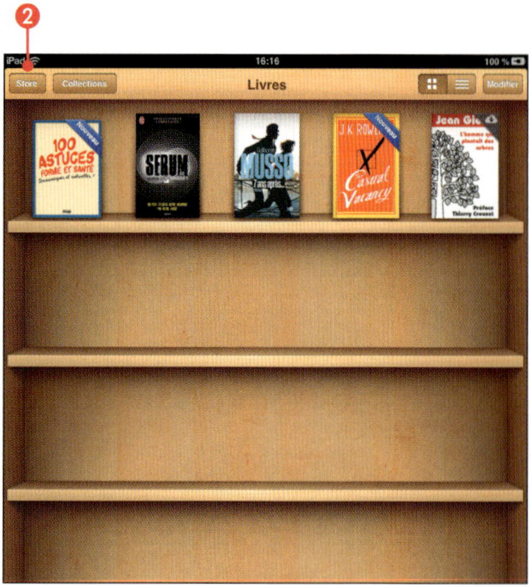

3 La boutique en ligne s'affiche. Vous obtenez une sélection de livres proposée par Apple.

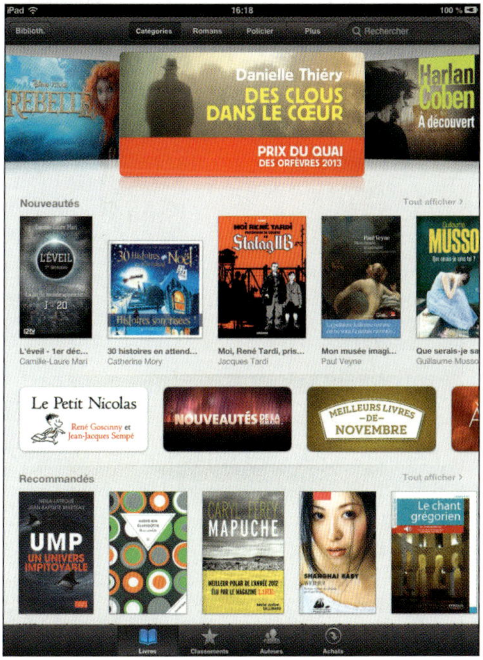

4 Utilisez les icônes au bas de l'écran :

- **Livres**. La sélection de livres proposée par Apple.
- **Classements**. Les meilleures ventes de livres. Notez que la fenêtre est séparée en deux parties : le classement des livres payants et le classement des livres gratuits.

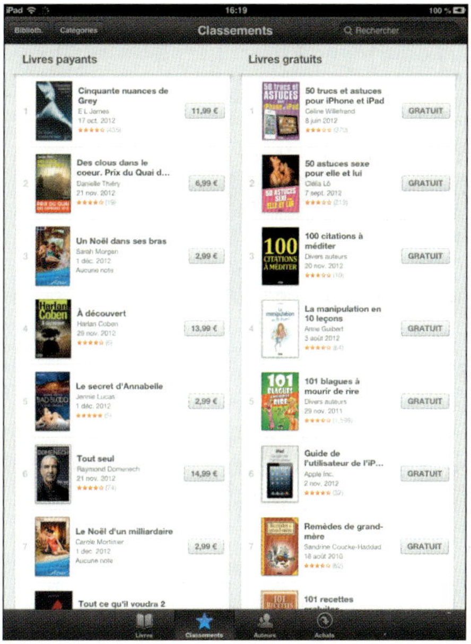

- **Auteurs**. Vous affichez la liste des auteurs. Sélectionnez celui qui vous intéresse pour obtenir la liste de ses livres disponibles sur la boutique d'Apple.

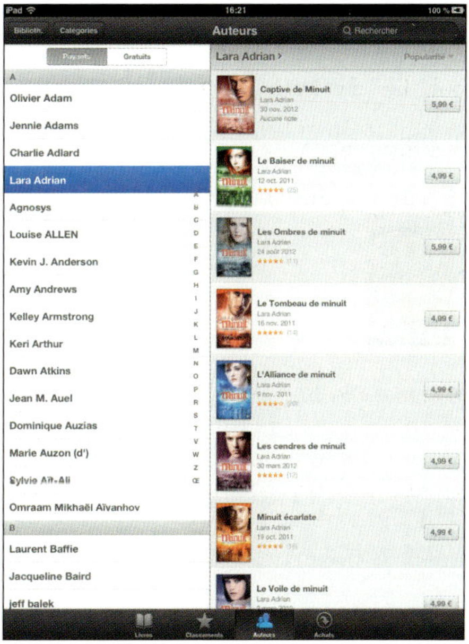

5 Touchez le bouton **Catégories**, en haut à gauche, pour afficher une liste de catégories. Touchez la catégorie qui vous intéresse pour filtrer ce qui est affiché à l'écran en limitant les livres à la catégorie souhaitée.

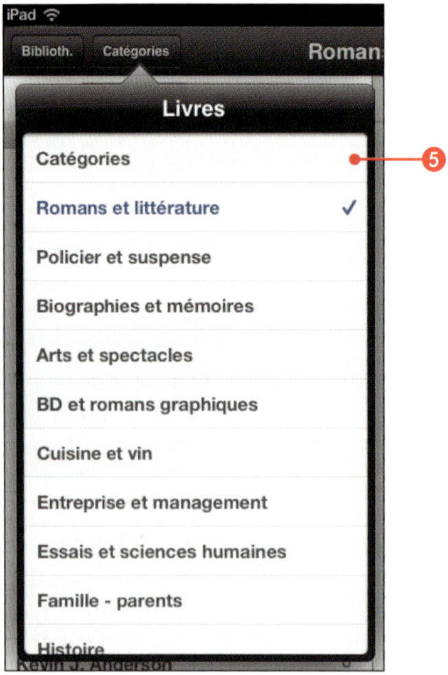

6 Pour obtenir plus d'informations sur un livre, touchez-le. Un nouvel écran s'affiche et vous pouvez lire une présentation du livre. Si vous souhaitez lire un extrait, touchez le bouton **Extrait**.

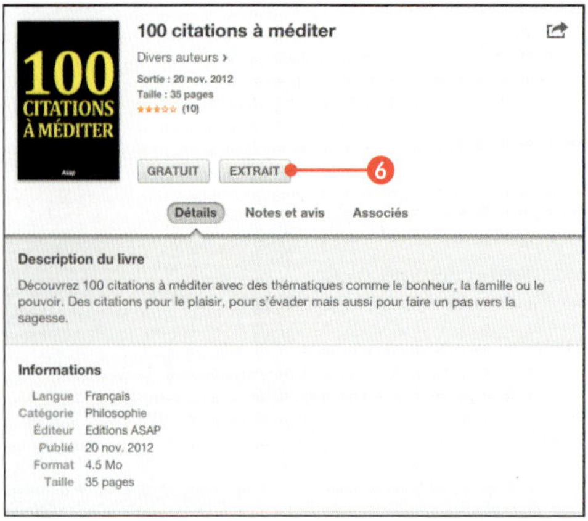

7 L'extrait se charge dans votre bibliothèque et cette dernière s'affiche. « Extrait » est marqué sur la couverture du livre pour vous indiquer qu'il ne s'agit pas du livre complet. Touchez le livre pour l'ouvrir à l'écran et lire l'extrait. Lorsque vous avez terminé, touchez le bouton **Store** pour retourner à la boutique.

8 Lorsque vous avez trouvé le livre que vous souhaitez télécharger, touchez son prix, puis touchez **Acheter le livre** pour confirmer. Si vous avez choisi un livre gratuit, touchez **Gratuit**, puis **Obtenir le livre**.

9 Le livre se télécharge et apparaît dans votre bibliothèque. Touchez-le pour l'ouvrir et le lire.

Transférer des livres électroniques

Pour avoir des livres électroniques dans iBooks, vous pouvez également utiliser iTunes pour synchroniser votre iPad mini et transférer les livres que vous importez. En effet, vous pouvez trouver sur Internet des livres gratuits sur de nombreux sites. Téléchargez les versions compatibles avec iBooks (il existe plusieurs formats de livres électroniques). Notez qu'iBooks sait également lire les fichiers au format PDF.

❶ Démarrez iTunes sur l'ordinateur.

❷ Choisissez **Fichier ▶ Ajouter à la bibliothèque**.

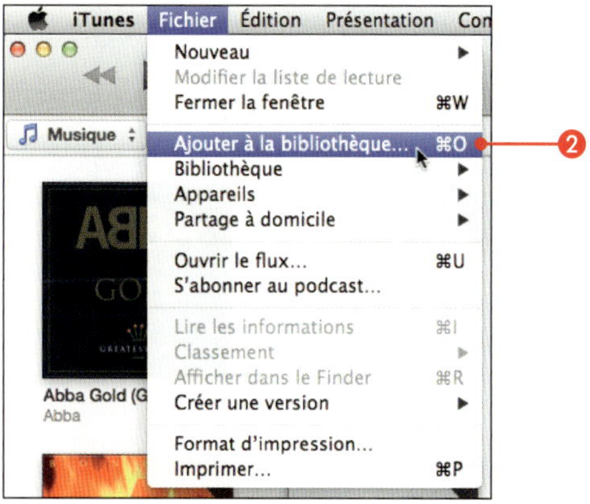

❸ Sélectionnez le livre à importer dans la bibliothèque, puis cliquez sur **Ouvrir** pour qu'iTunes importe votre livre. Notez que vous pouvez sélectionner plusieurs fichiers et vous pouvez également faire glisser le fichier d'une fenêtre du Finder ou de l'Explorateur Windows sur la fenêtre d'iTunes.

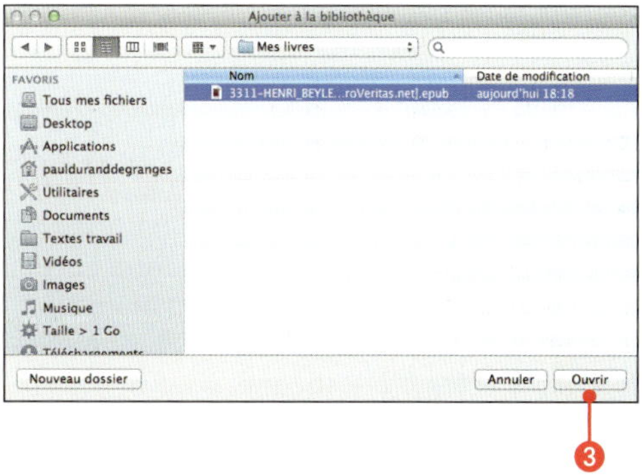

❹ Cliquez sur **Livres** dans le menu de gauche. Dans la fenêtre qui s'affiche, vous devez voir votre livre s'afficher.

❺ Connectez votre iPad mini à l'ordinateur puis

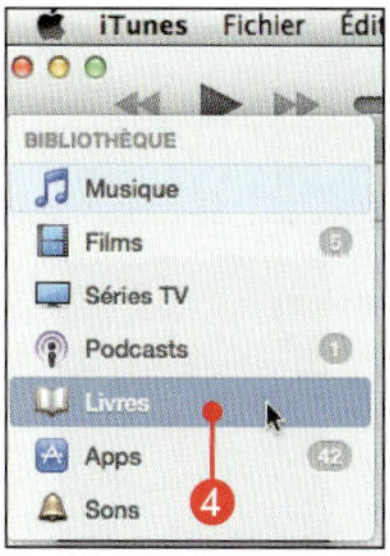

cliquez sur son icône dans le menu de droite de la fenêtre d'iTunes.

❻ Touchez l'onglet **Livres**, puis cochez **Synchroniser les livres**.

❼ Si vous choisissez **Livres sélectionnés**, cochez les livres que vous souhaitez **Synchroniser**.

❽ Cliquez sur **Synchroniser** ou sur **Appliquer** (les boutons changent selon les modifications que vous avez apportées), pour transférer le livre sur l'iPad mini.

❾ Une fois la synchronisation terminée, ouvrez iBooks sur l'iPad mini. Le livre que vous avez transféré doit s'y trouver.

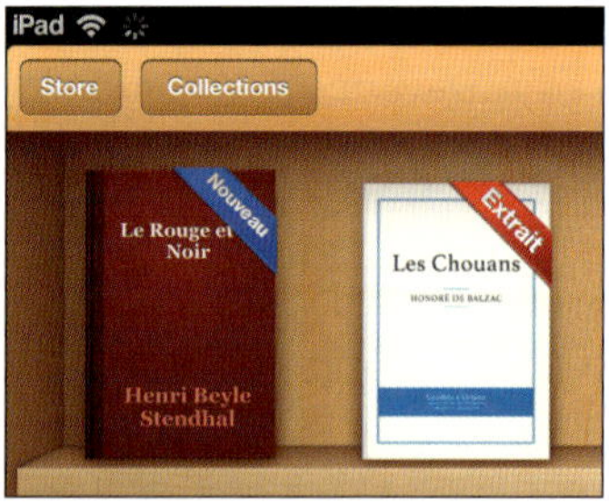

Accéder aux fichiers PDF

L'application iBooks fait la distinction entre les livres au format EPUB et les fichiers au format PDF. Ainsi, si vous placez des fichiers PDF dans votre bibliothèque, vous ne les trouverez pas au milieu de vos livres.

❶ Touchez **Collections**.

❷ Touchez **PDF** pour afficher les fichiers au format PDF et **Livres** pour afficher les livres.

Créer des collections

Si vous possédez de nombreux livres ou documents PDF dans votre bibliothèque, vous créez des collections dans lesquelles vous pouvez placer les documents que vous souhaitez.

1. Touchez **Collections**.
2. Touchez **Nouvelle**.
3. Dans la nouvelle ligne qui s'affiche, saisissez le nom de votre collection, puis touchez **OK**.

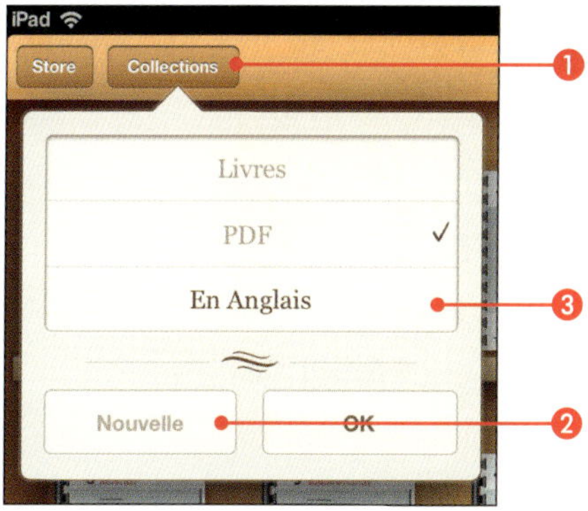

4. Pour supprimer une collection ou en modifier le nom, touchez **Modifier**.

5. Touchez l'icône pour supprimer une collection que vous avez créée. Touchez le nom pour le corriger. Utilisez l'icône à droite pour déplacer la collection dans la liste (Livres et PDF restent toujours les deux premiers éléments de la liste).

6. Pour déplacer des livres dans une collection, affichez les livres dans la bibliothèque, puis touchez le bouton **Modifier**.

7. Touchez le livre à déplacer, une coche s'affiche. Vous pouvez sélectionner plusieurs livres.

8 Touchez **Déplacer**.

9 Touchez la collection dans laquelle vous souhaitez déplacer la sélection.

10 La sélection est déplacée et la collection de destination s'affiche.

NOTE

Pour supprimer un livre, touchez **Supprimer** au lieu de toucher **Déplacer**.

Lire des livres avec iBooks

1 Affichez votre bibliothèque iBooks.

2 Touchez la couverture d'un ouvrage pour l'ouvrir. Si vous avez déjà commencé à lire le livre, celui-ci s'ouvre là où vous l'avez refermé.

NOTE

Si vous possédez un iPhone en plus de votre iPad mini, vous pouvez aussi télécharger iBooks. Avec iCloud, les bibliothèques se synchronisent et quel que soit l'appareil sur lequel vous ouvrez un livre, vous le retrouvez à la page où vous l'avez fermé.

3 Lorsqu'un livre est affiché, touchez l'écran pour obtenir les commandes.

4 Touchez à nouveau l'écran pour les masquer.

5 Pour plus de confort, placez l'iPad mini en mode portrait. La page s'affiche et remplit l'écran (la disposition est la même qu'avec un livre papier).

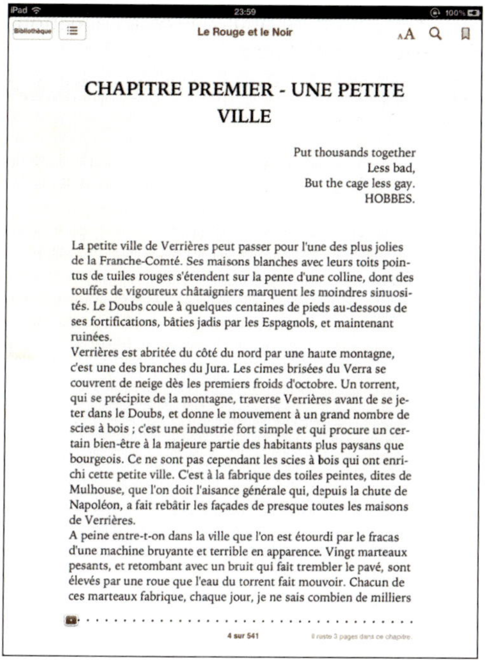

❻ Vous pouvez placer l'iPad mini en mode paysage. Le texte s'affiche différemment, et vous pouvez trouver la présentation et la tenue de l'appareil plus confortables.

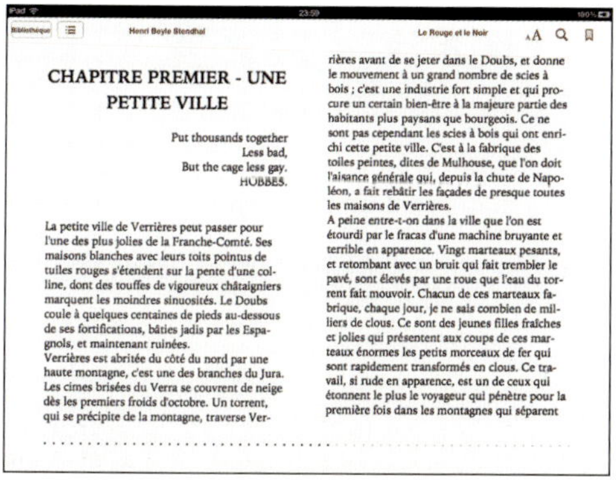

> **NOTE** Pour éviter de changer d'orientation chaque fois que vous bougez l'écran, pensez à verrouiller l'orientation de votre iPad mini.

❼ Pour changer de page, touchez le bord de l'écran, à droite pour avancer d'une page et à gauche pour revenir en arrière d'une page. Attention, lorsque vous tenez votre iPad mini, il est fréquent qu'un doigt touche l'écran sans qu'on le souhaite ! Vous avez aussi la possibilité de feuilleter, c'est-à-dire que vous donnez une pichenette sur l'écran de droite à gauche pour avancer d'une page et de gauche à droite pour reculer d'une page (comme pour faire tourner les pages d'un livre).

❽ Notez dans la partie inférieure le curseur avec une bande de points. Vous pouvez déplacer ce curseur pour faire défiler les pages. Vous trouvez également la page courante, le nombre de pages de l'ouvrage, ainsi que le nombre de pages restantes dans le chapitre.

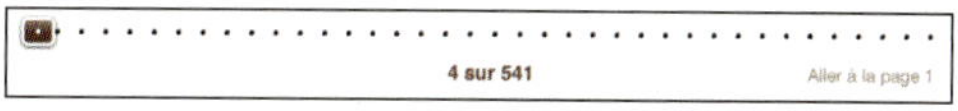

❾ Lorsque vous faites glisser le curseur, le titre du chapitre et le numéro de la page s'affichent. Relâchez le curseur lorsque vous êtes à la position souhaitée.

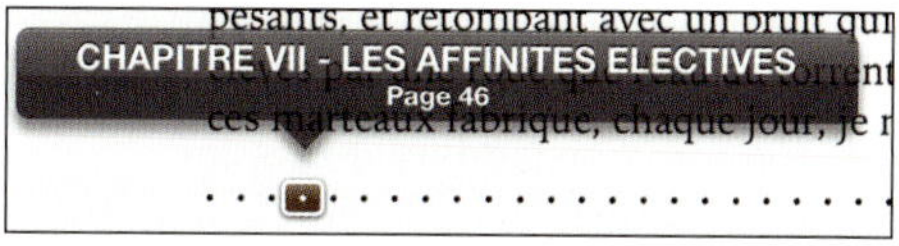

❿ Lorsque vous avez changé de page, un lien s'affiche pour vous permettre de revenir à la page précédente. Touchez ce lien pour changer de page. Un nouveau lien vous permet de repartir à la page que vous venez de quitter.

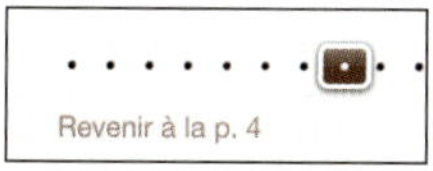

⓫ Pour afficher la table des matières, touchez le bouton ☰.

⓬ Touchez une entrée de la table des matières pour vous y rendre immédiatement. Pour revenir à la page en cours, touchez **Retour**.

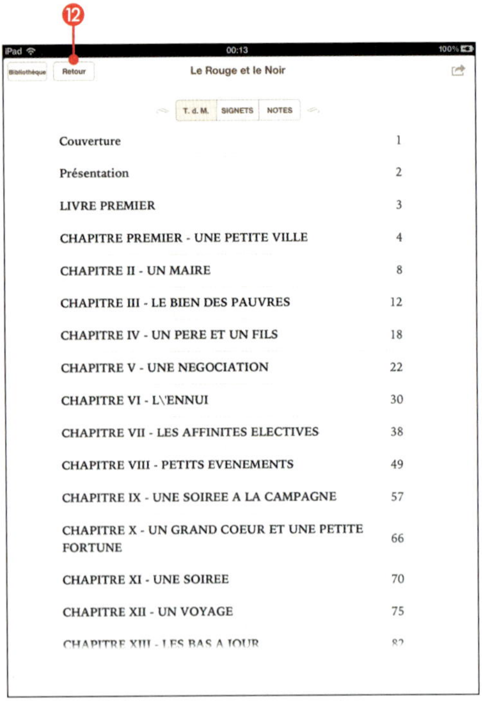

⓭ Vous avez la possibilité de copier, surligner, consulter la définition, d'annoter ou de rechercher un mot. Pour cela, touchez longuement le mot pour faire apparaître une bulle.

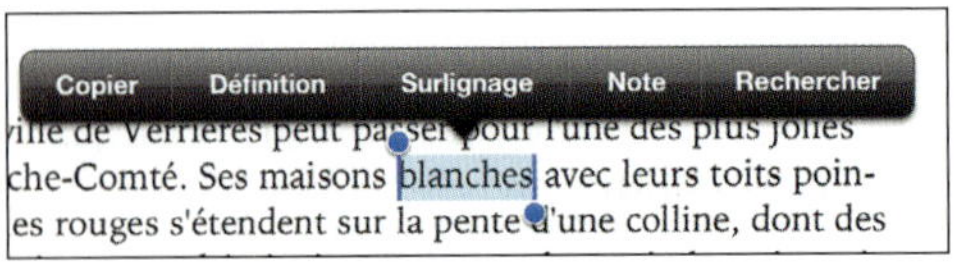

- **Copier**. Vous pouvez agrandir la sélection pour copier plus de texte. Vous pouvez ensuite coller ce texte dans une autre application : Notes, Mails, *etc*.

- **Définition**. Vous affichez un dictionnaire, mais celui-ci est en anglais et il vous sera assez peu utile pour les mots français. Vous pouvez toutefois toucher les boutons **Web** ou **Wikipédia** pour rechercher le mot sur Google ou sur Wikipédia France.

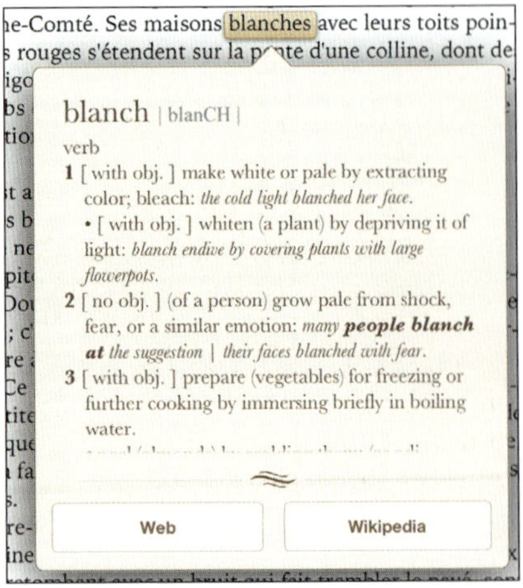

- **Surlignage**. Vous surlignez la sélection de la couleur que vous souhaitez, vous pouvez aussi souligner le mot.

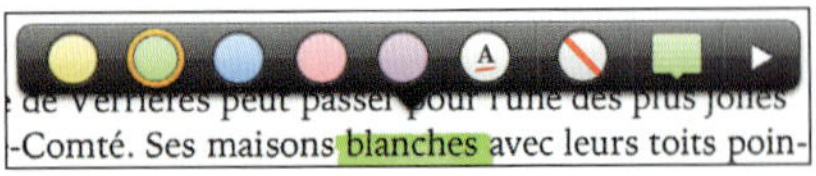

- **Note**. Vous saisissez une note (à la manière d'un Post-it).

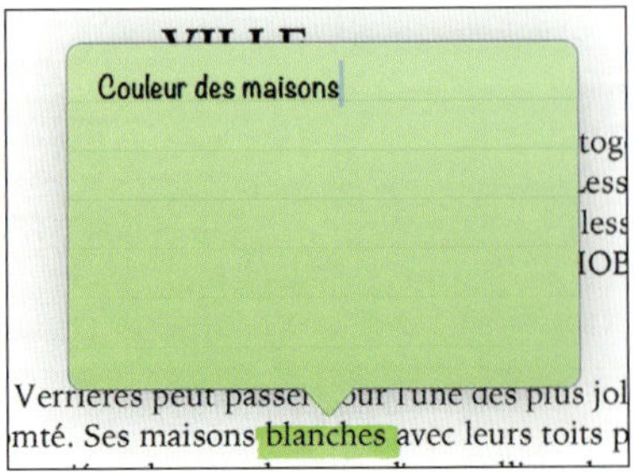

- **Rechercher**. iBooks recherche toutes les occurrences du mot dans le livre.

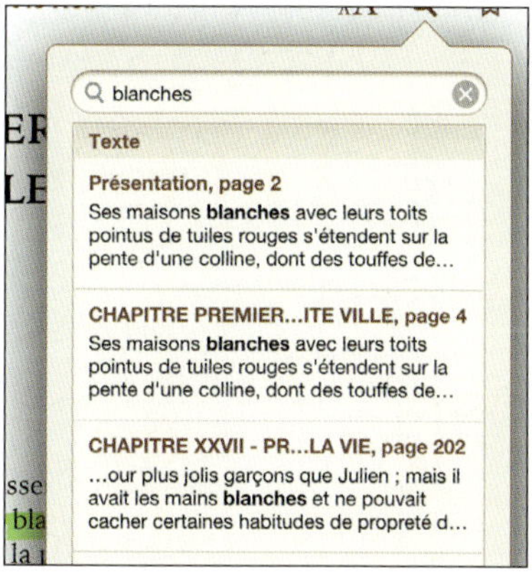

⓮ Placez un signet en touchant le ruban en haut à droite. Ce dernier s'agrandit et devient rouge. Retirez un signet en le touchant de nouveau.

⓯ La loupe (à gauche du signet) ouvre l'outil de recherche. Vous êtes libre de saisir le mot-clé souhaité.

⓰ Le bouton contenant deux lettres A permet de régler iBooks. Utilisez le curseur pour régler la luminosité de l'écran. Touchez le **A** de gauche pour réduire la taille des caractères et le **A** de droite pour agrandir les caractères. **Polices** permet de choisir la police de caractères utilisée, **Thème** vous permet de choisir la couleur du papier et de l'encre. Lorsque vous touchez **Thème** pour afficher les choix, un interrupteur Plein écran s'affiche. Lorsque le mode Plein écran est désactivé, le côté droit du livre montre des pages.

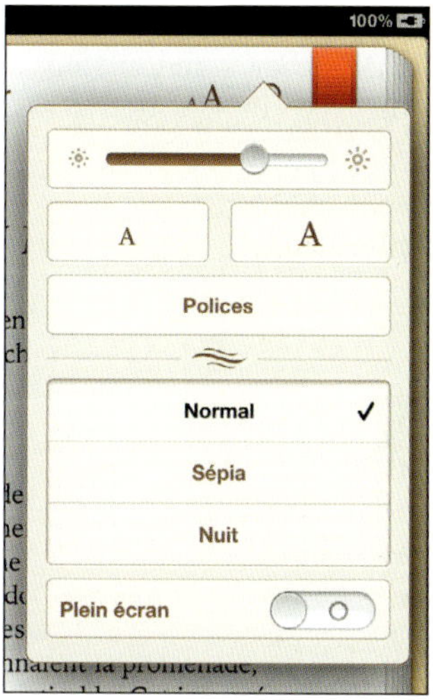

⓱ Si vous avez placé des signets, vous les retrouvez en touchant l'onglet **Signets** lorsque vous affichez la table des matières.

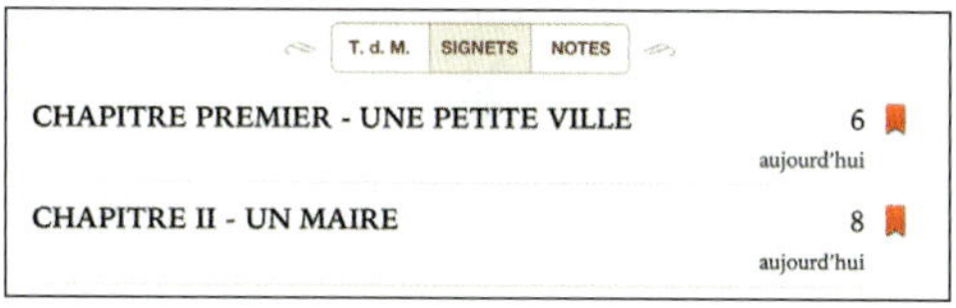

⓲ De la même manière, vous accédez à vos notes en touchant l'onglet **Notes**.

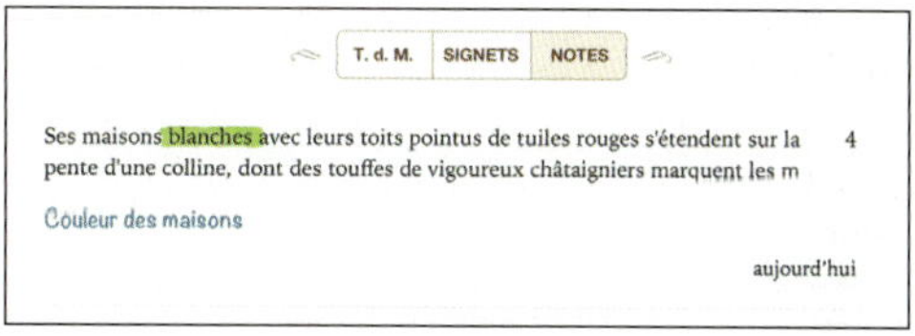

⓳ Pour revenir à la bibliothèque, touchez le bouton **Bibliothèque**.

Lire des magazines avec Kiosque

Avec l'application Kiosque, vous pouvez télécharger et lire des magazines. Pour tester le service, vous trouverez des publications gratuites.

1 Touchez **Kiosque** puis touchez le bouton **Store**.

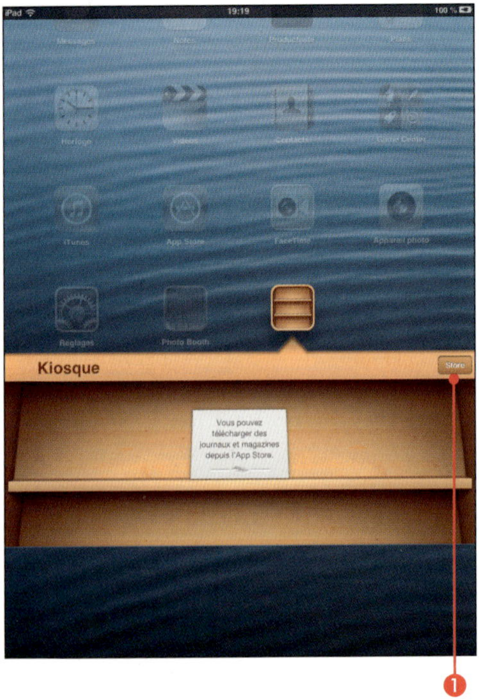

2 Parcourez la boutique pour trouver un magazine qui vous intéresse.

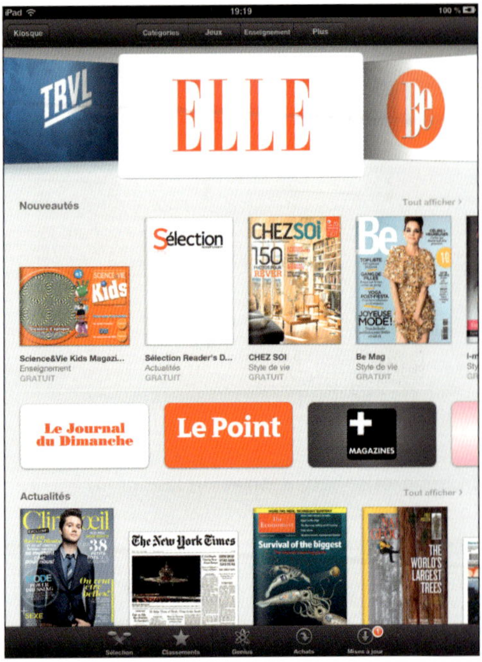

3 Lorsque vous l'avez trouvé, touchez-le pour obtenir plus d'informations. Pour installer le magazine, touchez le bouton **Installer**. À la fin du téléchargement, le bouton **Installer** devient le bouton **Ouvrir**. Touchez ce bouton.

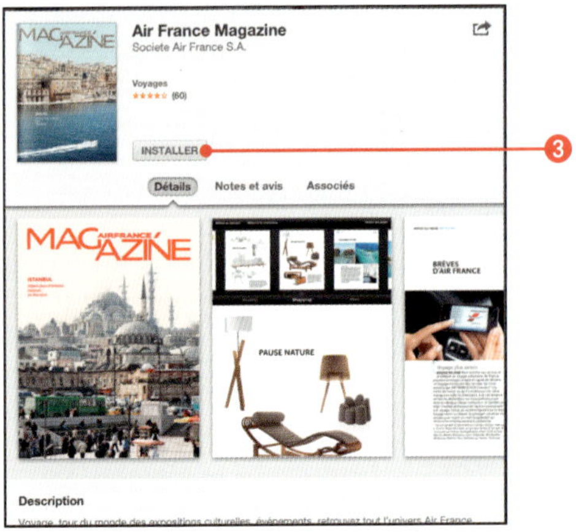

4 La page d'ouverture du magazine s'affiche.

5 En fonction du titre choisi, vous obtenez différentes options. Généralement, vous trouvez des liens permettant d'accéder au numéro en cours, aux précédents numéros et de vous abonner aux numéros suivants (de nombreux magazines sont payants). Quel que soit le numéro que vous souhaitez consulter, il est souvent nécessaire de le télécharger et cette opération peut demander un peu de temps.

6 Feuilletez votre magazine de la même manière qu'un livre. Toutefois, vous ne retrouvez pas les outils présents dans iBooks.

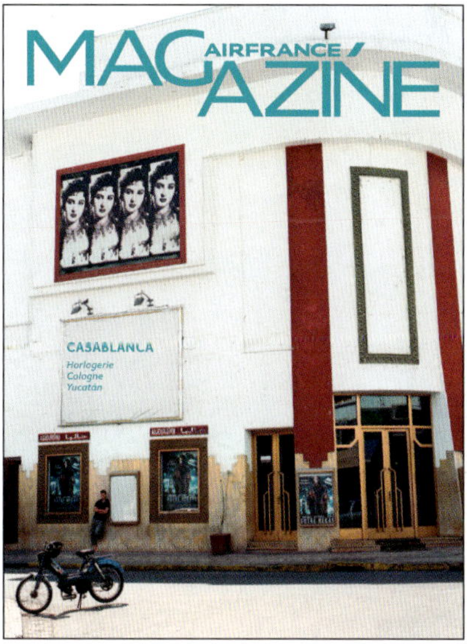

7 Des liens ou des boutons dans les pages permettent d'afficher des informations complémentaires. Il peut aussi être nécessaire de faire défiler le texte dans un bloc. Dans l'exemple suivant, des boutons (en haut à droite) permettent d'avoir le texte en français ou en anglais, le texte principal de la page défile (vers le haut et le bas) et l'image au bas de la page est un diaporama qui défile tout seul.

Retour au kiosque
Retour à la couverture
Toutes les pages
FR EN

ACTUALITÉ *René Gruau*

RENÉ GRUAU
À MIAMI

PENDANT ART BASEL MIAMI, L'ORFÈVRE PAMPALONI EXPOSE DANS SA GALERIE LES ŒUVRES DU CÉLÈBRE DESSINATEUR RENÉ GRUAU. MODERNE ET INTEMPOREL.

Dès 1947, René Gruau est le traducteur inspiré de Christian Dior : «Nous avons les mêmes idées… fais ce que tu veux», lui dira même ce dernier. Cette collaboration atteint son apogée en 1966 avec les premières publicités pour Eau sauvage, à la provocation novatrice et audacieuse et, jusqu'en 1972, les plus célèbres parfums de la maison – Diorissimo, Diorella… – verront la silhouette féminine créée par Gruau supplanter le flacon, exaltant par l'ellipse de ses formes, l'esprit même du parfum. À Miami, l'exposition proposée en décembre par Pampaloni, orfèvre florentin depuis 1902, réunira des œuvres originales, gouaches et dessins de l'artiste, ainsi qu'une édition limitée de laques inspirées du style Art déco et des panneaux du *Normandie*. Par ailleurs, dès 1957, René Gruau se lance avec l'assentiment de monsieur Dior dans la création d'une série de figures masculines qu'il décline avec une modernité incroyable dans les pages de la revue *Sir*… Gruau couturier ? L'ouvrage *Portraits of Men* dévoilera, lors d'une dédicace au sein de l'exposition, un inédit : la mode pour homme signée René Gruau.

Affiche du parfum Diorissimo, 1956.

RENÉ GRUAU *Exposition du 3.12.12 au 15.02.13. Pampaloni, Miami Design District, 91 North East 40 Street. Tél. +1 305 695 9370. www.pampaloni.com*

PORTRAITS OF MEN *Réjane Bargiel et Sylvie Nissen, éditions Assouline. www.assouline.com*

Cindy Crawford et René Gruau, Paris 1999.

© SOCIÉTÉ RENÉ GRUAU PARIS

Chapitre 12

Se repérer avec l'iPad mini

Dans ce chapitre :

- Qu'est-ce que la géolocalisation ?
- Afficher un plan
- S'orienter grâce à Plans
- Réinitialiser la boussole
- Naviguer dans le plan
- Afficher une adresse
- Changer de mode d'affichage
- Afficher la carte en 3D ou les bâtiments
- Calculer un itinéraire
- Afficher la circulation en temps réel
- Placer un repère
- Enregistrer un signet
- Accéder à un signet
- Supprimer un signet
- Rechercher des commerces
- Partager un emplacement
- Télécharger et utiliser Mes amis
- Accepter une demande
- Suivre ses amis
- Créer une étiquette
- Créer des invitations temporaires
- Options de Mes amis
- Localiser mon iPhone

L'iPad mini possède les outils nécessaires pour déterminer sa position géographique. Notez que le GPS est inclus uniquement sur le modèle équipé de la connexion cellulaire.

Qu'est-ce que la géolocalisation ?

La géolocalisation permet, comme son nom l'indique, de déterminer sa position géographique. Sur l'iPad mini, un grand nombre d'applications utilisent cette fonctionnalité. Par exemple, l'application Appareil Photo peut géomarquer vos photos afin que vous puissiez les retrouver par lieux de prise de vue. L'iPad mini utilise plusieurs méthodes pour calculer votre position (de la moins précise à la plus précise) : le réseau Wi-Fi, le réseau de téléphonie mobile, puis la puce GPS qui permet de connaître votre position à quelques mètres près.

Si votre iPad mini n'est pas équipé pour se connecter au réseau cellulaire, sachez qu'il ne possède pas non plus de puce GPS. Vous ne pourrez donc pas vous repérer en pleine nature. Dans ce cas, la localisation fonctionnera uniquement à portée d'un signal Wi-Fi et à condition que le point d'accès Wi-Fi détecté par l'iPad mini soit répertorié dans une base de données indiquant sa position.

> NOTE
> Vous avez un modèle Wi-Fi et vous souhaitez utiliser un logiciel de navigation ? Sachez qu'il existe des récepteurs GPS qui se connectent à l'iPad mini (par Bluetooth, par exemple).

Afficher un plan

Pour afficher une carte centrée sur votre position géographique, vous utilisez l'application Plans.

❶ Touchez **Plans**.

❷ Le plan s'affiche et votre position est représentée par un point bleu.

❷

3 La taille du cercle autour du point bleu indique la précision avec laquelle l'iPad mini arrive à déterminer votre position. Plus le cercle est resserré, plus la précision est importante.

4 Pour agrandir le plan et centrer la carte sur le point, touchez la flèche en bas à gauche de l'écran.

5 Lorsque vous vous déplacez, le point bleu se déplace pour indiquer votre nouvelle position. Si vous souhaitez centrer de nouveau le point, touchez de nouveau la flèche.

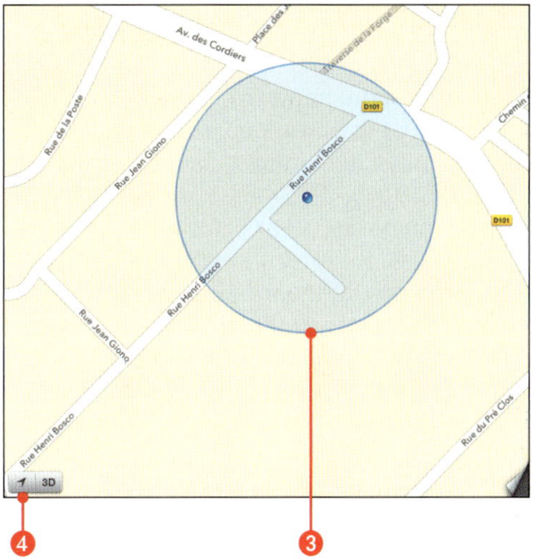

S'orienter grâce à Plans

Plans permet également de vous orienter grâce à une boussole intégrée.

1 Affichez l'application **Plans**.

2 Touchez une première fois la flèche pour centrer le point bleu.

3 Touchez une deuxième fois la flèche.

4 Le plan s'oriente et un triangle représente ce que vous voyez lorsque vous tenez l'iPad mini à plat devant vous.

5 Déplacez-vous, tournez sur vous-même, pour voir le plan tourner en même temps.

6 Si vous recherchez le nord, notez la boussole en haut à droite de l'écran. Elle s'oriente également lorsque vous déplacez votre iPad mini et elle vous indique le nord.

7 Pour revenir à l'affichage normal de Plans, touchez une nouvelle fois la flèche ( ) ou posez votre doigt sur l'écran et déplacez légèrement le plan.

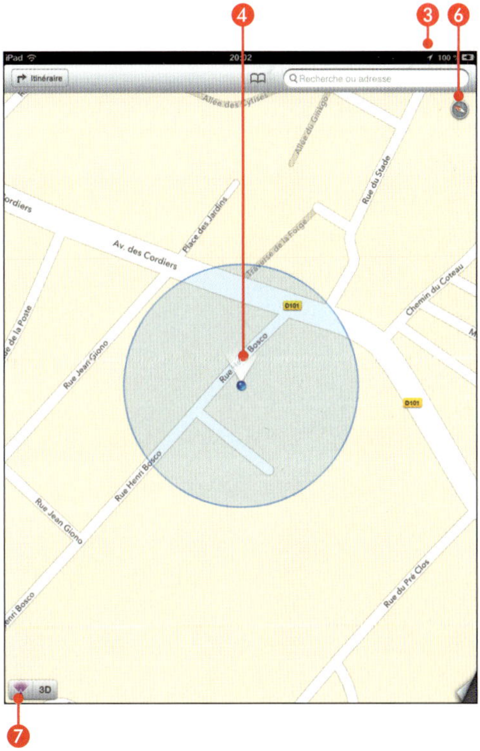

Réinitialiser la boussole

L'iPad mini est équipé d'une boussole électronique. Parfois, l'environnement immédiat de l'iPad mini (transformateur, écran de télévision, table en métal, *etc.*) gêne le fonctionnement correct de cette boussole. Vous verrez alors apparaître un message vous indiquant de vous éloigner des interférences ou d'étalonner la boussole. Pour cela, décrivez des 8 avec votre iPad mini.

Naviguer dans le plan

Pour déplacer le plan, posez votre doigt sur l'écran et faites-le glisser dans la direction dans laquelle vous souhaitez faire glisser le plan lui-même. Par exemple, pour afficher la partie qui se trouve en bas à gauche, posez votre doigt sur l'écran et faites-le glisser vers le haut à droite.

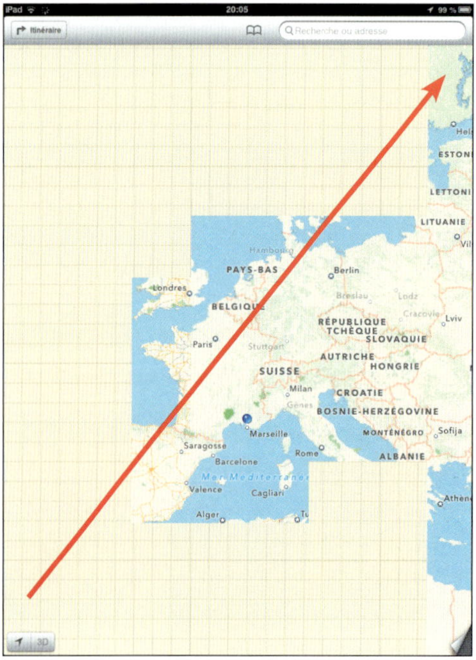

Notez que lorsque vous faites défiler votre plan, des zones quadrillées grises peuvent apparaître. Il s'agit des zones que l'iPad mini n'a pas encore téléchargées. Patientez le temps du téléchargement pour voir la carte se redessiner. Attention, si vous n'avez pas de connexion à Internet, la carte ne sera pas chargée.

Pour effectuer un zoom sur une partie du plan, vous pouvez écarter le pouce et l'index sur la zone qui vous intéresse, mais vous pouvez également double-taper la zone. Double-tapez autant de fois que nécessaire pour obtenir le niveau de zoom souhaité (ou jusqu'à atteindre le niveau maximum).

Pour effectuer un zoom arrière, en revanche, il n'existe qu'un seul mouvement : vous pincez l'écran avec votre pouce et votre index.

Afficher une adresse

Vous pouvez rechercher une adresse précise ou un lieu célèbre.

1 Tapez dans la zone **Recherche ou adresse**, à droite, puis saisissez une adresse ou le nom d'un monument.

2 Si vous souhaitez rechercher l'adresse d'une personne dans votre carnet d'adresses, touchez l'icône à gauche de la zone de saisie, puis touchez le bouton **Contacts** au bas de la boîte de dialogue. Touchez le contact souhaité, puis sélectionnez une adresse postale (si le contact en possède plusieurs).

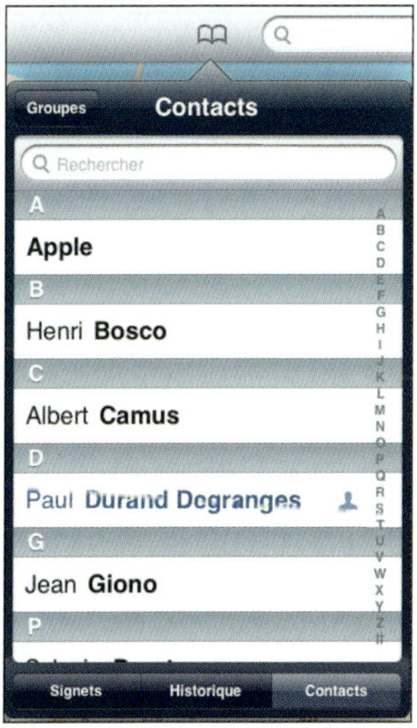

3 Vous pouvez également accéder à l'historique de vos recherches ainsi qu'aux signets que vous avez créés en touchants les boutons correspondants, au bas de la boîte de dialogue.

4 Lorsque vous saisissez une adresse, vous indiquez le numéro de rue, le nom de la rue ainsi que la ville (sinon l'iPad mini risque de vous proposer plusieurs réponses). Une boîte de dialogue affiche des suggestions. Si l'adresse souhaitée s'y trouve, vous pouvez la toucher.

5 Touchez **Rechercher** sur le clavier.

6 Lorsque l'iPad mini a trouvé l'adresse recherchée, une épinglette se positionne sur le plan.

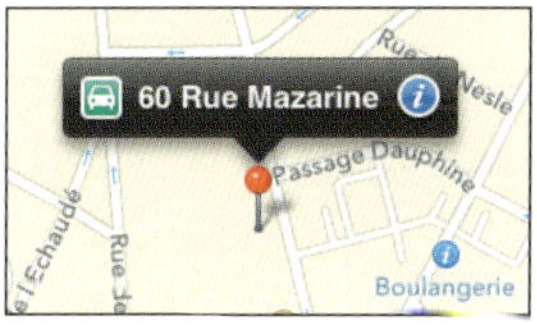

Changer de mode d'affichage

Par défaut, Plans affiche les rues, comme sur une carte routière. Il est possible de changer de mode d'affichage.

1 Affichez un plan.

2 Touchez l'image de la page qui se soulève (en bas à droite).

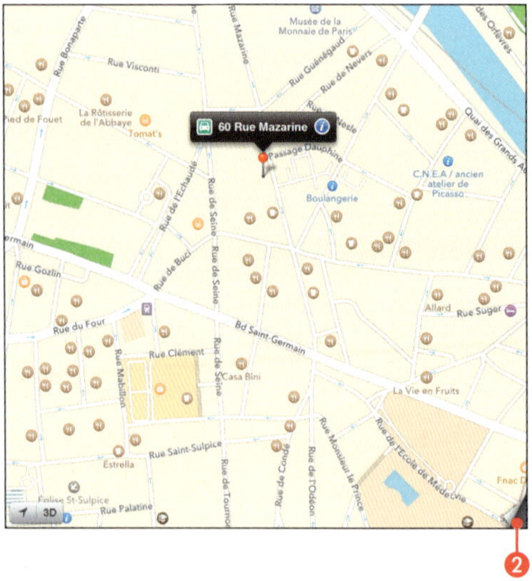

3 Touchez le mode d'affichage choisi :

- **Standard**. Pour afficher le plan sous la forme d'une carte routière.

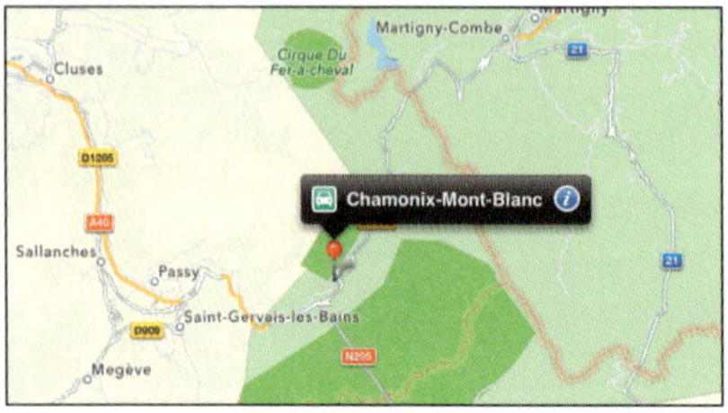

- **Satellite**. Pour afficher une vue satellitaire de la zone souhaitée.

- **Mixte**. Pour afficher le plan avec le nom des rues superposé à la vue satellitaire.

Afficher la carte en 3D ou les bâtiments

Plans offre un mode d'affichage appelé Fly Over qui permet de parcourir certaines villes de la planète comme si l'on volait dans les rues. Ce mode d'affichage n'est pas disponible partout. Si vous souhaitez utiliser ce mode dans une ville française, vous devez afficher un lieu dans Lyon. Vous obtenez alors un bouton représentant des immeubles, en bas à gauche. Touchez le bouton pour activer le mode Fly Over (le bouton devient bleu).

Vous obtenez alors une vue en 3D des bâtiments. Vous pouvez effectuer des zooms, vous déplacer et orienter l'image à l'aide de la gestuelle habituelle.

Lorsque la ville ne propose pas de mode Fly Over, vous obtenez un bouton 3D qui permet d'afficher une vue 3D assez misérable des bâtiments, comme c'est le cas dans l'exemple avec la tour Eiffel.

Calculer un itinéraire

L'application Plans vous permet également de calculer un itinéraire. De plus, Plans vous offre un guidage vocal qui permet d'entendre les instructions pendant que vous conduisez.

1 Touchez **Itinéraire**.

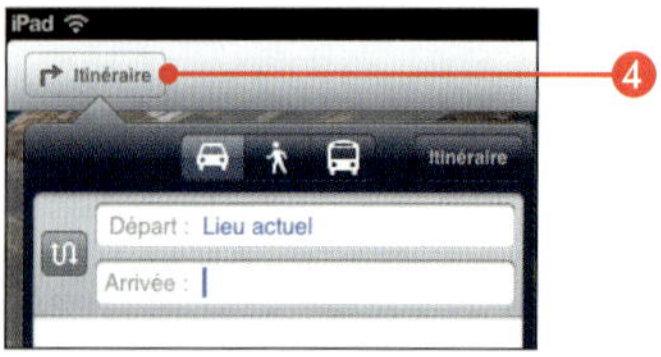

2 Indiquez les lieux de départ et d'arrivée dans les champs correspondants.

3 Par défaut, l'iPad mini sélectionne le lieu actuel comme point de départ. Saisissez une adresse ou utilisez un signet pour définir les lieux de départ et d'arrivée.

4 Pour inverser les lieux de départ et d'arrivée de l'itinéraire, touchez [icône].

5 Si nécessaire, touchez un bouton pour changer de mode de transport : la voiture pour un itinéraire en voiture, le piéton pour obtenir l'itinéraire à pied, le bus pour utiliser les transports en commun.

6 Touchez **Itinéraire**.

7 L'itinéraire est calculé et il s'affiche à l'écran.

8 Plans calcule parfois plusieurs itinéraires. Touchez chacun d'eux pour afficher en haut de l'écran la distance et la durée.

9 Pour afficher le détail des itinéraires, touchez le bouton Itinéraire, en bas à gauche.

10

9

10 Pour obtenir les étapes du trajet, touchez le bouton **Démarrer** .

11 La première instruction s'affiche et Plans effectue un zoom de la partie concernée sur la carte. Vous pouvez faire défiler les instructions en faisant glisser les panneaux de direction vers la gauche ou la droite. Si votre iPad mini est équipé d'un GPS, vous pouvez suivre les instructions. Celles-ci changent et sont annoncées automatiquement lorsque vous vous déplacez.

12

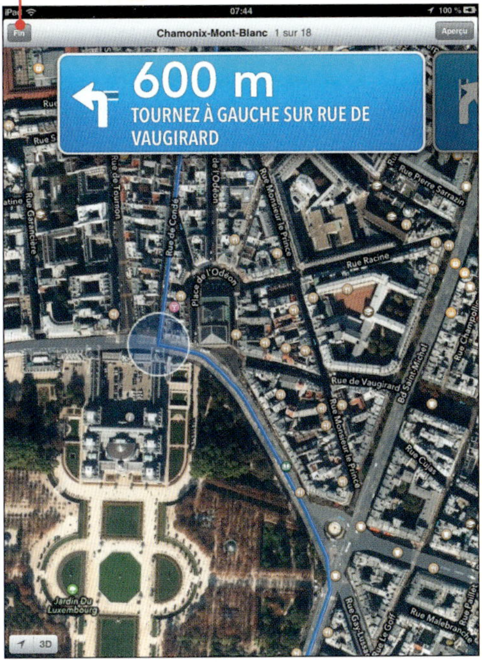

12 Pour arrêter le guidage avant d'arriver, touchez le bouton **Fin**.

Afficher la circulation en temps réel

Plans peut indiquer la circulation en temps réel pour les grandes villes et les grands axes.

❶ Affichez la zone pour laquelle vous souhaitez connaître l'état de la circulation.

❷ Touchez le coin inférieur droit de l'écran pour afficher les options.

❸ Touchez le bouton **Circulation** (qui devient **Masquer la circulation**).

❹ Les axes marqués en rouge sont ceux sur lesquels la circulation est très difficile. Des panneaux s'affichent également pour annoncer des travaux ou des événements exceptionnels (rue barrée, manifestation, *etc.*).

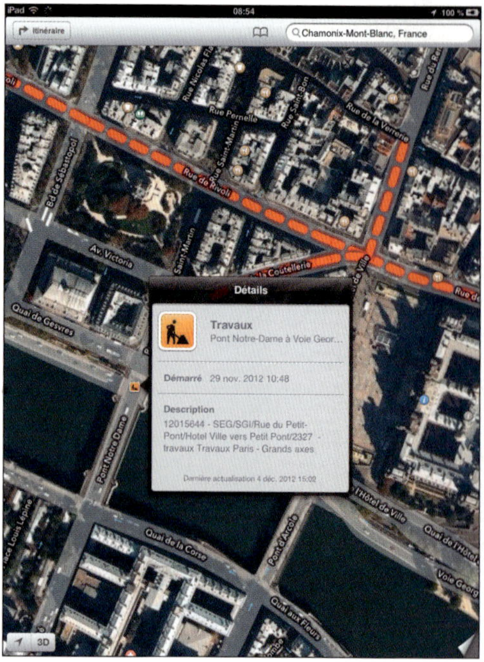

Placer un repère

❶ Touchez le coin, en bas à droite, pour afficher les options.

❷ Touchez **Placer un repère**.

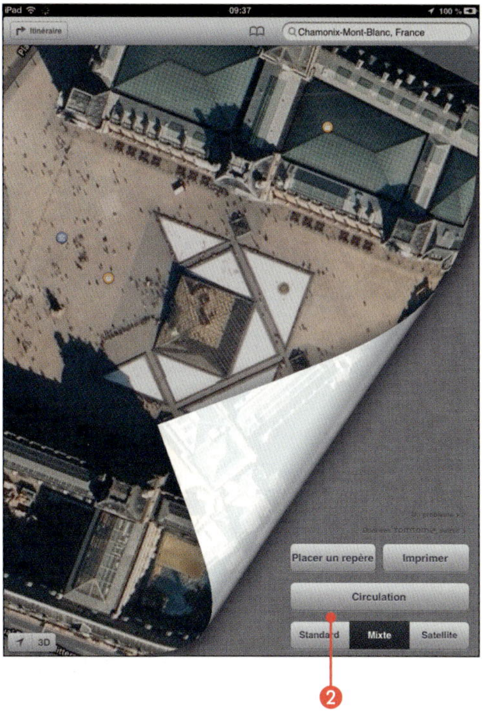

❸ Une épinglette apparaît sur le plan. Touchez-la et faites-la glisser pour la placer à l'endroit souhaité.

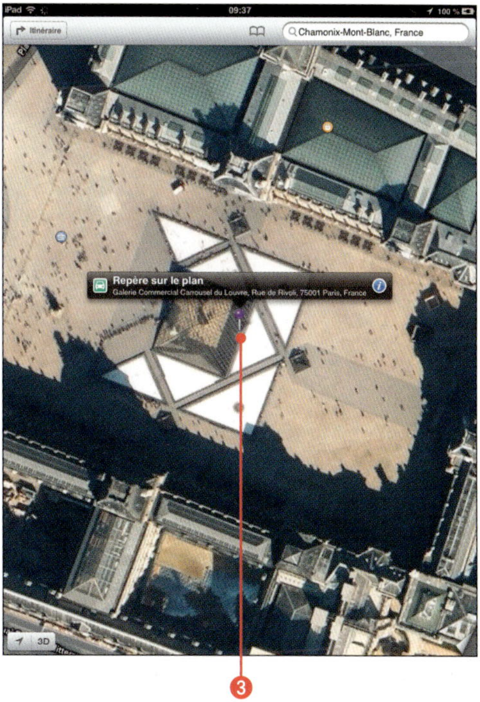

NOTE

Vous pouvez aussi faire apparaître une épinglette bleue en touchant l'écran pendant quelques secondes.

Enregistrer un signet

Dans Plans, les signets permettent de retrouver facilement et rapidement vos lieux favoris. Vous pouvez aussi enregistrer de façon temporaire un emplacement.

❶ Placez un repère, effectuez une recherche ou localisez-vous.

❷ Touchez une épinglette ou le point bleu qui vous localise, pour afficher l'infobulle.

❸ Touchez le ***i***, à droite de l'infobulle.

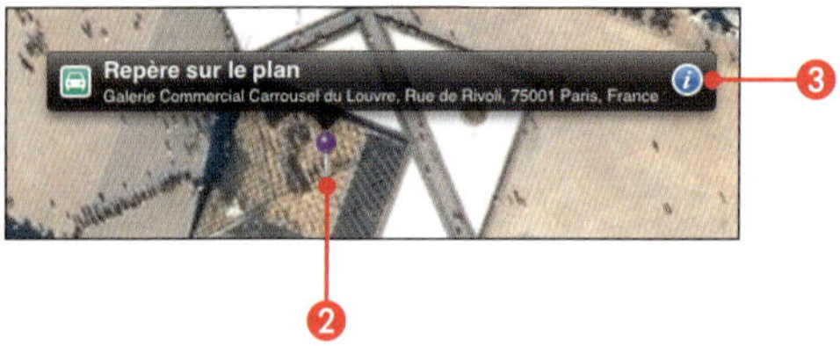

❹ Touchez **Ajouter aux signets**.

❺ Si nécessaire, renommez votre signet puis touchez **Enregistrer**.

Accéder à un signet

❶ Touchez l'icône en forme de livre dans la barre de boutons en haut de l'écran.

❷ Dans la fenêtre qui s'ouvre, touchez **Signets**.

❸ La liste des signets que vous avez enregistrés ainsi que les repères que vous avez placés sur le plan s'affiche.

❹ Touchez l'élément que vous souhaitez retrouver sur le plan (ou utiliser pour un itinéraire).

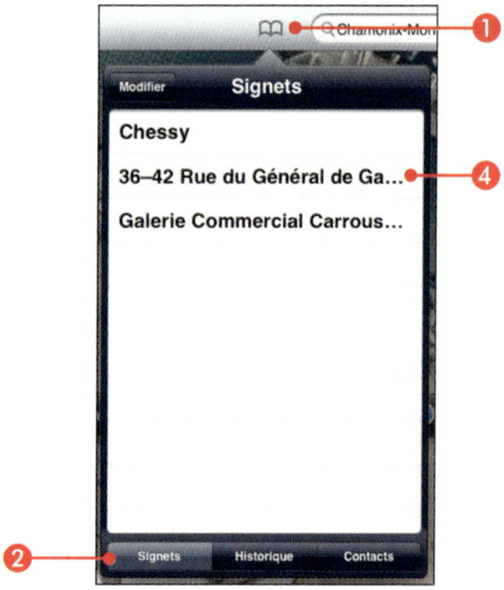

Supprimer un signet

❶ Faites glisser votre doigt de gauche à droite sur le nom du signet.

❷ Touchez le bouton **Supprimer** (ou **OK** pour annuler la suppression).

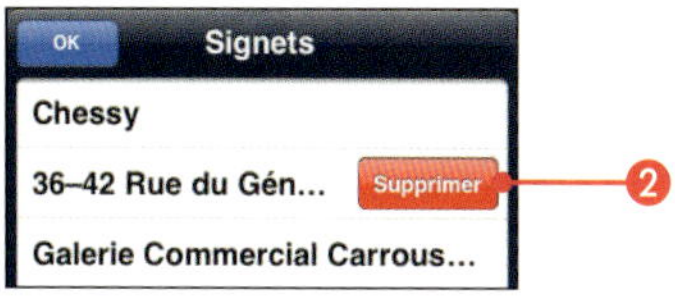

Rechercher des commerces

Plans permet de rechercher des commerces autour de vous. Vous pouvez aussi afficher des commerces ou des points d'intérêt alentour, ou dans un lieu spécifique.

❶ Touchez le champ **Recherche ou adresse**, en haut à droite de l'écran.

❷ Saisissez un type de commerce ou le nom d'une boutique, enseigne, marque.

❸ Saisissez éventuellement le lieu où effectuer la recherche (nom de la ville, par exemple). Si vous ne précisez pas de lieu, la recherche s'effectue sur la partie du plan affichée à l'écran. Pour rechercher autour de votre emplacement géographique, appuyez sur ➤ pour centrer la carte sur votre position.

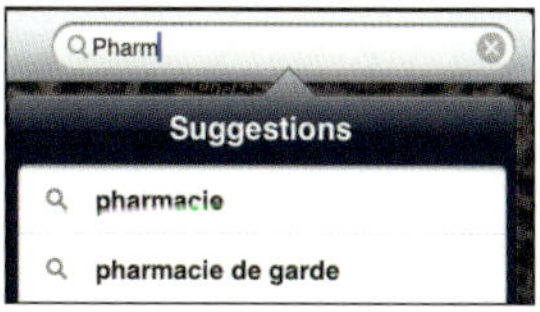

❹ Touchez **Rechercher** sur le clavier ou touchez l'une des suggestions affichées.

❺ Des épinglettes indiquent les commerçants correspondants trouvés.

❻ Touchez l'une d'elles pour obtenir le nom du commerce.

❼ Touchez le *i* pour obtenir plus d'informations :

- Adresse, coordonnées téléphoniques et Web (si disponibles) et photos du lieu.
- Vous pouvez utiliser les boutons en haut de l'écran pour calculer un itinéraire vers ou depuis le lieu.
- Utilisez les boutons en bas de l'écran pour ajouter l'adresse dans vos contacts, envoyer le lieu ou l'ajouter aux signets.

Partager un emplacement

1. Pour partager un emplacement géographique, commencez par placer une épinglette (en posant une marque ou en effectuant une recherche).

2. Touchez l'épinglette ou le point bleu indiquant votre position.

3. Dans l'infobulle, touchez ***i***.

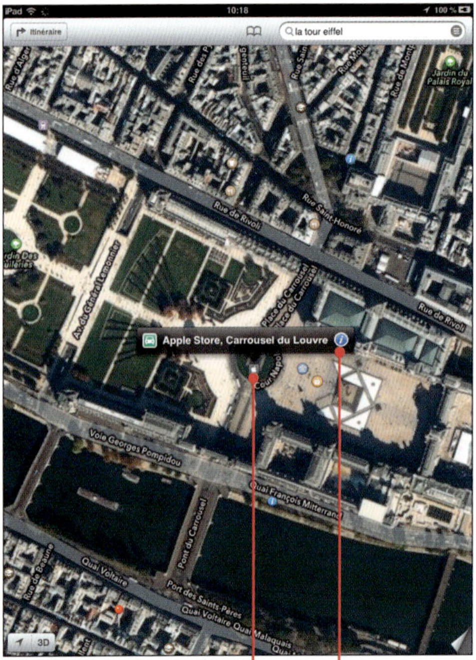

4. Dans la fiche descriptive du lieu, touchez **Envoyer ce lieu**.

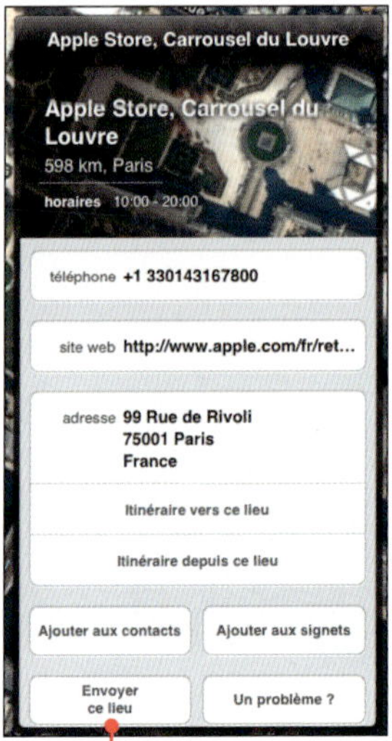

5. Indiquez ensuite si vous souhaitez l'envoyer par Courrier électronique, Message (iMessage), Twitter ou Facebook.

6. Un nouveau courrier électronique, un nouvel iMessage, un nouveau tweet ou un nouveau statut Facebook s'affiche à l'écran avec l'emplacement inséré en pièce jointe. Complétez votre message et envoyez-le.

Télécharger et utiliser Mes amis

Mes amis est une application gratuite proposée par Apple qui vous permet de savoir où se trouvent vos amis. Bien entendu, avant de pouvoir géolocaliser vos amis, ceux-ci doivent vous en donner l'autorisation et de plus, le service peut ne pas avoir été activé.

Mes amis vous donne également la possibilité de créer des localisations temporaires. Par exemple, vous organisez une soirée dans un lieu précis et vous partagez ce lieu avec les personnes que vous avez invitées.

Notez que pour que vos proches puissent utiliser Mes amis, ils doivent posséder un appareil Apple compatible (iPhone, iPad mini, iPod touch) ainsi qu'un compte iCloud.

1. Rendez-vous sur l'App Store et rechercher l'application **Localiser mes amis**.

2. Téléchargez l'application et attendez la fin de l'installation.

3. Démarrez l'application.

4. L'écran d'accueil vous demande de saisir votre identifiant et votre mot de passe iCloud. Si vous ne possédez pas de compte iCloud, vous devez en créer un. Vous devez vous identifier chaque fois que vous démarrez l'application (si vous ne l'avez pas utilisée depuis un certain temps), sauf si vous protégez votre iPad mini par un mot de passe.

5. Les boutons en bas de l'écran vous permettent (de gauche à droite) :
   - d'afficher la position de tous vos amis ;
   - de créer des invitations temporaires ;
   - d'afficher votre position ;
   - d'afficher les demandes que vous ont envoyées d'autres utilisateurs.

6. Pour ajouter un ami, touchez le bouton en haut à gauche pour ouvrir un volet latéral.

7. Dans le volet latéral, touchez +.

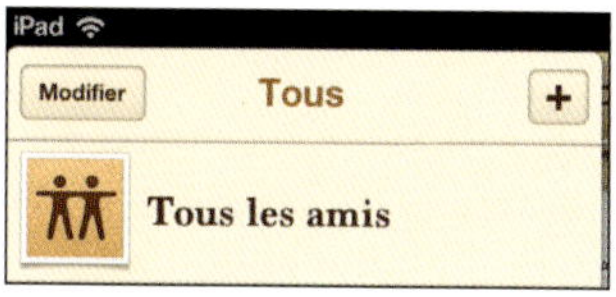

8. Dans la fenêtre qui s'affiche, saisissez l'adresse de courriel de l'ami que vous souhaitez inviter, puis si vous le souhaitez, saisissez un message indiquant pourquoi vous l'invitez.

9. Touchez **Envoyer** pour envoyer l'invitation.

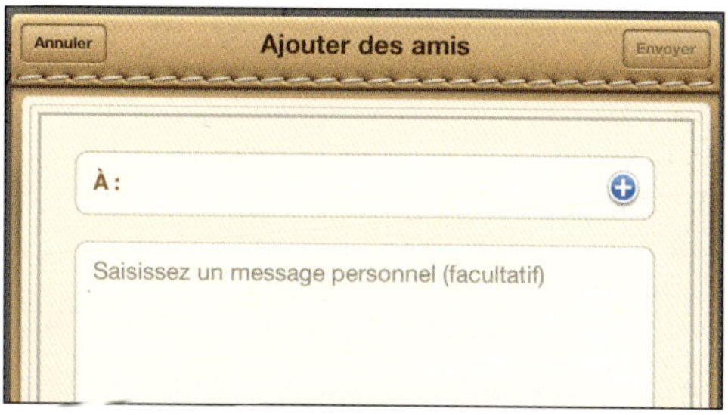

10. Un message d'alerte vous informe que vous pourrez suivre vos amis lorsqu'ils auront accepté votre demande. C'est-à-dire que vous ne pouvez pas suivre le déplacement d'une personne sans son consentement.

11. Continuez d'ajouter tous les amis que vous souhaitez suivre.

Accepter une demande

❶ Lorsqu'un ami vous envoie une demande, une pastille s'affiche sur l'icône Mes amis. Notez que parfois la demande ne s'affiche pas dans Mes amis, mais vous recevez un courriel concernant cette demande et contenant un lien pour l'afficher.

❷ Touchez l'icône **Mes amis** pour ouvrir l'application. Si nécessaire, saisissez votre mot de passe.

❸ Une pastille s'affiche également sur l'icône Demandes.

❹ Touchez l'icône **Demandes**.

❺ La demande du contact s'affiche. Touchez **Accepter** pour que le contact puisse vous suivre. Touchez **Refuser** pour interdire au contact de vous suivre.

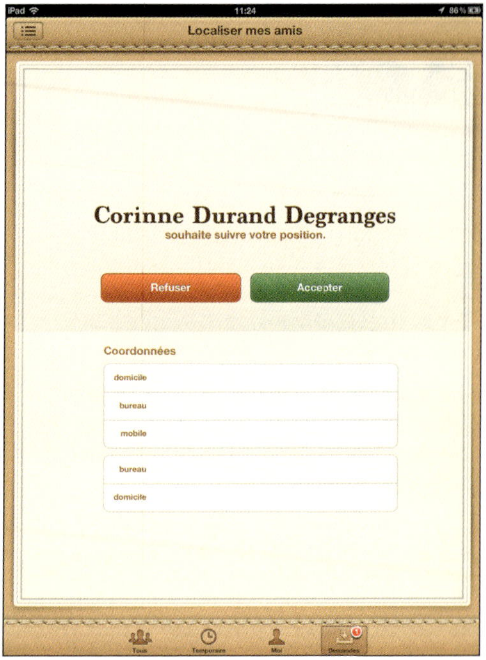

Suivre ses amis

❶ Démarrez **Mes amis**.

❷ Si nécessaire, saisissez votre mot de passe.

❸ Touchez **Tous**.

❹ Des points s'affichent sur la carte pour indiquer où se trouvent vos amis. S'ils ne sont pas à proximité, le plan est redimensionné en conséquence.

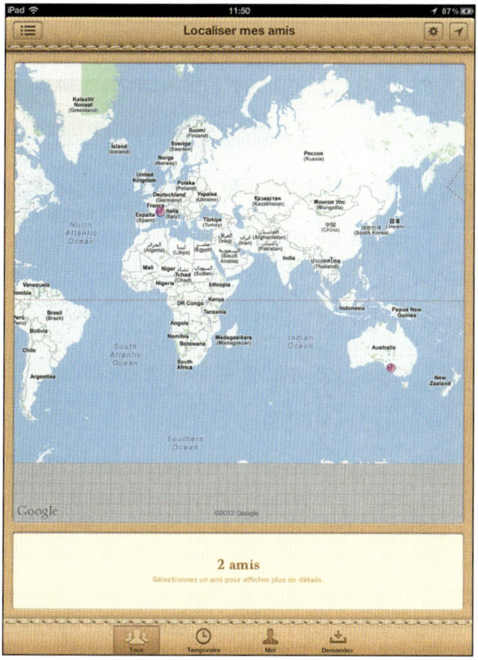

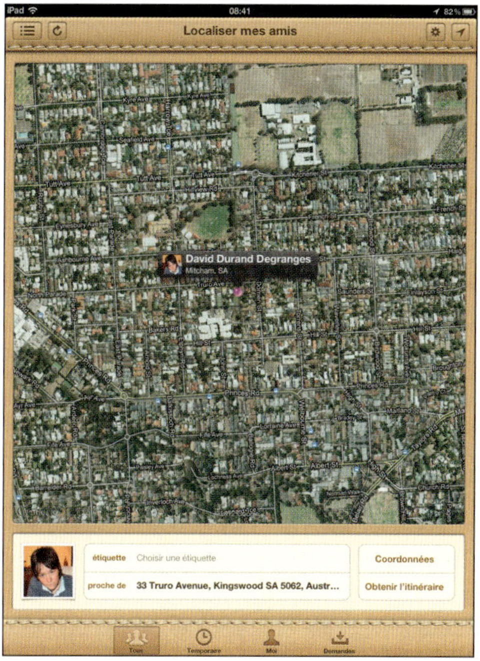

❺ Pour plus de détails sur un ami, touchez le bouton en haut à gauche de l'écran pour ouvrir le volet latéral.

❻ La liste de vos amis s'affiche. Vous pouvez voir la distance qui vous en sépare (au-delà de 99 kilomètres, l'affichage indique 99+) ainsi que l'heure à laquelle la mise à jour de la localisation a été faite.

❼ Touchez celui pour lequel vous souhaitez un affichage détaillé sur la carte.

❽ Si vous souhaitez localiser votre ami par rapport à votre position, touchez le bouton ➤ en haut à droite de l'écran.

❾ Une infobulle permet de voir la position de votre ami par rapport à la vôtre (le point bleu).

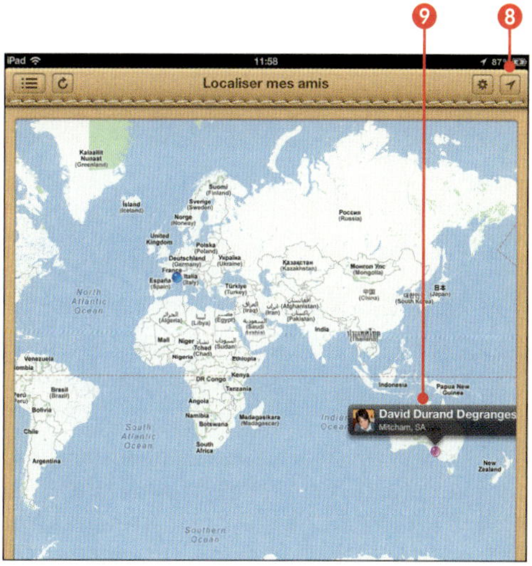

Créer une étiquette

Créez une étiquette pour indiquer à quoi correspond le lieu où vous vous trouvez ou celui où se trouve un de vos amis.

❶ Affichez la position de votre ami (pour modifier votre étiquette, touchez le bouton **Moi**, en bas de l'écran).

❷ Touchez la zone étiquette pour ouvrir une fenêtre.

❸ Touchez le libellé souhaité pour l'étiquette. Touchez **Ajouter une étiquette perso.** pour créer un nouveau libellé.

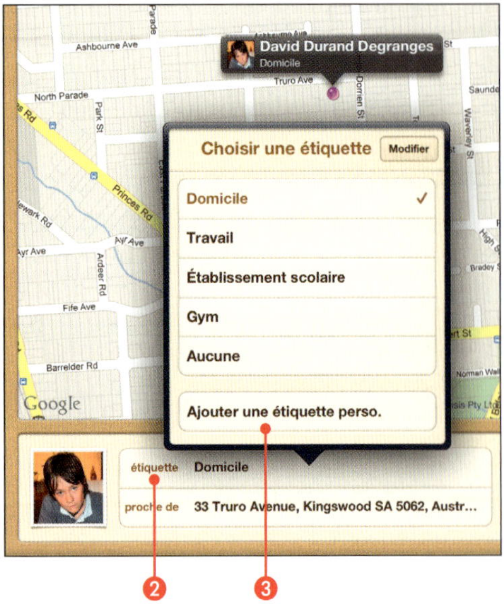

Créer des invitations temporaires

❶ Touchez **Temporaire** en bas de l'écran.

❷ Dans le volet qui s'affiche, touchez **Inviter des amis**.

❸ Une fenêtre de message s'affiche, saisissez l'adresse de courriel de la personne à inviter, le nom de l'événement ainsi que la date à laquelle l'événement se termine.

❹ Touchez **Envoyer**.

❺ Les utilisateurs qui acceptent l'invitation que vous envoyez peuvent ensuite voir leur position respective. Ils peuvent également utiliser les outils pour trouver l'itinéraire afin de vous rejoindre à cette invitation.

Options de Mes amis

1 Le bouton **Réglages**, en haut à droite, vous permet de changer le mode d'affichage de la carte, sur le même principe que Plans.

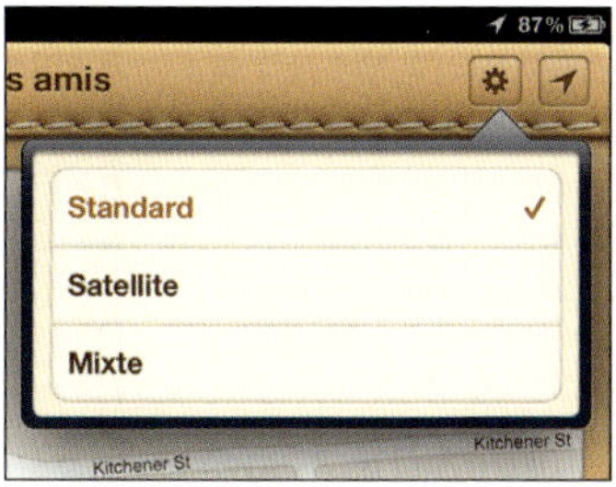

2 Le bouton **Coordonnées** permet d'afficher la fiche de la personne si elle se trouve dans vos contacts.

3 **Obtenir l'itinéraire** permet de basculer dans l'application Plans afin de calculer l'itinéraire entre votre position actuelle et celle de votre ami.

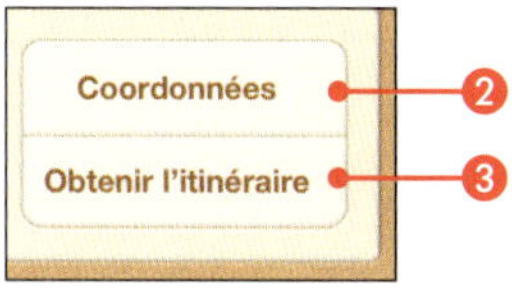

Localiser mon iPhone

Localiser mon iPhone est le nom d'une application qui vous permet non seulement de localiser un iPhone, mais également un iPad mini, un iPod touch ou un Mac.

1 Démarrez **App Store** et recherchez l'application **Localiser mon iPhone**.

2 Téléchargez l'application.

3 Démarrez **Localiser mon iPhone**.

4 Vous devez saisir votre identifiant iCloud ainsi que votre mot de passe. En effet, Localiser mon iPhone permet de retrouver tous les appareils sur lesquels vous avez configuré iCloud et autorisé la localisation.

5 Votre iPad mini peut être localisé et il s'affiche sur la carte.

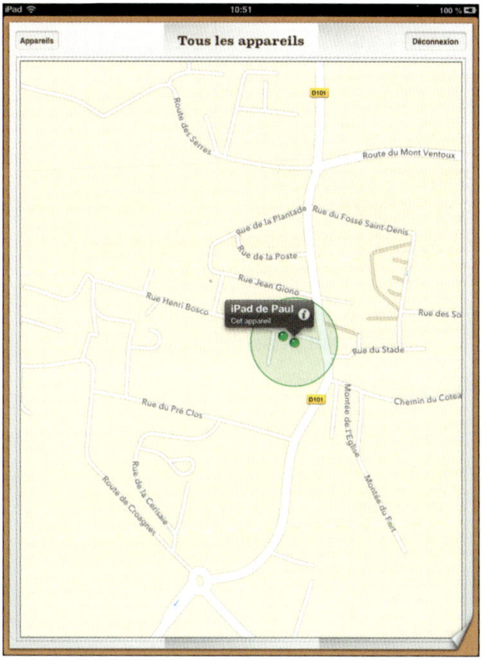

6 Si vous possédez d'autres appareils que vous souhaitez localiser, touchez le bouton **Appareil**, puis touchez l'appareil souhaité dans la liste.

7 Dans la fenêtre, touchez l'une des options.

- **Émettre un son**. Un son est émis sur l'appareil, même si l'appareil est en mode silence.
- **Mode perte** ou **Verrouiller**. Si l'appareil possède déjà un code de verrouillage, celui-ci est utilisé pour le verrouiller. Si vous n'avez pas configuré de code de verrouillage, un clavier s'affiche pour le saisir. Vous saisissez ensuite un message qui s'affiche lorsqu'une personne tente d'utiliser votre appareil. L'appareil est ensuite verrouillé et vous pouvez recevoir un mail indiquant sa nouvelle position dès que l'appareil se déplace.

- **Effacer.** Vous effacez tout le contenu de l'appareil distant. Sachez toutefois qu'en choisissant cette option, l'appareil ne sera plus connecté à votre compte iCloud et par conséquent il ne pourra pas être localisé.

NOTE

Pour que les appareils soient localisés, ils doivent être connectés à Internet.

Chapitre 13

S'organiser avec l'iPad mini

Dans ce chapitre :

- Gérer ses rendez-vous
- Créer des rappels
- Créer des notes

L'iPad mini possède des applications que vous utilisez pour organiser votre emploi du temps : Calendrier est votre agenda dans lequel vous notez vos rendez-vous et autres événements. Avec Rappels, vous créez votre liste de tâches à réaliser et, si nécessaire, vous demandez à l'iPad mini de vous rappeler que la date butoir dans la réalisation d'une tâche approche. Avec Notes, vous prenez rapidement des notes dès que vous en avez besoin.

Ce que permet Calendrier

Calendrier vous permet de facilement respecter votre planning. Vous gérez plusieurs calendriers, par exemple, personnel et professionnel. Vous affichez vos calendriers individuellement ou simultanément.

- L'affichage des événements s'effectue par jour, par semaine, par mois ou sous la forme d'une liste.
- Calendrier permet d'effectuer des recherches dans les titres, les invités, les emplacements et les notes des événements.
- Si vous saisissez des dates d'anniversaire lorsque vous créez vos fiches de contacts, vous pouvez afficher ces dates dans Calendrier.
- Sur votre iPad mini, vous créez, modifiez ou annulez des événements et les synchronisez avec votre ordinateur.
- Vous pouvez vous abonner aux calendriers iCloud, Google, Yahoo! ou iCal.
- Si vous disposez d'un compte Microsoft Exchange ou iCloud, vous pouvez recevoir des invitations et y répondre.

Afficher les calendriers

Calendrier permet de créer des événements dans plusieurs calendriers afin de séparer vos activités. Vous avez la possibilité d'afficher les événements de tous les calendriers ou d'afficher les événements d'un seul calendrier.

❶ Démarrez **Calendrier**.

❷ Le calendrier s'ouvre sur la date du jour.

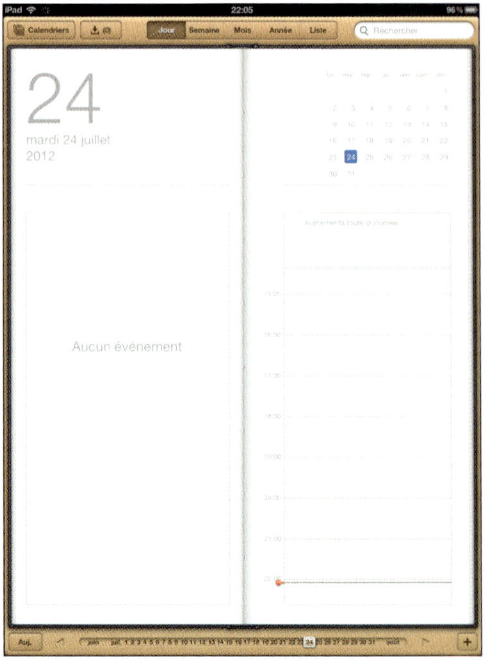

❸ Touchez le bouton **Calendriers**.

❹ Dans la liste **Affichage**, choisissez une des options suivantes :

- **Masquer tous les calendriers**. Touchez cette option pour désélectionner tous les calendriers, vous pouvez ensuite choisir ceux que vous souhaitez afficher. Le bouton devient **Afficher tous les calendriers**, lorsqu'aucun calendrier n'est sélectionné.
- Les différents calendriers des services auxquels vous pouvez être abonnés s'affichent dans la liste. Décochez les calendriers pour les masquer ou cochez-les pour les afficher.
- Dans la section **Autre**, vous avez la possibilité d'afficher ou de masquer le calendrier **Anniversaires** qui correspond aux anniversaires saisis pour vos contacts dans l'application **Contacts**. Si vous vous abonnez à d'autres calendriers (par exemple, les jours fériés), ils apparaissent dans cette section.

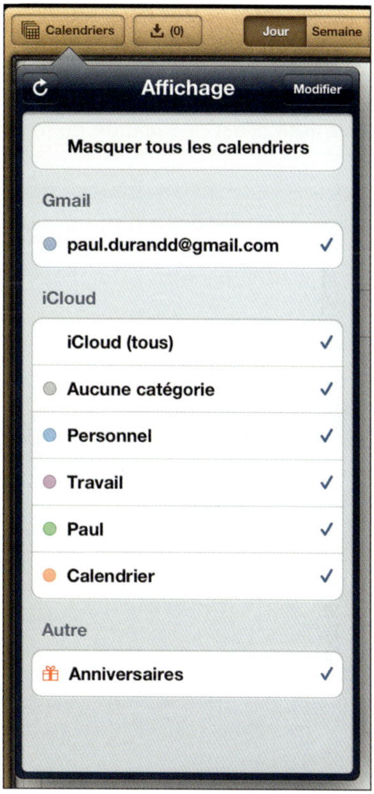

Changer d'affichage

❶ Utilisez les boutons placés au centre, en haut de l'écran, pour changer le mode d'affichage du calendrier.

- **Jour**. La page présente uniquement le jour choisi. Dans la partie de gauche, vous trouvez la date affichée ainsi que les événements planifiés pour cette date. Dans la partie de droite, vous trouvez un calendrier mensuel puis la liste des événements pour la journée (il est possible de faire défiler les heures).

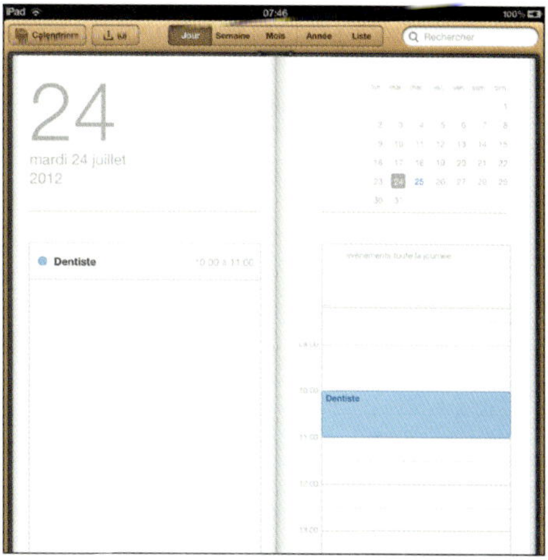

- **Semaine**. Vous obtenez une semaine complète sur la page et tous vos rendez-vous de la semaine sont visibles. Notez la barre horizontale rouge qui indique l'heure courante, ainsi que la date du jour en bleu.

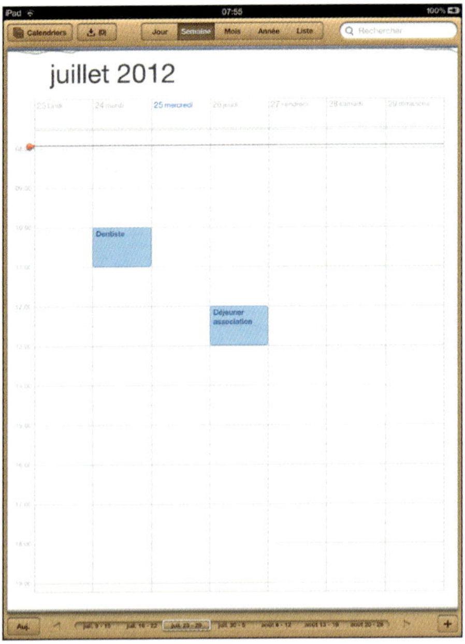

- **Mois**. Vous l'aurez compris, vous obtenez la totalité d'un mois (ainsi que quelques jours du mois précédent et du mois suivant). Dans chacune des cases, vos éventuels rendez-vous s'affichent. La date du jour peut être repérée grâce à la bande bleue indiquant **Auj.**

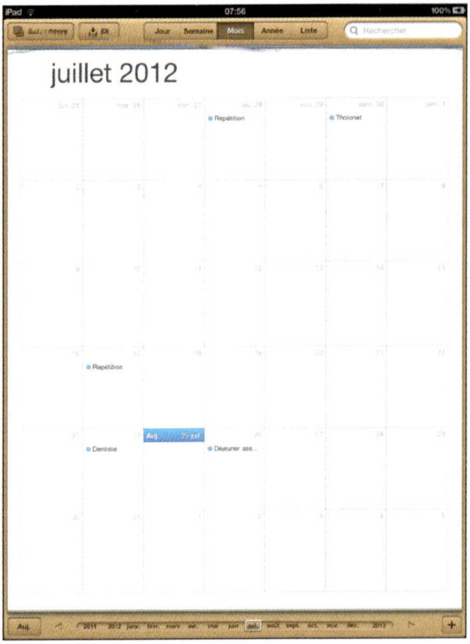

- **Année**. L'année complète s'affiche. Les jours pour lesquels des événements sont planifiés apparaissent en jaune. Le mois en cours apparaît sur fond bleu ainsi que la date courante.

- **Liste**. Vous obtenez la liste de tous les événements prévus dans la partie de gauche. Touchez l'un des événements pour l'afficher dans le calendrier en mode jour dans la partie de droite. Ici encore, la date du jour s'affiche en bleu.

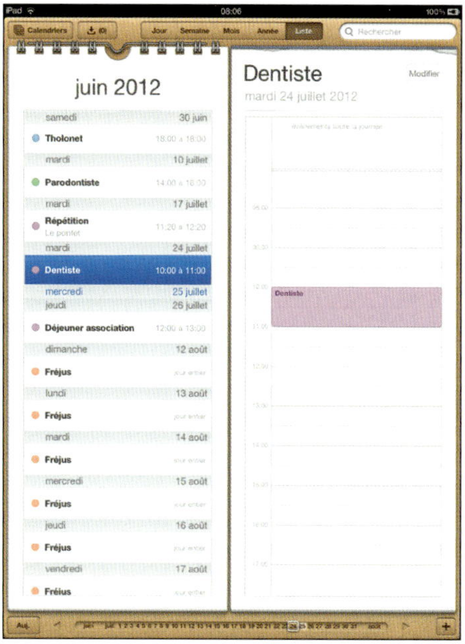

Repérer les différents calendriers

Vous avez vu au début de ce chapitre qu'il est possible de gérer plusieurs calendriers et que vous pouvez sélectionner ceux qui s'affichent dans les pages. Lorsque vous affichez plusieurs calendriers en même temps, il reste possible de différencier dans quel calendrier se trouve un rendez-vous. En effet, chacun des calendriers possède sa couleur, comme vous pouvez le voir dans la liste des calendriers.

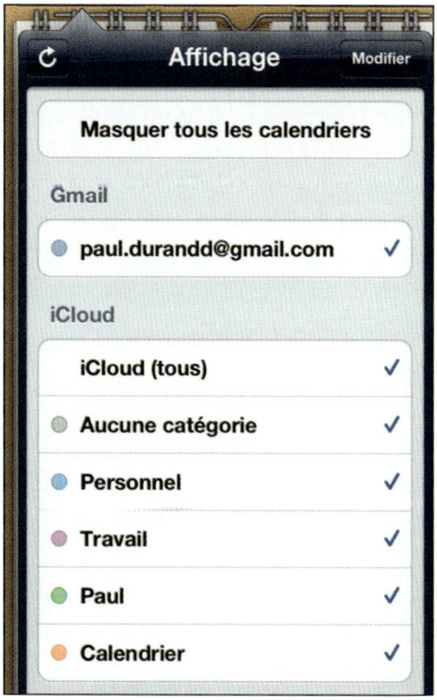

Les rendez-vous dans les pages du calendrier s'affichent en utilisant ces couleurs, vous pouvez voir un point de couleur dans la liste des rendez-vous.

Dans la liste en mode jour ou en mode semaine, l'événement s'affiche avec la couleur de fond correspondant à la couleur du calendrier concerné.

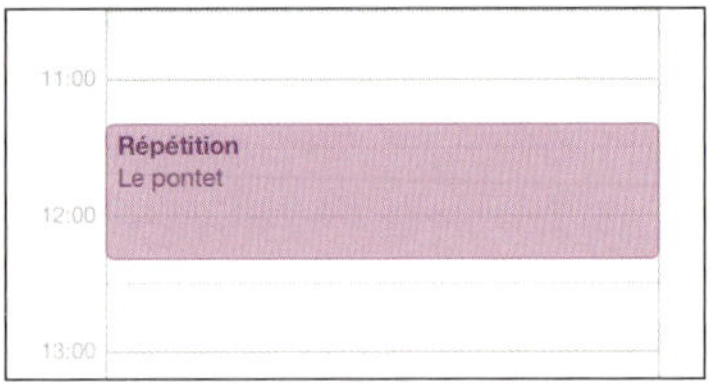

Naviguer dans Calendrier

Vous l'avez sans doute remarqué, Calendrier représente une sorte d'agenda en cuir. Quel que soit le mode d'affichage choisi (Jour, Semaine, Mois, Année, Liste), les événements s'affichent sur ce qui représente une feuille de papier. Pour passer au jour suivant, vous pouvez attraper le bord de la page et le faites glisser vers la gauche (comme si vous tourniez la page d'un agenda). Pour reculer d'un jour, vous faites glisser le bord gauche vers la droite. Cela est valable dans tous les modes d'affichage.

Vous utilisez la barre de défilement placée en bas de l'écran, celle-ci diffère en fonction du mode d'affichage. En mode jour, touchez la case correspondant au jour souhaité (vous pouvez utiliser les flèches à gauche et à droite pour avancer d'un jour). La date affichée est celle qui est cerclée de blanc et qui ressort. La date du jour s'affiche sur fond blanc. Vous pouvez aussi toucher les cases indiquant le mois précédent ou le mois suivant pour changer de mois.

Le même principe s'applique pour les autres modes d'affichage. Par exemple, en mode semaine, la barre de défilement affiche les semaines.

Pour accéder rapidement à la date du jour, touchez le bouton **Auj.** placé en bas à gauche de l'écran.

Créer un calendrier

1. Touchez le bouton **Calendriers**.

2. Dans la liste qui s'affiche, touchez **Modifier**.

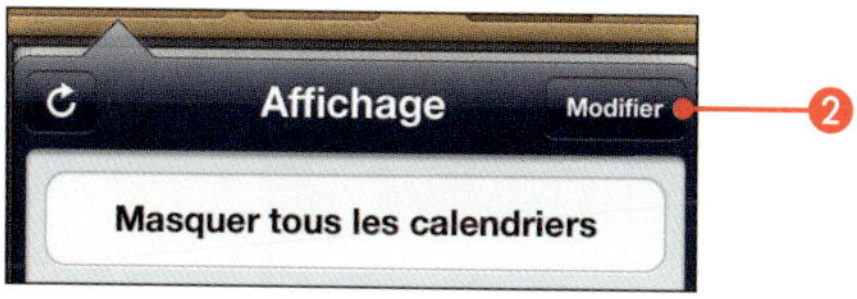

3. Au bas de la liste, touchez **Ajouter un calendrier**.

4. Dans la liste qui s'affiche, nommez votre calendrier. Une fenêtre Nom du calendrier est disponible pour saisir le nom de votre calendrier.

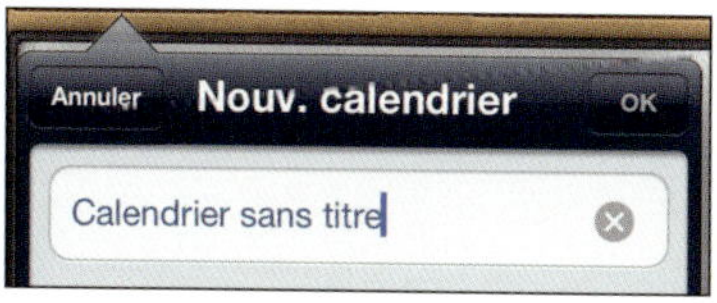

5. Choisissez la couleur de votre calendrier.
6. Touchez **OK**.

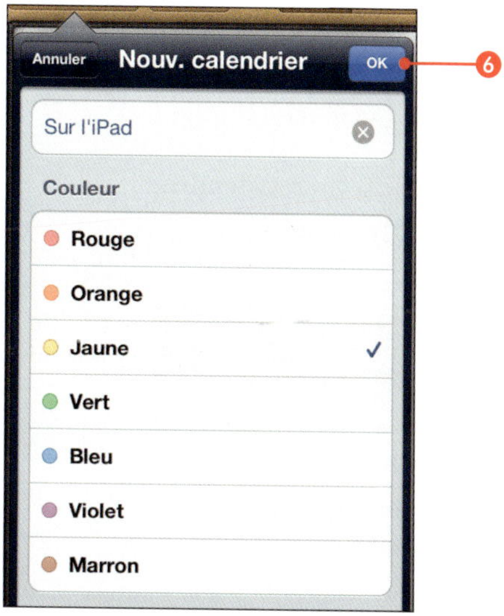

7. Lorsque vous êtes de retour sur la liste des calendriers, touchez **Ajouter un calendrier** pour ajouter un autre calendrier ou **OK** (en haut à droite) pour quitter le mode modification.

Renommer un calendrier

❶ Touchez le bouton **Calendriers**.

❷ Dans la liste qui s'affiche, touchez **Modifier**.

❸ Touchez le calendrier à renommer.

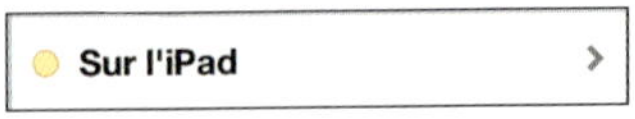

❹ Touchez la zone contenant le libellé puis modifiez le nom du calendrier. Pour effacer la totalité du libellé existant, touchez **x**, à droite du libellé.

❺ Touchez **OK** lorsque vous avez terminé.

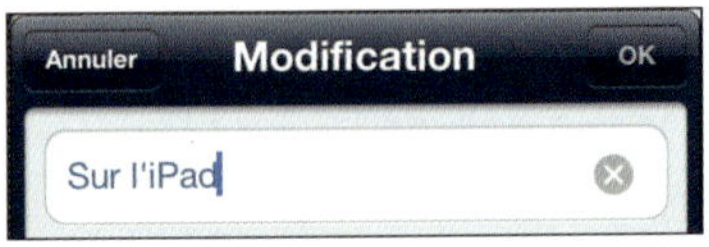

❻ Lorsque vous êtes de retour sur la liste des calendriers, touchez **OK** (en haut à droite) pour quitter le mode modification.

Modifier la couleur d'un calendrier

❶ Touchez le bouton **Calendriers**.

❷ Dans la liste qui s'affiche, touchez **Modifier**.

❸ Touchez le calendrier dont vous souhaitez changer la couleur.

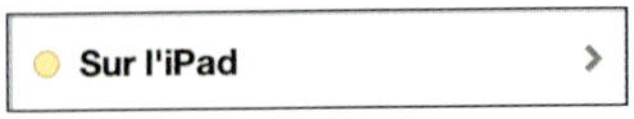

❹ Touchez une nouvelle couleur.

❺ Touchez **OK**.

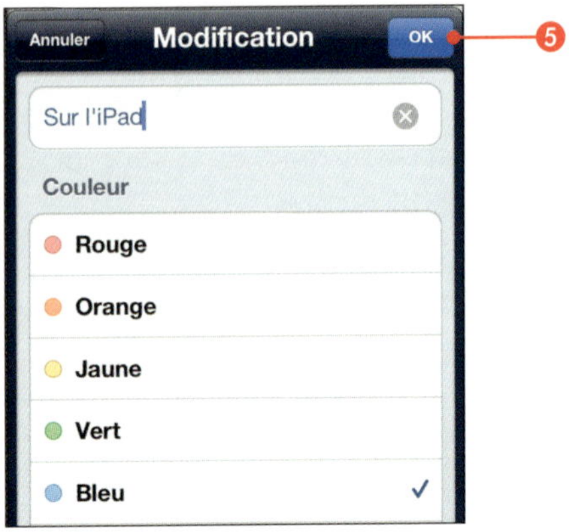

6 La nouvelle couleur s'applique au calendrier.

7 Touchez **OK** pour quitter le mode modification.

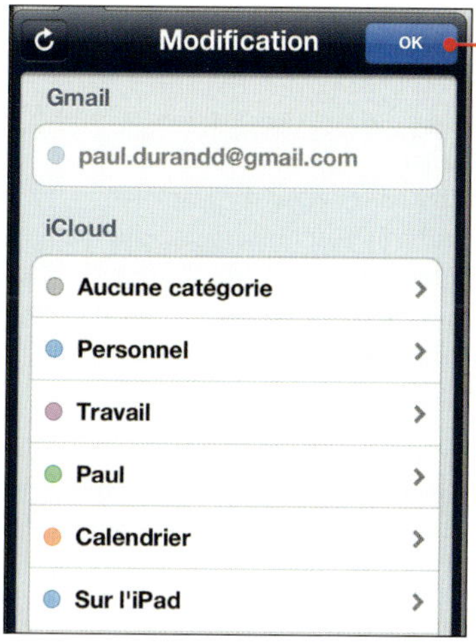

Supprimer un calendrier

1 Touchez le bouton **Calendriers**.

2 Dans la liste qui s'affiche, touchez **Modifier**.

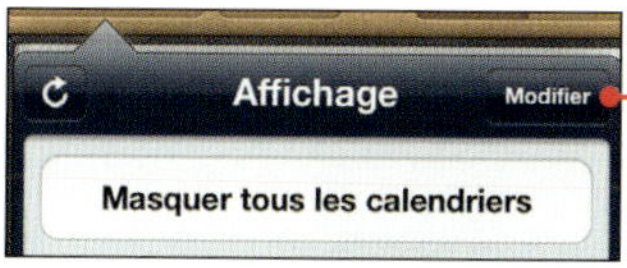

3 Touchez le calendrier à supprimer.

4 Touchez **Supprimer le calendrier**.

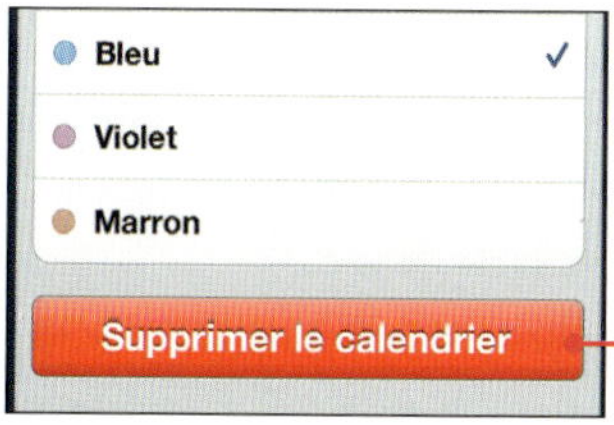

5 Une alerte s'affiche. Elle vous indique qu'en supprimant le calendrier vous supprimez également tous les événements qu'il contient. Touchez **Supprimer le calendrier** pour confirmer la suppression.

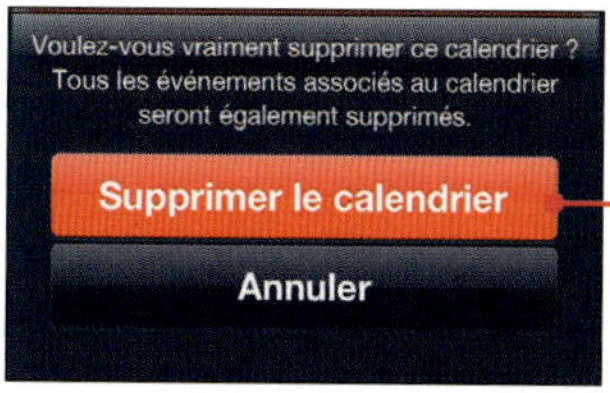

6 Le calendrier disparaît de la liste ainsi que tous les événements que vous avez créés dans ce calendrier. Touchez **OK** pour sortir du mode modification.

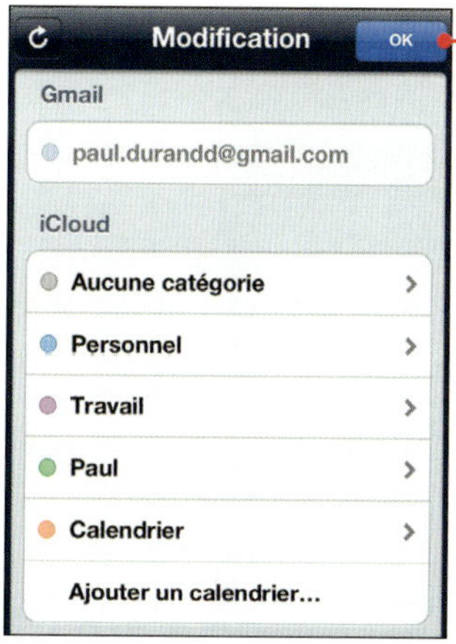

Forcer la mise à jour des calendriers

Lorsque vous apportez des modifications sur vos calendriers iCloud, celles-ci se répercutent sur le serveur d'iCloud et par conséquent sur tous les appareils qui accèdent à votre compte iCloud. Il en est de même si vous synchronisez vos calendriers avec d'autres services tels que Gmail ou Yahoo!.

Afin d'être certain que les modifications que vous avez apportées soient prises en compte, vous pouvez forcer la mise à jour.

1. Touchez **Calendriers**.
2. Touchez le bouton **Actualiser** dans le coin supérieur gauche de la fenêtre qui s'affiche.
3. Vous voyez la roue tourner à droite du logo iPad mini dans la barre d'état, en haut à gauche de l'écran.

Gérer le calendrier local

Si vous n'avez pas de comptes avec lesquels synchroniser les calendriers (iCloud, Gmail, *etc.*) ou si vous avez désactivé la synchronisation pour ces comptes, vous pouvez tout de même utiliser Calendrier pour gérer vos événements.

Dans ce cas, lorsque vous touchez le bouton Calendriers, vous obtenez, par défaut, un calendrier, nommé **Calendrier**. Vous pouvez remarquer que ce calendrier se trouve sous la section **Sur mon iPad mini**, qui indique que le calendrier est local et ne sera pas synchronisé.

Vous avez la possibilité de toucher le bouton Modifier pour ajouter des calendriers, changer la couleur des calendriers et supprimer des calendriers en appliquant les procédures présentées précédemment dans ce chapitre.

Activer ou désactiver la synchronisation des calendriers

Lorsque vous avez configuré un compte qui offre la possibilité de synchroniser vos calendriers, vous avez indiqué si vous souhaitiez synchroniser également votre calendrier. Mais rien ne vous empêche de changer d'avis.

Désactiver la synchronisation

1 Touchez **Réglages ▶ Mail, Contacts, Calendrier**. Pour iCloud, vous pouvez toucher directement **Réglages ▶ iCloud**.

2 Touchez le compte pour lequel vous souhaitez désactiver la synchronisation. En dessous du nom de chacun des comptes, vous voyez les services gérés, par exemple, **Courrier, Calendrier, Notes** pour Gmail.

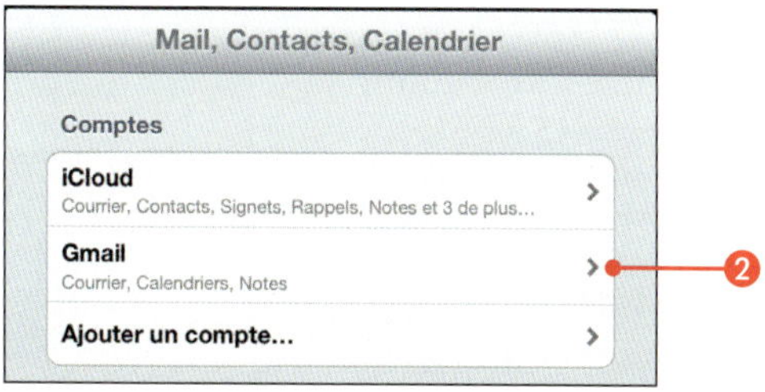

3 Dans la fenêtre qui apparaît, désactivez **Calendriers**.

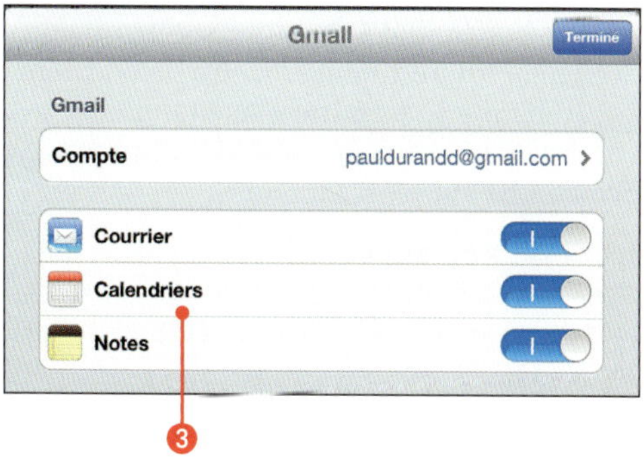

4 Une alerte s'affiche pour vous indiquer que toutes les données du calendrier seront supprimées de votre iPad mini (elles restent toutefois sur le serveur). Touchez **Supprimer** pour confirmer la suppression des données et la désactivation de la synchronisation.

5 Si vous désactivez la synchronisation des calendriers avec iCloud, le message d'alerte est différent. Ici, vous avez la possibilité de conserver toutes les données sur votre iPad mini (en local) ou de les supprimer.

6 La synchronisation avec les calendriers se désactive. Touchez **Terminé** pour fermer la boîte de dialogue.

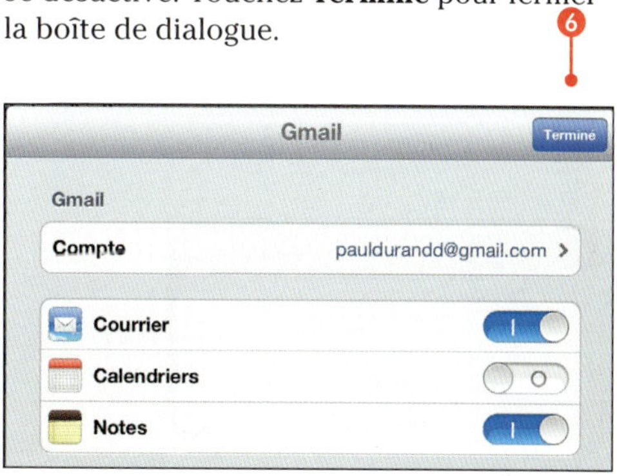

Activer la synchronisation

1. Touchez **Réglages ▶ Mail, Contacts, Calendrier**. Pour iCloud, vous pouvez toucher directement **Réglages ▶ iCloud**.

2. Touchez le compte pour lequel vous souhaitez activer la synchronisation.

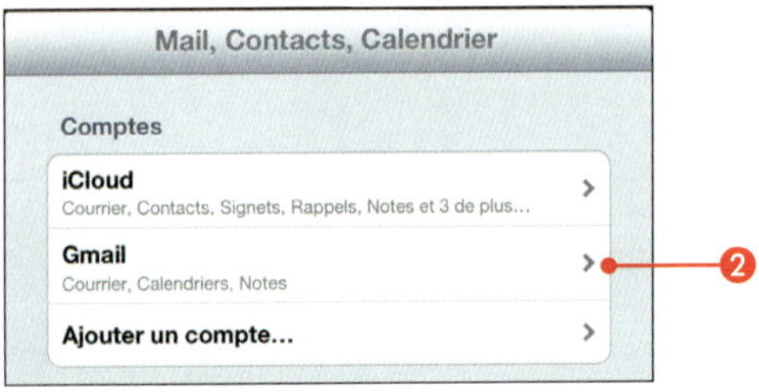

3. Dans la fenêtre qui apparaît, activez **Calendriers**.

4. Touchez **Terminé** pour fermer la boîte de dialogue.

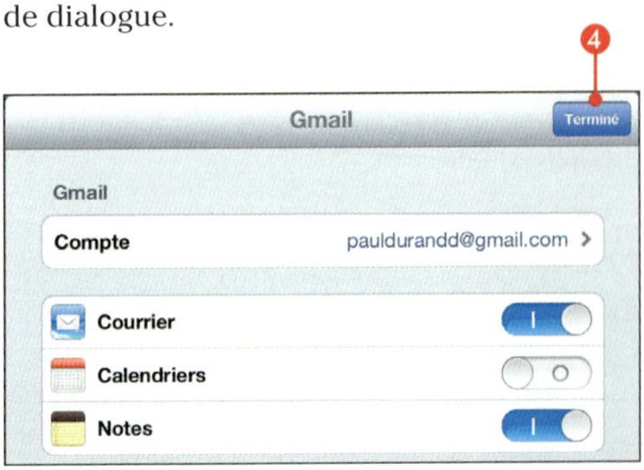

Ajouter rapidement un événement

Calendrier parle d'événement plutôt que de rendez-vous, donc voici comment créer un événement. Il existe de nombreuses options dans la fenêtre permettant de créer un événement. Je vous indique ici ce qu'il faut renseigner au minimum afin de créer l'événement. Il n'est pas question que vous passiez 5 minutes à remplir tous les champs lorsque vous prenez rapidement un rendez-vous avec une personne. Si nécessaire, vous pourrez modifier le rendez-vous par la suite.

1. Quel que soit le mode d'affichage de votre calendrier, touchez le bouton + en bas à droite de l'écran.

2. Dans la fenêtre qui s'affiche, saisissez le nom de l'événement et éventuellement le lieu.

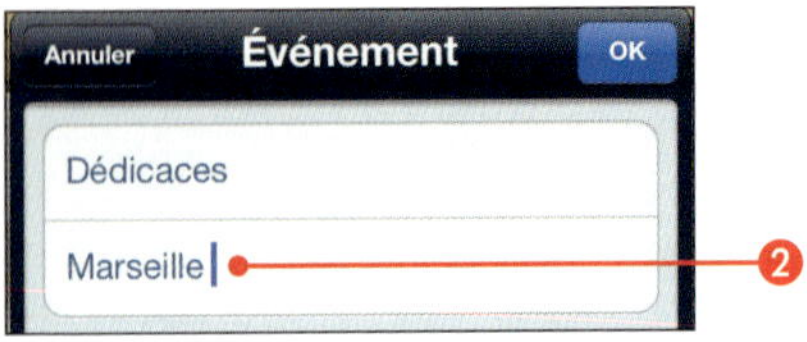

3. Touchez le bloc suivant.

4. Dans la nouvelle fenêtre qui s'affiche, saisissez **Commence** puis utilisez les roues au bas de la fenêtre pour indiquer le jour et l'heure du rendez-vous.

5. Par défaut, Calendrier considère qu'un événement dure 1 heure. Si cela ne convient pas, touchez **Se termine** puis indiquez l'heure de fin. Vous pouvez faire durer un événement sur plusieurs jours.

6. Si vous programmez un événement qui dure toute la journée, touchez **Jour entier** afin de désactiver l'heure de début et de fin.

7. Si nécessaire, touchez **Fuseau horaire** pour choisir un nouveau fuseau horaire si l'événement se déroule à l'étranger (afin que l'heure soit automatiquement mise à jour).

❽ Lorsque vous avez réglé la date, touchez **OK** (en haut à droite). Vous revenez alors à l'écran précédent et le nouvel horaire s'affiche ; l'événement s'est déplacé dans le calendrier si vous avez modifié l'heure et la date.

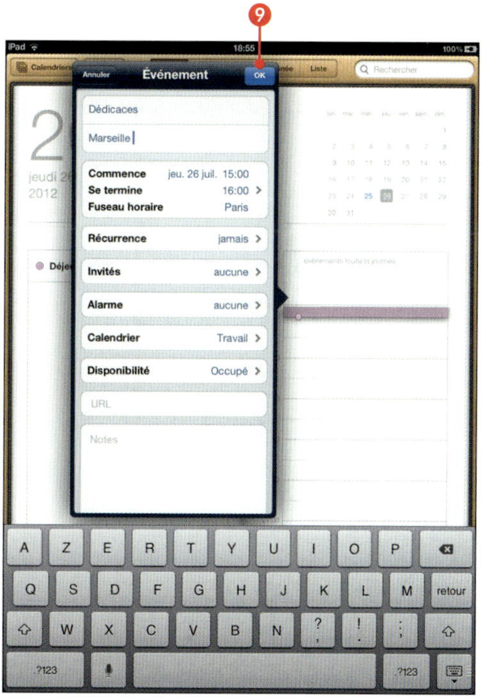

❾ Vous pouvez toucher **OK** pour enregistrer votre événement. Pour remplir les autres zones de la fenêtre Événement, consultez les sections suivantes de ce chapitre.

Événement récurrent

Certains événements se reproduisent à intervalles réguliers. Par exemple, vous allez à la salle de sport tous les mardis soir à 19 heures. Vous pouvez créer un événement et indiquer une récurrence afin que tous les événements suivants soient automatiquement créés.

❶ Créez un événement en touchant le bouton + en bas à droite de la fenêtre.

❷ Indiquez la date et l'heure du premier événement (comme indiqué précédemment).

❸ Touchez **Récurrence**.

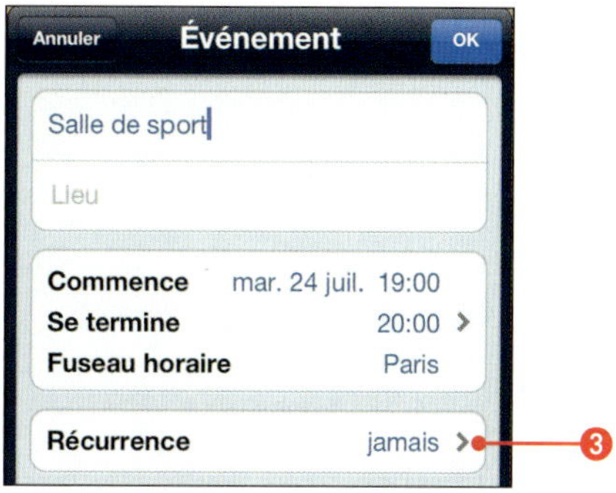

4 Choisissez la périodicité de la récurrence.

5 Touchez **OK**.

6 La récurrence s'affiche dans l'événement.

7 Si nécessaire, touchez **Fin de la récurrence**.

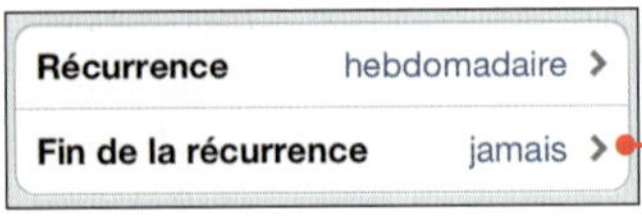

8 Dans la nouvelle fenêtre, utilisez la roue pour indiquer la date de la fin de la récurrence, puis touchez **OK** pour valider cette date.

9 La date de fin s'affiche dans l'événement. Touchez **OK** pour créer l'événement dans le calendrier.

NOTE

Pour supprimer la date de fin d'une récurrence, touchez **Fin de la récurrence**, puis touchez le bouton **Répéter indéfiniment**.

Inviter une personne à un événement

Vous invitez une personne (ou plusieurs) à un événement en envoyant un courrier électronique contenant une pièce jointe spéciale, qui s'ouvre avec la plupart des gestionnaires de calendriers sur les différentes plateformes (Mac, PC, *etc*.).

1 Créez un événement en touchant le bouton + en bas à droite de la fenêtre.

2 Indiquez la date et l'heure de votre événement et, si nécessaire, indiquez une récurrence.

3 Touchez **Invités**.

4 Saisissez l'adresse de courriel de la personne que vous souhaitez inviter pour l'événement. Lorsque vous commencez la saisie, une liste des contacts correspondants s'affiche. Si le contact souhaité s'y trouve, touchez-le pour l'ajouter, dans le cas contraire, continuez de saisir l'adresse de courriel.

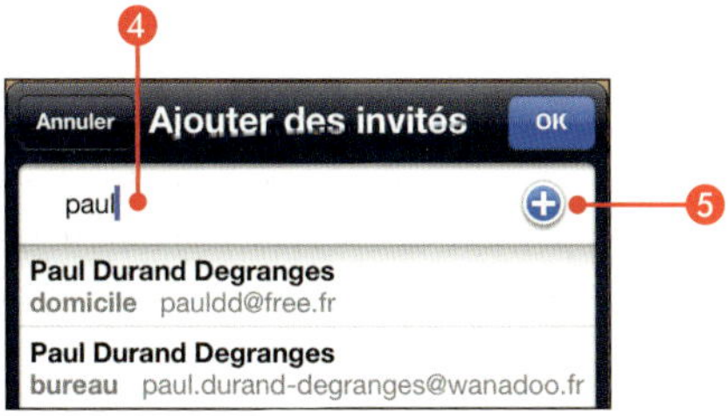

5 Vous pouvez également toucher le bouton + pour afficher vos contacts tels qu'ils se trouvent dans l'application Contacts.

6 Indiquez toutes les adresses des personnes à qui vous souhaitez envoyer l'invitation et touchez **OK** lorsque vous avez terminé.

7 Le nombre d'invités s'affiche dans l'événement.

8 Touchez **OK** pour créer l'événement.

9 Calendrier envoie les invitations aux différentes personnes en utilisant le compte de messagerie par défaut.

Répondre à une invitation par courriel

Lorsque l'on vous envoie une invitation, vous pouvez la recevoir par courriel (surtout si la personne n'utilise pas iCloud).

1. Affichez le courriel contenant l'invitation.

2. Prenez connaissance de l'événement, des autres personnes invitées et éventuellement de leur réponse.

3. Touchez l'un des trois boutons **Accepter**, **Refuser** ou **Peut-être** pour donner votre réponse.

4. Une page s'ouvre dans Safari et votre réponse s'affiche.

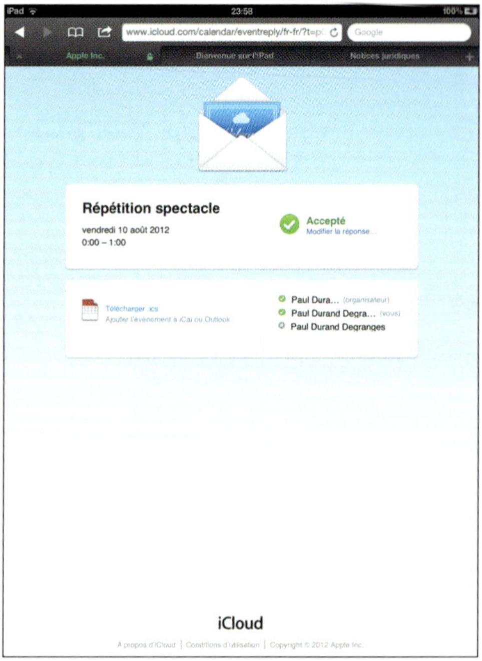

5. Pour ajouter l'événement dans votre calendrier, touchez l'icône en forme de calendrier avec un nom de fichier se terminant par l'extension .ics (vous la trouvez dans le courriel et dans la page de Safari).

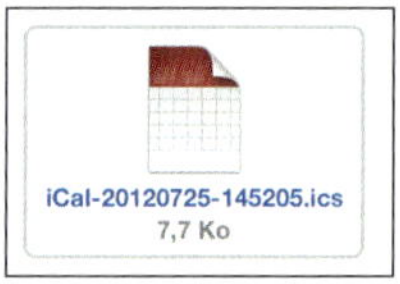

6 Un événement s'affiche. Touchez **Ajouter au calendrier** pour ajouter cet événement dans votre calendrier.

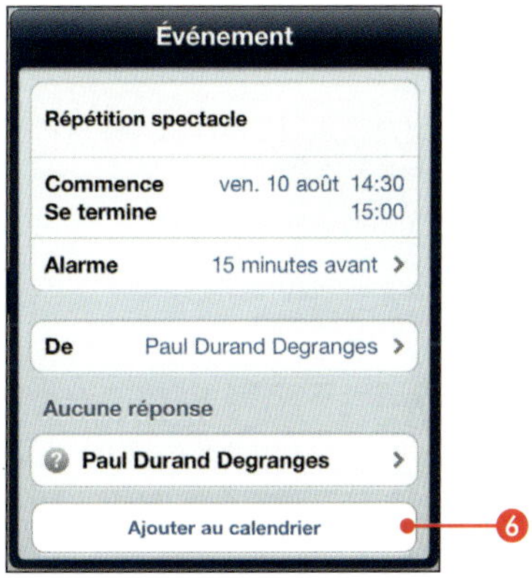

Activer une alarme

Vous activez une alarme pour que votre iPad mini vous rappelle un événement que vous avez programmé.

1 Créez un événement en touchant le bouton + en bas à droite de la fenêtre.

2 Saisissez les différentes informations concernant cet événement : nom, lieu, date et heure, récurrence, et invités (consultez les tâches précédentes).

3 Touchez **Alarme**.

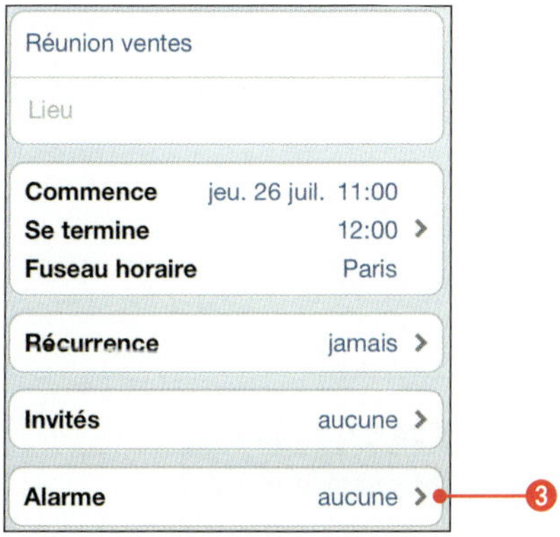

4 Indiquez à quel moment l'alarme doit se déclencher, puis touchez **OK**. Pour annuler une alarme, touchez **Aucune**.

5 L'alarme apparaît dans l'événement. Notez qu'une ligne Deuxième alarme apparaît. Vous pouvez donc programmer un deuxième rappel.

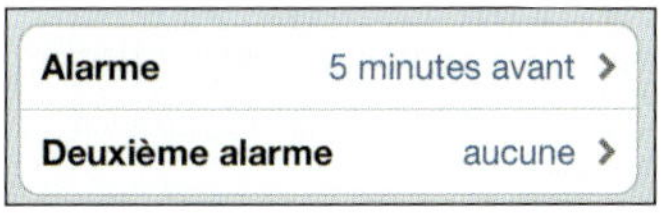

6 Terminez de créer votre événement et touchez **OK** pour l'enregistrer.

❼ Au moment prévu, une notification s'affiche et l'iPad mini émet un signal sonore.

NOTE

Si vous avez coupé le son de votre iPad mini, vous n'entendrez pas d'alerte. N'oubliez pas qu'il n'y a pas de vibreur sur l'iPad mini.

Changer de calendrier

Lorsque vous créez un événement, l'application utilise le calendrier désigné par défaut (dans Réglages). Vous avez toutefois la possibilité de choisir un autre calendrier.

❶ Créez votre événement comme indiqué dans les tâches précédentes.

❷ Touchez **Calendrier**.

❸ Touchez le calendrier dans lequel vous souhaitez créer l'événement.

❹ Cliquez sur **OK** pour valider le changement de calendrier et revenir à l'événement.

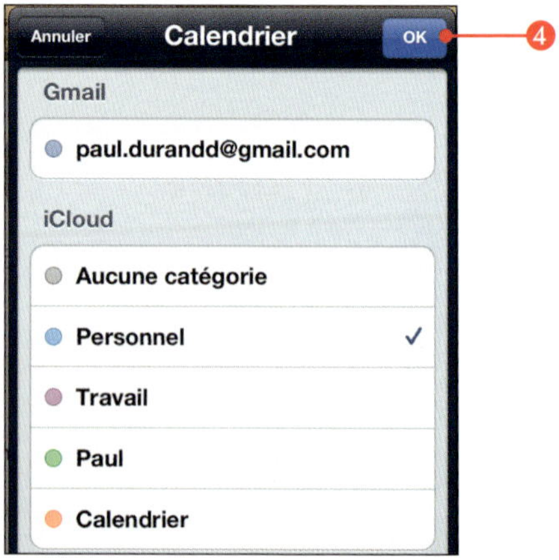

❺ Le calendrier choisi est utilisé pour l'événement. Continuez la saisie de celui-ci et terminez en touchant **OK**.

Indiquer la disponibilité

Généralement, lorsque l'on crée un événement, on considère que la plage horaire concernée par cet événement est occupée, c'est-à-dire que vous ne pouvez prendre un autre rendez-vous par exemple. Or, en réalité, vous créez ici des événements dont certains, comme les dates d'anniversaire, ne vous empêchent pas de faire autre chose.

❶ Créez votre rendez-vous.

❷ Touchez **Disponibilité**.

❸ Modifiez la disponibilité, puis touchez **OK**.

Ajouter un lien et des notes

Lorsque vous créez un événement, vous avez la possibilité de saisir une adresse URL ainsi que des notes, tout en bas de la fenêtre de création de l'événement.

Vous saisissez éventuellement l'adresse d'un site Web et des informations complémentaires par rapport à l'événement, par exemple, l'adresse du site Web d'un restaurant pour retrouver les coordonnés ou des indications pour trouver une adresse.

Modifier un événement

Il n'est pas rare de devoir modifier un événement, par exemple, changer l'heure d'un rendez-vous.

- En mode Jour, il vous suffit de toucher l'événement à modifier dans la partie de gauche ou dans la partie de droite. Dans la fenêtre qui s'ouvre, vous pouvez modifier votre événement.

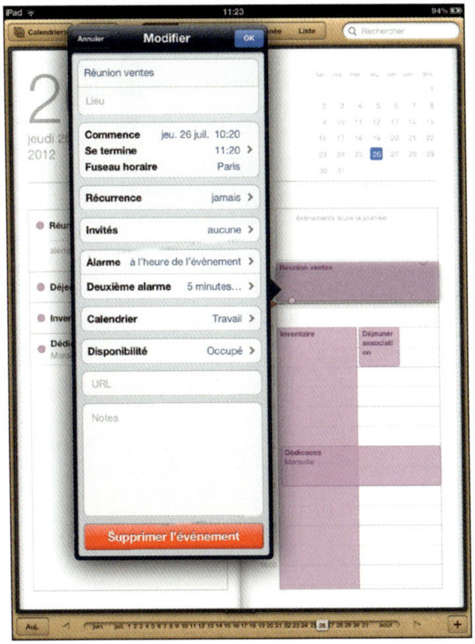

- En mode Semaine et Mois, vous devez toucher l'événement à modifier pour faire apparaître une infobulle dans laquelle vous trouvez un bouton **Modifier**.

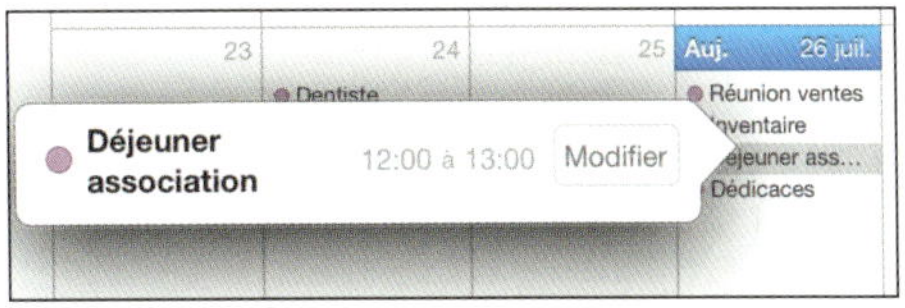

- En mode Année, vous touchez le jour contenant l'événement à modifier pour afficher les événements de la journée en question.
- En mode Liste, touchez l'événement à modifier dans la colonne de gauche pour le sélectionner, puis touchez-le dans la colonne de droite pour le modifier.

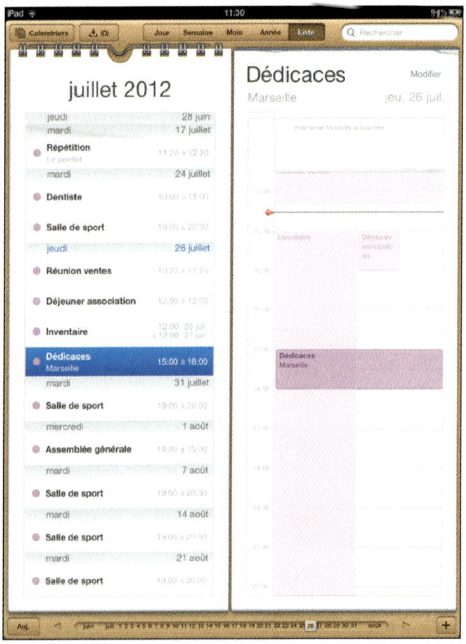

Vous pouvez également faire glisser un événement dans le calendrier pour modifier l'heure ou le jour, mais la manipulation est un peu hasardeuse.

NOTE — Si vous modifiez un événement pour lequel vous avez lancé des invitations, les invités sont avertis de la modification de l'événement.

Supprimer un événement

Pour supprimer un événement, vous effectuez la même opération que pour le modifier, mais vous touchez le bouton **Supprimer l'événement** au bas de la fenêtre. Calendrier vous demande ensuite de confirmer la suppression.

Lorsque vous supprimez un événement récurrent, la demande de confirmation est un peu particulière. Vous devez indiquer si vous supprimez uniquement l'événement sélectionné ou tous les événements à venir.

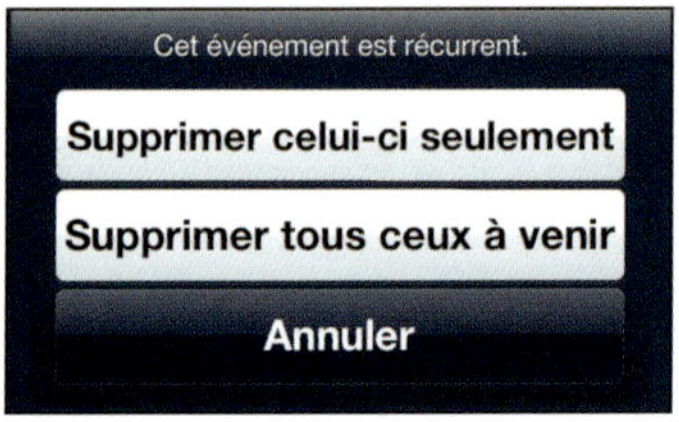

NOTE — Lorsque vous supprimez un événement pour lequel vous avez invité des personnes, ces dernières reçoivent une notification indiquant que l'événement est annulé.

Accéder à son agenda sur le Web

Si vous possédez un compte iCloud ou un autre type de compte pouvant être synchronisé et pris en charge par iCloud, vous pouvez accéder à votre agenda en ligne (à condition d'avoir activé la synchronisation).

Pour iCloud, vous accédez au service en saisissant l'adresse `www.icloud.com` dans n'importe quel navigateur Web. En revanche, inutile d'essayer à partir de votre iPad mini, cela ne fonctionnera pas.

❶ Sur la page d'accueil, saisissez votre identifiant iCloud ainsi que votre mot de passe.

❷ Touchez l'icône **Calendrier**. Si vous êtes dans l'une des applications iCloud, touchez l'icône avec le nuage en haut à gauche de l'écran pour revenir au menu.

❸ Votre calendrier s'affiche dans la page Web. Vous pouvez consulter, modifier et créer des événements.

Accéder à son agenda sur un iPhone ou un Mac

De la même manière que vous accédez à votre agenda en ligne, si vous possédez un agenda synchronisé, vous pouvez y accéder à partir d'un iPhone ou d'un Mac.

Sur l'iPhone, configurez votre compte iCloud ou un autre compte synchronisé pris en charge dans **Réglages ▶ iCloud** ou **Réglages ▶ Mail, Contacts, Calendrier** (comme sur l'iPad mini).

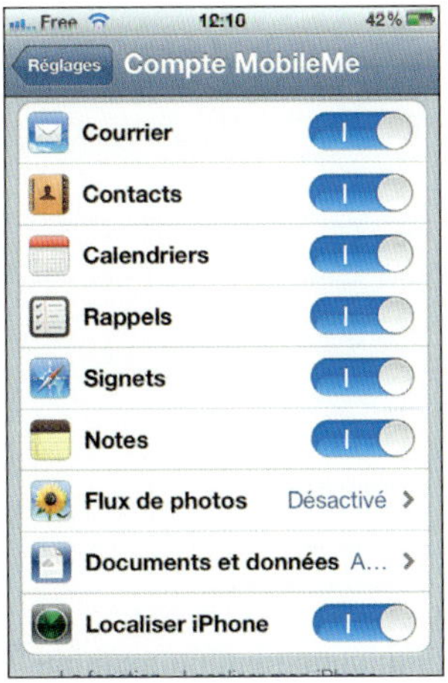

Lancez ensuite l'application Calendrier pour obtenir une version de l'application adaptée à l'écran de l'iPhone.

Sur votre Mac, vous configurez votre compte en cliquant sur **Préférences Système** puis en sélectionnant **iCloud** ou **Mail, Contacts et Calendrier**, selon le type de compte à configurer.

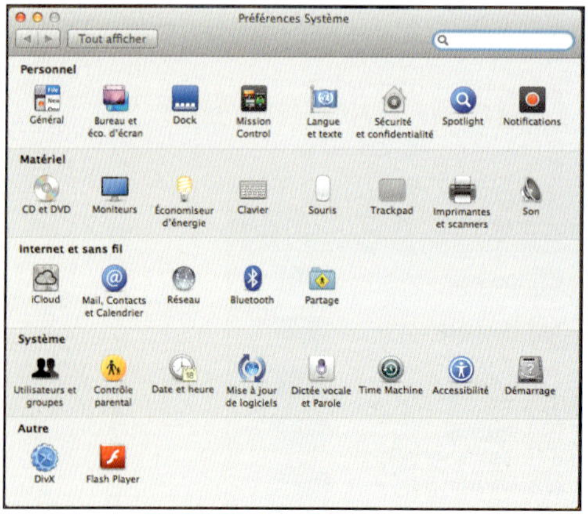

Une fois que votre compte est configuré, démarrez l'application Calendrier pour retrouver là encore une application adaptée au Mac.

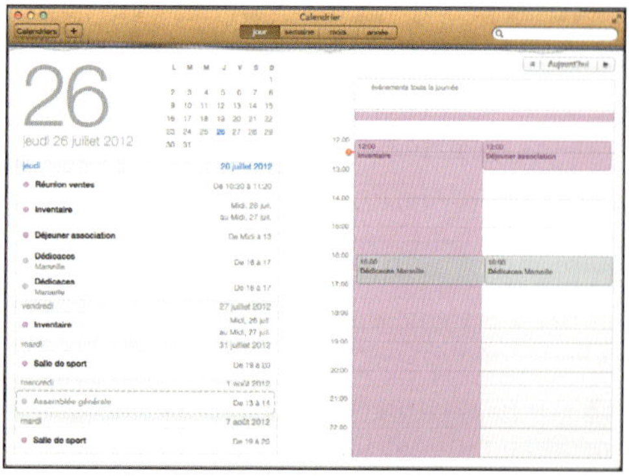

> **NOTE** Le centre de notification d'OS X Mountain Lion liste également les événements à venir.

Afficher les rappels

Vous créez un rappel pour avoir à portée de main une liste de tâches que vous devez réaliser avec ou sans date d'échéance.

1. Touchez **Rappels**.

2. L'application Rappels s'affiche.

3. Vous avez la possibilité d'afficher une liste de tous les rappels en touchant le bouton **Liste**.

4. Dans le volet de gauche, choisissez la liste que vous souhaitez afficher, par défaut vous trouvez **Rappels** (pour tous les rappels) et **Accompli** (pour les rappels que vous avez marqués comme accomplis). Vous avez la possibilité de créer vos listes pour effectuer des classements.

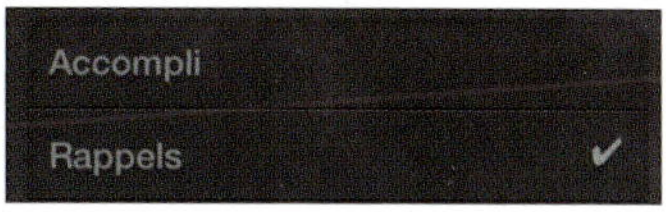

5. Le volet de droite affiche les rappels de la liste sélectionnée.

6. Un calendrier apparaît également dans le volet gauche. Vous devez toucher les différentes dates pour voir dans la partie de droite les rappels qui s'y trouvent.

NOTE

Vous trouvez également un outil de recherche pour le cas où vous posséderiez une liste impressionnante de rappels et que vous ne retrouveriez plus celui que vous vouliez marquer comme accompli !

Ajouter rapidement un rappel

1. Touchez **Rappels** pour afficher l'application.

2. Choisissez le mode **Liste**, puis touchez **Rappels** pour afficher tous les rappels.

3. Touchez le + en haut à droite de la colonne de droite.

4. Le curseur se place sur la première ligne vide.

5 Saisissez un libellé pour le rappel, puis touchez **Retour** sur le clavier.

6 Pour indiquer une date d'échéance ainsi que d'autres informations, touchez le rappel.

7 Dans la fenêtre qui s'ouvre, touchez **Me le rappeler un certain jour**.

8 Activez **À une date**, puis choisissez la date et l'heure souhaitée. Touchez **OK** pour valider la date d'échéance.

9 Touchez **Plus...** dans la fenêtre du détail du rappel pour obtenir des champs supplémentaires. Vous pouvez donner une priorité au rappel et saisir des notes si vous avez besoin d'informations complémentaires lorsque vous consultez le rappel.

Indiquer qu'une tâche est terminée

1 Affichez les rappels.

2 Touchez la case à gauche du rappel correspondant à la tâche que vous avez terminée.

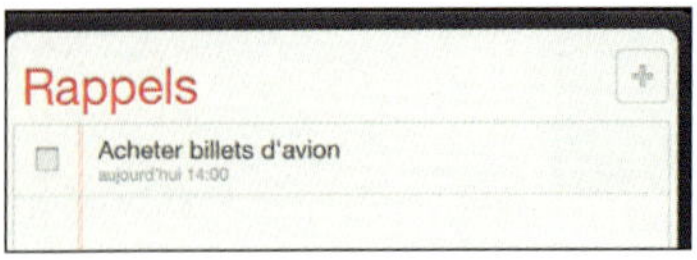

3 Les rappels cochés s'affichent dans la liste **Accompli**.

> NOTE
> Pour supprimer un rappel, touchez-le puis touchez **Supprimer** dans la fenêtre qui s'affiche.

Consulter un rappel sur un Mac

Sur votre Mac équipé d'OS X Moutain Lion, vous trouvez l'application Rappels qui permet de retrouver tous vos rappels (à condition de les synchroniser à l'aide d'iCloud).

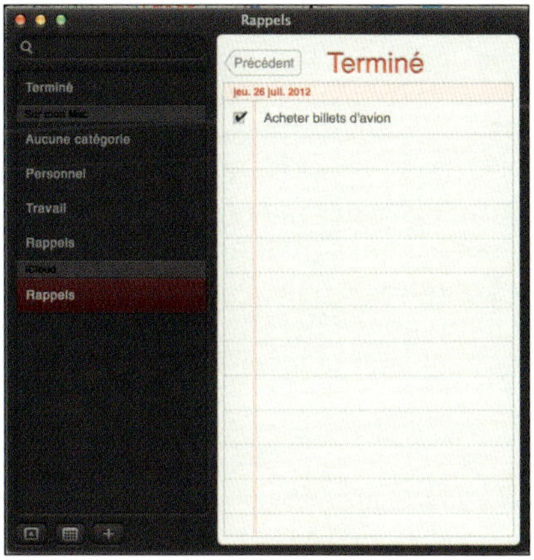

Vous trouvez également les rappels dans le centre de notifications d'OS X Mountain Lion.

> NOTE
>
> Bien entendu, si vous possédez un iPhone, la synchronisation à l'aide d'iCloud vous permet de retrouver tous vos rappels sur l'application Rappels de l'iPhone.

Créer une note

L'application Notes permet de saisir rapidement des notes (comme vous l'aurez deviné).

1 Touchez **Notes**.

2 Pour créer une nouvelle note, touchez le bouton + en haut à droite de l'écran. Saisissez le texte que vous souhaitez.

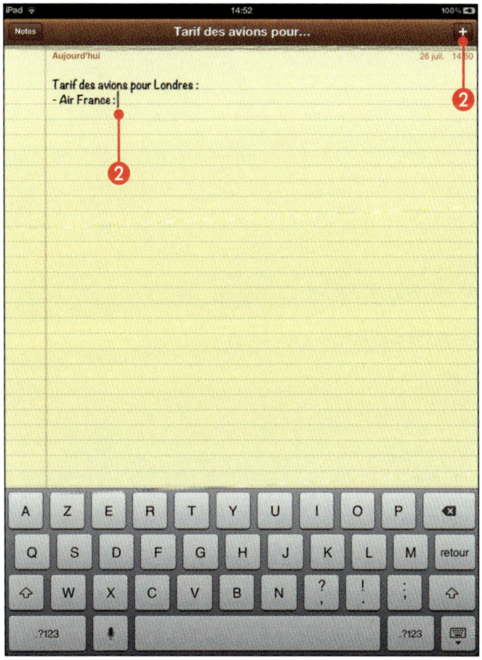

3 Pour accéder à des fonctionnalités, masquez le clavier. Vous trouvez quatre boutons pour (de gauche à droite) :

- Afficher la note précédente ;
- Envoyer la note par courrier ou l'imprimer ;
- Supprimer la note ;
- Afficher la note suivante.

4 Touchez le bouton **Notes**, en haut à gauche, pour afficher l'ensemble des notes que vous avez saisies.

5 Touchez la note que vous souhaitez afficher à l'écran.

6 Si vous utilisez des notes provenant de plusieurs comptes (iCloud, Gmail, *etc.*). Touchez **Comptes** en haut à gauche de la liste des notes pour sélectionner les comptes dont vous souhaitez afficher les notes.

NOTE

Ici encore, vous retrouvez l'application Notes sur l'iPhone et sur un Mac équipé d'OS X Mountain Lion.

Chapitre 14

Gérer ses contacts

Dans ce chapitre :

- Afficher un groupe de contacts
- Créer un contact
- Modifier un contact
- Ajouter une photo à un contact
- Utiliser un contact
- Synchroniser le carnet d'adresses

L'iPad mini possède l'application Contacts qui vous permet de gérer l'ensemble de vos contacts. Vous possédez ainsi tout votre carnet d'adresses sur votre iPad mini et vous utilisez les informations saisies pour envoyer un courriel ou envoyer un iMessage.

Afficher un groupe de contacts

Selon votre activité, vous pouvez avoir à gérer plusieurs types de contacts, par exemple, ceux pour votre travail, ceux pour une association dont vous vous occupez et enfin, vos contacts personnels. Sur l'iPad mini, vous ne pouvez pas créer de groupe de contacts, en revanche, si vous synchronisez vos contacts avec ceux présents sur votre ordinateur, les groupes que vous avez éventuellement créés sur ce dernier sont également synchronisés.

1 Touchez **Contacts** sur l'écran d'accueil pour ouvrir l'application Contacts.

2 L'application Contacts s'affiche.

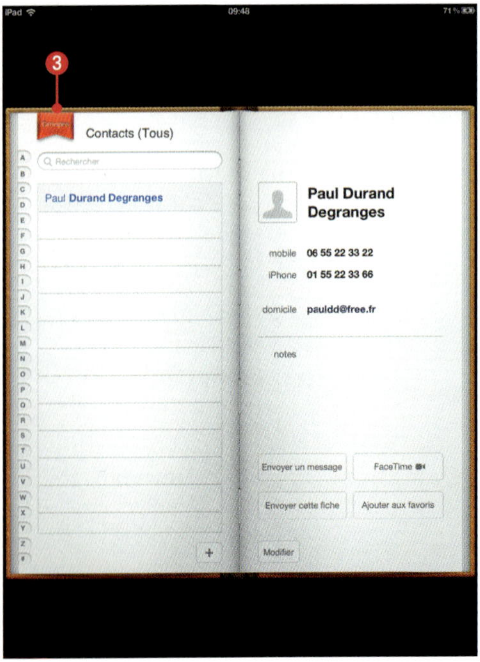

3 Touchez le bouton **Groupes** (en forme de ruban marque-page).

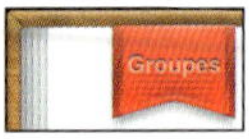

4 Dans la liste des groupes qui s'affiche, touchez le groupe que vous souhaitez utiliser.

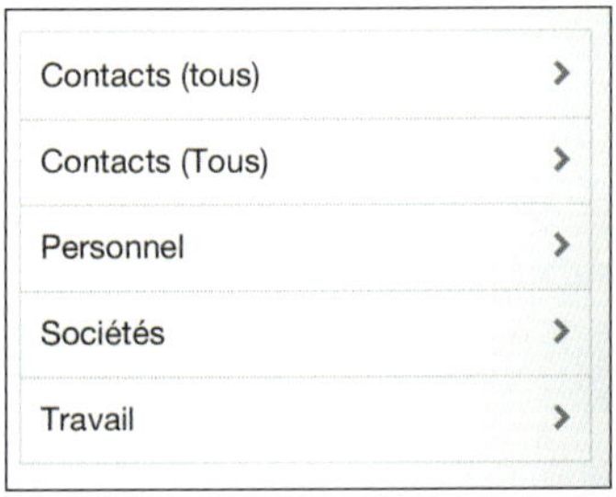

5 Pour revenir à la liste en cours sans en choisir une nouvelle, touchez le ruban sur la page de droite du carnet d'adresses.

NOTE Lorsque vous choisissez un groupe et que vous créez un nouveau contact, ce dernier se place dans le groupe sélectionné et il ne sera donc pas visible dans les autres groupes.

Créer un contact

1 Touchez **Contacts** pour démarrer l'application.

2 Si nécessaire, choisissez le groupe dans lequel vous allez créer votre contact (voir la tâche précédente).

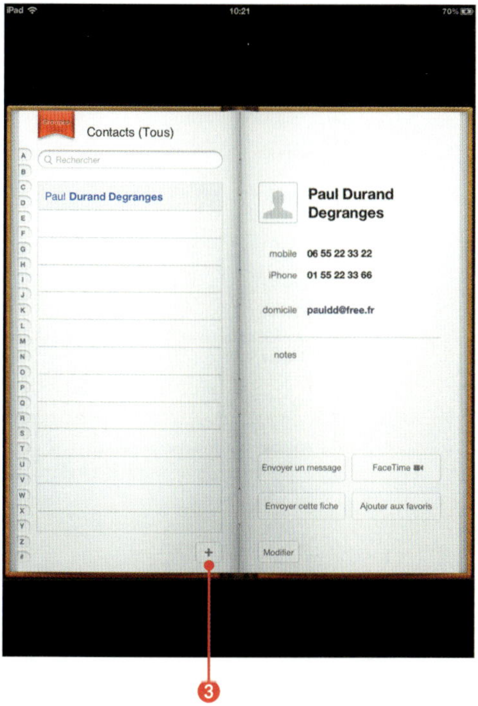

3 Touchez le bouton +, placé en bas à droite de la page de gauche.

4 Une page de contact vide s'affiche et le clavier apparaît.

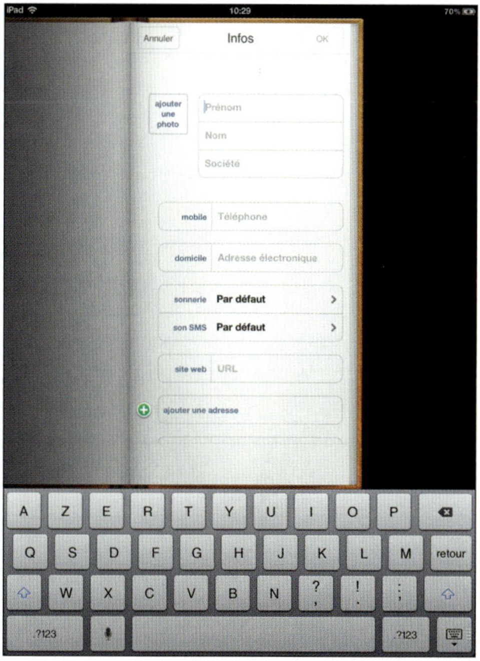

5 Le curseur clignote dans la zone **Prénom**, saisissez le prénom du contact puis touchez la zone **Nom**. Si vous saisissez les coordonnées d'une société sans connaître un contact particulier, touchez **Société** et renseignez uniquement le nom de la société. Vous faites cela, par exemple, si vous souhaitez saisir les coordonnées d'un restaurant dans lequel vous avez l'habitude d'aller.

6 Saisissez le nom du **Contact** puis touchez la zone **Société** si vous souhaitez indiquer la société pour laquelle le contact travaille.

7 Saisissez le nom de la société.

8 Touchez la zone **Téléphone**, puis saisissez le numéro de téléphone du contact.

9 Touchez la zone **Adresse électronique** puis saisissez l'adresse de courriel de votre correspondant.

10 Par défaut, le libellé pour le téléphone est « mobile ». Pour modifier ce libellé, touchez **mobile** pour afficher une liste de libellés. Touchez ensuite le libellé souhaité ou touchez **Ajouter un libellé personnalisé**. Lorsque vous avez créé des libellés, ceux-ci s'affichent au bas de la liste.

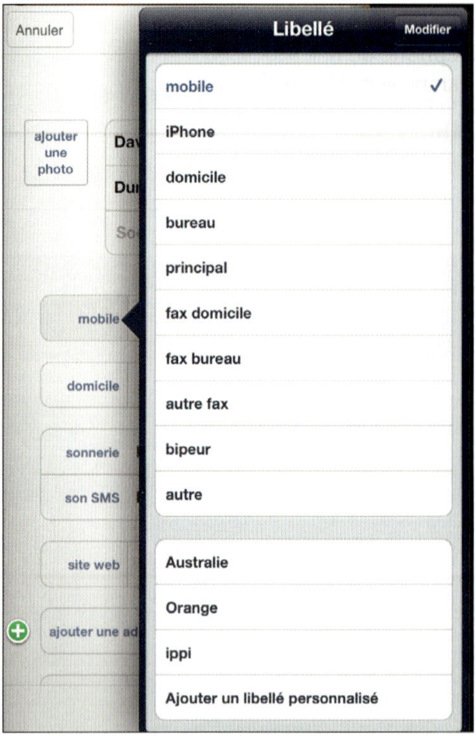

11 De la même manière, vous modifiez le libellé de l'adresse de courriel.

12 Après avoir saisi un numéro de téléphone ou une adresse de courriel, des champs supplémentaires apparaissent. Ils vous permettent de saisir plusieurs numéros de téléphone (domicile, mobile, *etc.*) et plusieurs adresses de courriel (personnelle, professionnelle, *etc.*)

13 Vous avez la possibilité de modifier la sonnerie et le son de l'alerte SMS que joue l'iPad mini pour votre contact. Comme l'iPad mini ne vous permet pas de téléphoner, la sonnerie sera celle utilisée pour les appels FaceTime, par exemple. En ce qui concerne le son SMS, il s'agit de celui utilisé lors de la réception d'iMessages. Touchez la zone à modifier, puis choisissez la sonnerie souhaitée.

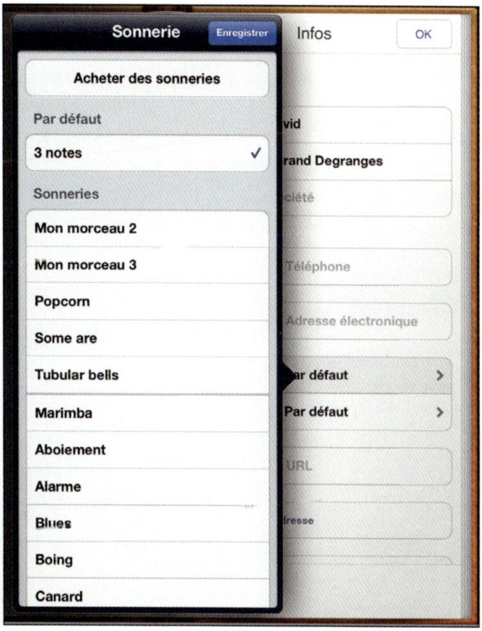

14 Dans la section site Web, vous pouvez saisir l'adresse d'un site Web en rapport avec le contact. Lorsque vous avez saisi une adresse de site Web, un nouveau champ apparaît. Ici aussi, vous pouvez modifier les libellés.

15 Pour ajouter une adresse postale, touchez **ajouter une adresse**.

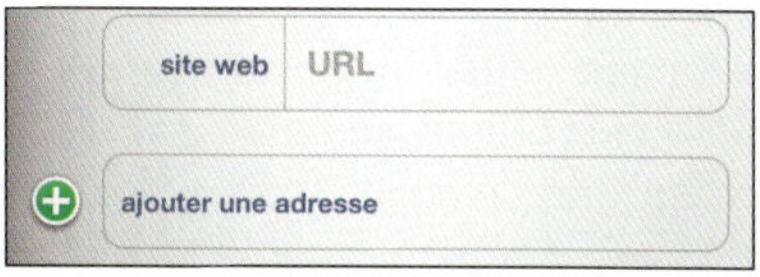

16 La zone de saisie de l'adresse postale se développe. Saisissez l'adresse postale.

17 Par défaut, l'adresse postale est créée pour le domicile. Pour changer de libellé, touchez **domicile**, puis choisissez un nouveau libellé (ou créez-en un).

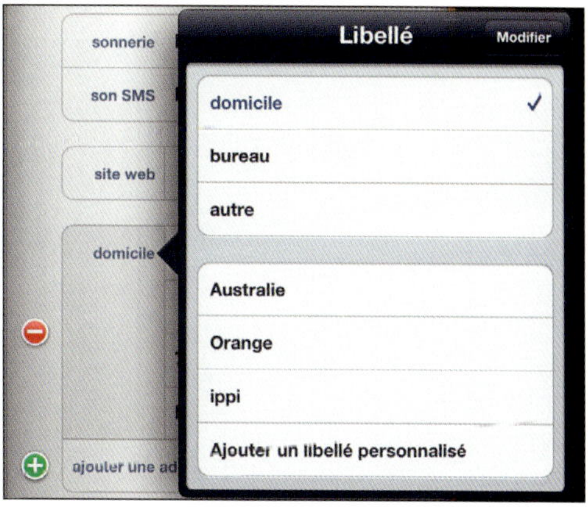

18 Si vous souhaitez ajouter une adresse, touchez le nouveau libellé **ajouter une adresse** qui s'affiche, puis saisissez la nouvelle adresse et modifiez éventuellement le libellé. Vous pouvez ainsi, par exemple, saisir les adresses personnelles et professionnelles de vos connaissances.

19 Si nécessaire, touchez la zone **note** et saisissez des notes à propos du contact, par exemple comment vous rendre sur son lieu d'habitation ou le code de sa porte d'entrée.

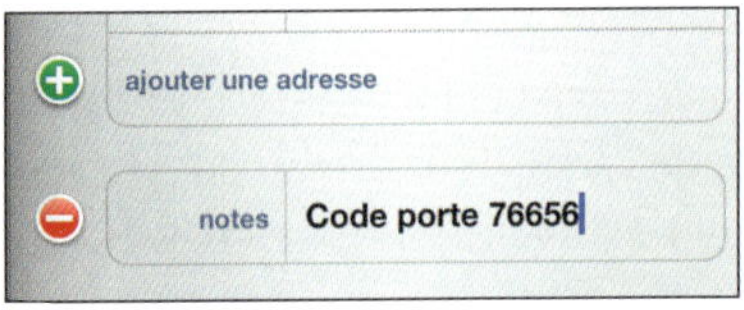

20 Lorsque vous avez terminé de renseigner tous les champs de votre contact, touchez **OK**, en haut à droite.

21 La fiche du contact apparaît dépouillée de toutes les zones de saisie non remplies.

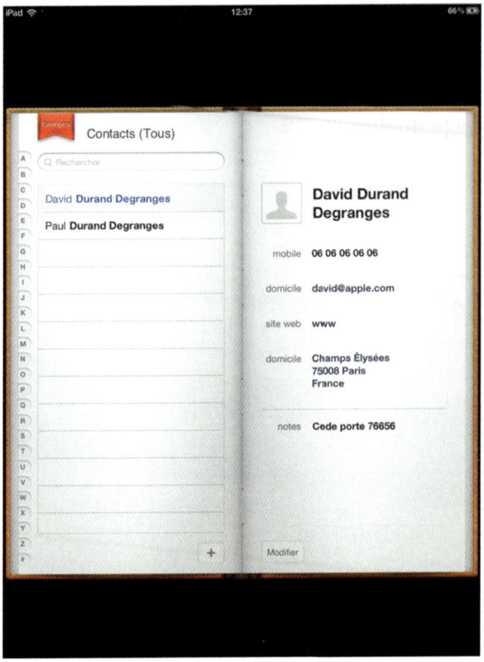

À tout instant, vous pouvez supprimer un numéro de téléphone, une adresse électronique, une adresse de site Web ou une adresse postale en touchant le signe – (moins), placé dans un rond rouge, en regard de l'élément à supprimer.

Modifier un contact

❶ Affichez le contact dont vous souhaitez modifier la fiche.

❷ Touchez **Modifier**, en bas à gauche de la page de droite.

❸ La fiche apparaît en mode édition. Ajoutez ou modifiez les informations, puis touchez **OK** lorsque vous avez terminé.

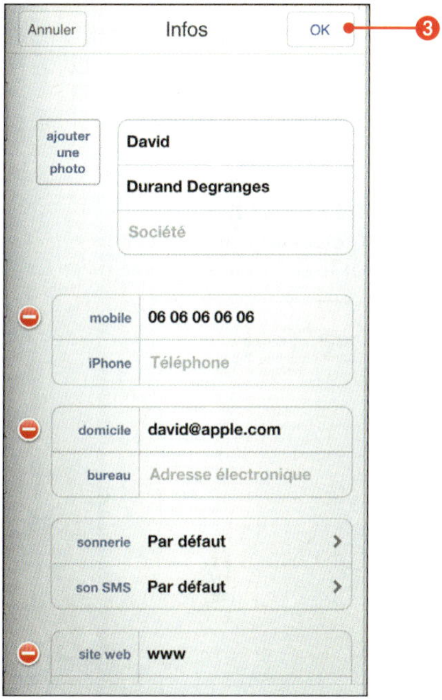

Ajouter une photo à un contact

❶ Créez la fiche du contact auquel vous souhaitez ajouter une photo ou affichez une fiche existante et passez en mode modification.

❷ Touchez **Ajouter une photo**.

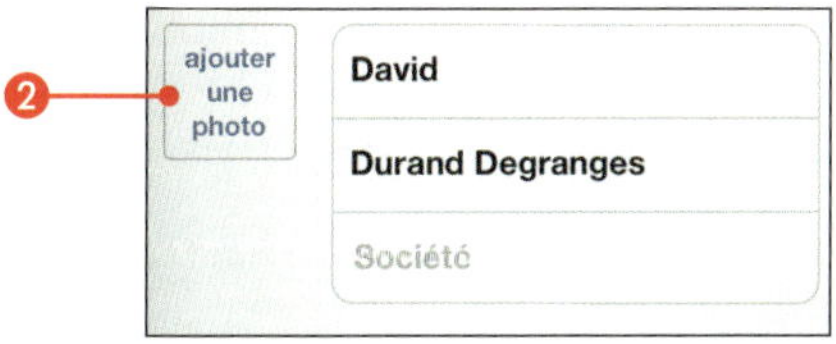

❸ Touchez **Prendre une photo** pour utiliser l'appareil photo intégré à l'iPad mini pour photographier la personne (ou toute autre image que vous souhaitez utiliser) ou **Choisir une photo** pour choisir une des photos se trouvant dans l'iPad mini.

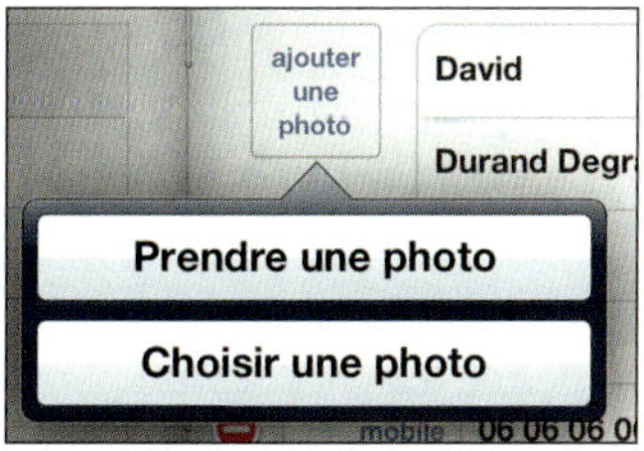

- Si vous choisissez **Prendre une photo**, utilisez l'appareil photo qui apparaît pour prendre une photo. Lorsque vous avez pris le cliché, recadrez éventuellement la photo et touchez **Valider** pour utiliser la photo. Si cette dernière ne convient pas, touchez **Recommencer** pour prendre un nouveau cliché.

- Si vous touchez **Choisir une photo**, votre bibliothèque s'affiche. Parcourez vos photos et touchez celle que vous souhaitez utiliser. Faites un zoom et recadrez la photo si nécessaire, puis touchez **Utiliser**.

4 La photo apparaît dans la fiche. Si celle-ci ne vous convient pas, touchez **modifier** pour recommencer la sélection.

Utiliser un contact

Il existe plusieurs méthodes pour utiliser les informations que vous avez saisies dans la fiche d'un contact.

- **À partir de la fiche**. Touchez les éléments suivants :
  - **Numéro de téléphone**. Vous basculez dans l'application FaceTime. Cette dernière essaie d'établir une connexion avec votre correspondant en utilisant le numéro choisi.
  - **Adresse électronique**. Vous basculez dans l'application Mail et un nouveau message est adressé au contact en utilisant l'adresse choisie.
  - **Adresse de site Web**. Vous basculez dans l'application Safari et la page concernée s'affiche.
- **Dans la fiche de votre contact**, vous pouvez également utiliser les boutons au bas de la fiche (il peut être nécessaire de la faire défiler) :

- **Envoyer un message**. Touchez ce bouton, puis sélectionnez le numéro de téléphone ou l'adresse électronique à utiliser pour envoyer un iMessage. L'application Messages s'ouvre ensuite avec le numéro ou l'adresse choisis pour le destinataire.

- **FaceTime**. Touchez ce bouton puis indiquez le numéro ou l'adresse électronique pour passer un appel FaceTime.

- **Envoyer cette fiche**. Touchez ce bouton puis indiquez si vous souhaitez envoyer la fiche par **Courrier électronique** ou par **Message** (iMessage). La fiche est envoyée en tant que pièce jointe et le destinataire peut l'ouvrir afin de l'ajouter à ces contacts. Le format utilisé est compatible avec la majorité des carnets d'adresses électroniques utilisés sur Mac, PC et autres appareils mobiles. L'envoi d'une fiche peut être très utile si vous créez votre propre fiche, vous pouvez ainsi fournir rapidement vos coordonnées.

- **Ajouter aux favoris**. Choisissez le numéro ou l'adresse électronique à placer dans les favoris. Vous trouvez les favoris dans l'application FaceTime, par exemple.

- **Dans les applications**. Les applications permettent d'accéder aux informations d'un contact :
  - **FaceTime**. Dans FaceTime, vous accédez directement aux fiches de vos contacts. Sélectionnez celle que vous souhaitez, puis touchez le numéro à utiliser pour votre appel FaceTime.

  - **Mail**. Touchez le signe + sur les zones de saisie des adresses. Le contenu de votre carnet d'adresses s'affiche à l'écran. Touchez le contact à utiliser.

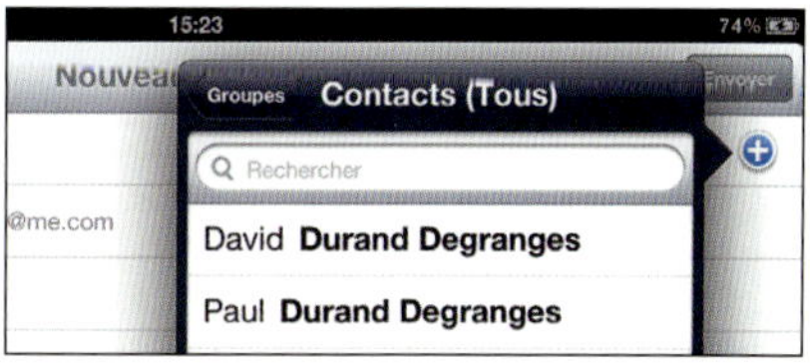

Synchroniser le carnet d'adresses

Si vous avez opté pour iCloud, vous pouvez synchroniser votre carnet d'adresses. Pour cela, rendez-vous dans **Réglages ▶ iCloud**, puis activez **Contacts**.

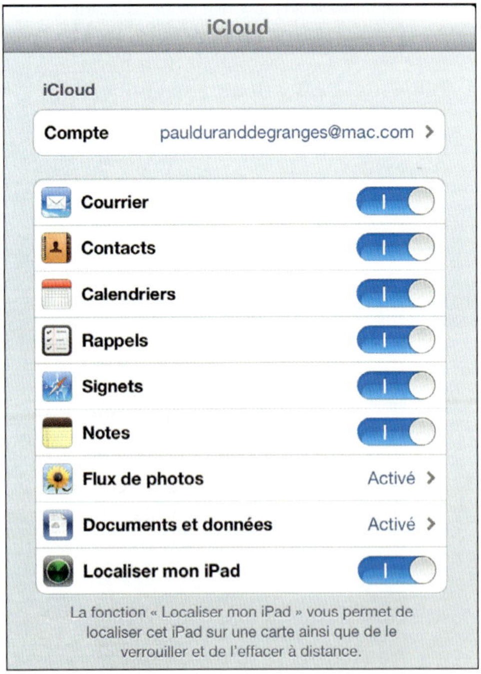

Si vous possédez un Mac sur lequel vous avez correctement configuré iCloud, vous pouvez accéder à votre carnet d'adresses à l'aide de la version Mac de l'application Contacts.

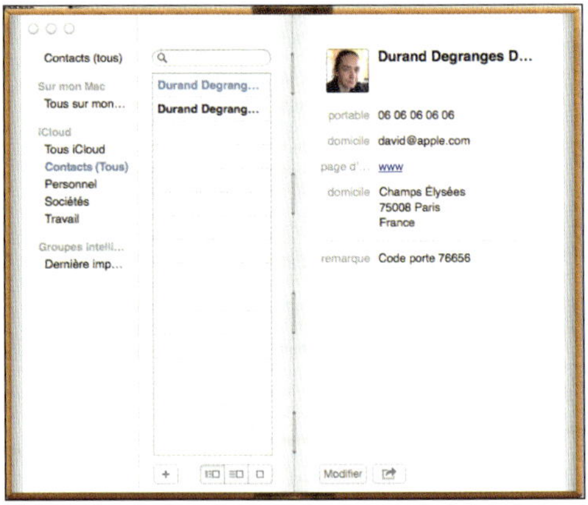

Vous avez également la possibilité d'utiliser n'importe quel navigateur Web pour accéder au site iCloud.com. Une fois connecté au site, vous accédez à l'application Contacts en ligne.

Chapitre 15

Des applications utiles

Dans ce chapitre :

- Utiliser l'iPad comme réveil
- Utiliser une calculatrice
- Connaître la météo
- S'orienter
- Enregistrer un mémo vocal
- Utiliser un traitement de texte

Si vous possédez un iPhone, vous avez sans doute cherché certaines applications : Horloge, Météo, Calculette, Boussole ou Dictaphone. Vous vous êtes rendu à l'évidence que ces applications, bien utiles, ne sont pas présentes sur l'iPad. Dans ce chapitre, nous allons régler le problème en téléchargeant sur l'App Store des programmes équivalents et gratuits.

Utiliser l'iPad comme réveil

L'iPad propose l'application Horloge qui permet de connaître l'heure de plusieurs fuseaux horaires, de programmer des alarmes, de disposer d'un chronomètre et aussi d'un minuteur (compte à rebours). Le minuteur permet également d'écouter de la musique pour s'endormir, celle-ci s'arrête automatiquement à la fin de la durée programmée.

Régler les horloges mondiales

1 Touchez le bouton **Horloges**, au bas de l'écran.

2 Des horloges mondiales s'affichent, même si vous n'en avez pas encore programmé.

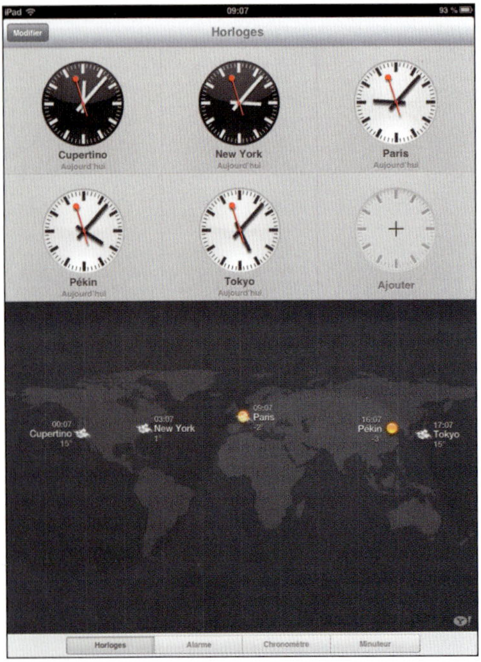

3 Pour ajouter une horloge, touchez un emplacement vide contenant le texte **Ajouter**.

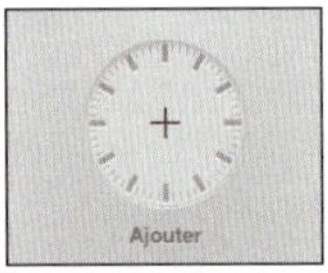

4 Dans la boîte de dialogue qui apparaît, touchez la ville souhaitée pour le fuseau horaire à ajouter. Vous pouvez saisir les premières lettres de la ville pour réduire la liste. Si vous ne trouvez pas la ville souhaitée, prenez la grande ville la plus proche sur le même fuseau horaire.

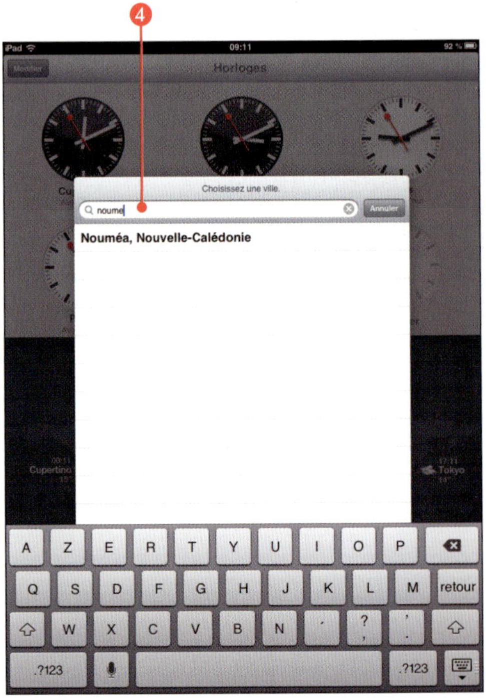

5 L'horloge pour la ville sélectionnée s'affiche.

6 Lorsque vous avez ajouté six horloges, une nouvelle page est créée, vous pouvez le voir grâce aux points de navigation placés sous l'horloge. Faites glisser les horloges ou touchez les points pour changer de page.

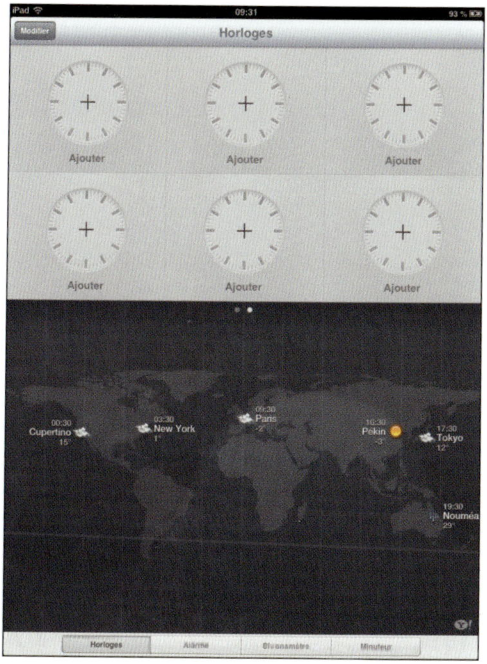

7 Pour supprimer un fuseau horaire, touchez le bouton **Modifier**.

8 Touchez le signe – en regard de la ville à supprimer, puis touchez **Supprimer**.

NOTE Dans le menu qui s'affiche en touchant le bouton Modifier, vous pouvez indiquer si vous souhaitez afficher les températures des villes (sur le planisphère) en degrés Fahrenheit ou Celsius.

Utiliser une calculatrice

Pour obtenir une calculatrice, démarrez l'App Store puis faites une recherche pour **calculatrice gratuite**. Vous pouvez télécharger, par exemple, **Calculatrice÷**.

❶ Téléchargez l'application et une fois l'installation terminée, touchez son icône.

❷ En mode portrait, une calculatrice simple apparaît.

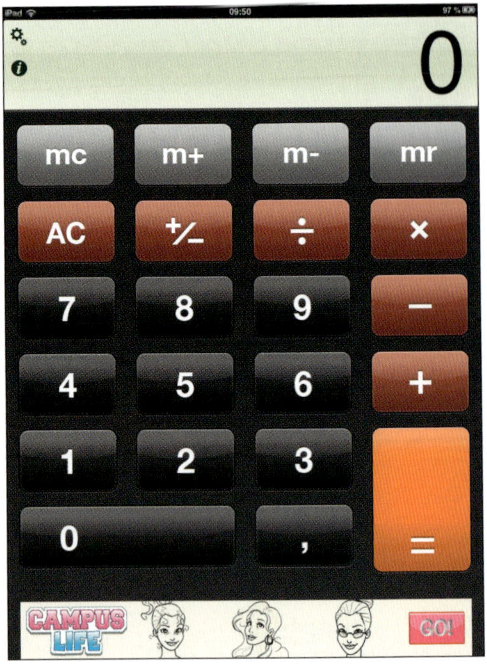

❸ En mode paysage, vous avez accès à une calculatrice scientifique.

Connaître la météo

Si vous souhaitez essentiellement connaître la météo en France métropolitaine, vous avez le choix entre deux applications, celle de Météo France et celle de La Chaîne Météo.

> NOTE
> Les deux applications donnent également les prévisions mondiales.

Météo France

1. Rendez-vous sur l'App Store et effectuez une recherche sur **Météo France**.

2. Téléchargez l'application **Météo France**. Notez qu'elle existe uniquement en version iPhone.

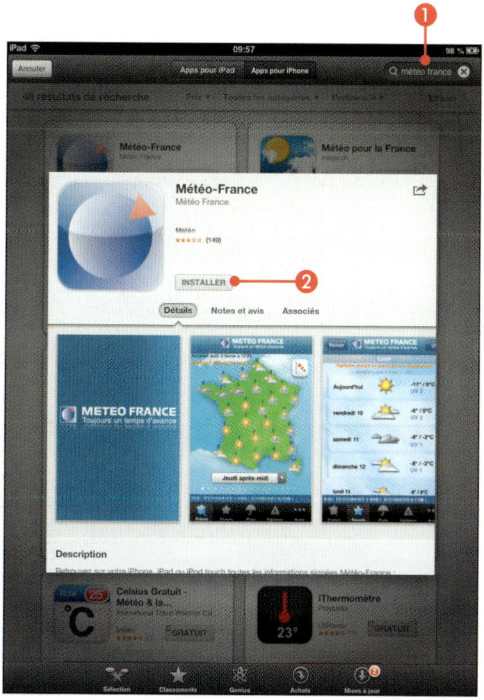

3. Une fois l'application installée, touchez son icône pour l'ouvrir.

4. Vous obtenez les prévisions pour la France pour les prochaines heures. Faites défiler la page vers la gauche pour consulter les prévisions pour les périodes suivantes.

5. Pour affiner les prévisions, touchez **Favoris**, puis indiquez la ville pour laquelle vous souhaitez obtenir des prévisions.

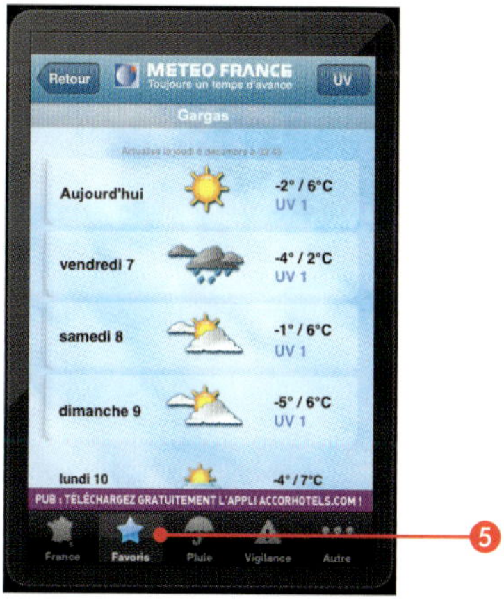

6. Utilisez les autres boutons en bas de l'écran pour naviguer dans les différentes fonctionnalités du programme.

La Chaîne Météo

❶ Rechercher la chaîne météo sur l'App Store et téléchargez l'application pour iPad. Une fois l'application installée, touchez son icône pour l'ouvrir.

❷ L'application s'utilise en mode paysage et l'écran d'accueil affiche de nombreuses rubriques dans des cadres. Touchez l'élément qui vous intéresse.

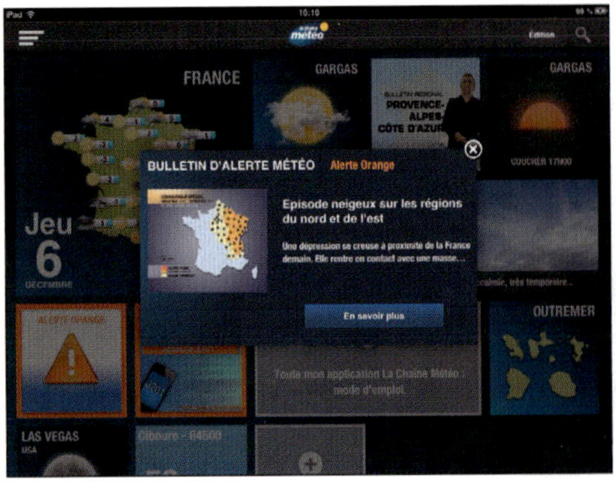

Enregistrer un mémo vocal

L'iPad intègre un micro et il est donc possible de l'utiliser pour effectuer des enregistrements. Là encore, il convient de se rendre sur l'App Store pour télécharger une application.

Dans le domaine, je vous conseille ***Audio Memos Free – Le Dictaphone*** de Imesart (recherchez le dictaphone).

❶ Téléchargez l'application et, une fois installée, touchez son icône pour la démarrer.

❷ Pour enregistrer un mémo, touchez le bouton **Enregistrer** au bas de l'écran.

❸ Le bouton Enregistrer devient un bouton **Pause**. Touchez-le pour arrêter l'enregistrement.

❹ Deux nouveaux boutons apparaissent : **Enregistrer** pour reprendre l'enregistrement et **Lire** pour écouter ce que vous avez enregistré.

❺ Touchez **OK** pour terminer l'enregistrement.

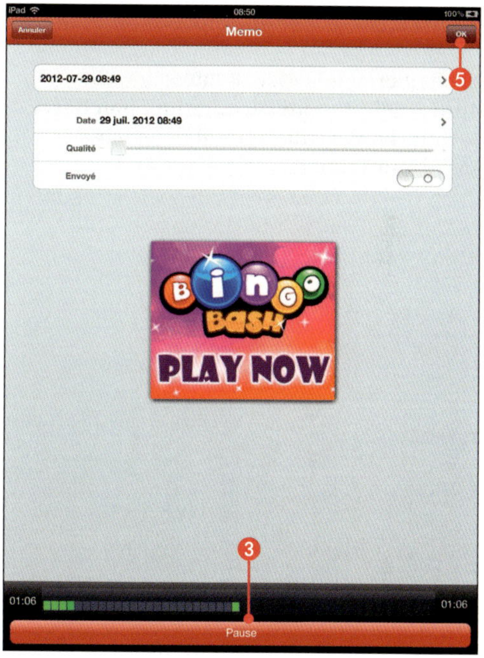

❻ Touchez **Envoyer** pour envoyer le mémo sur un site tel que Dropbox ou par courriel.

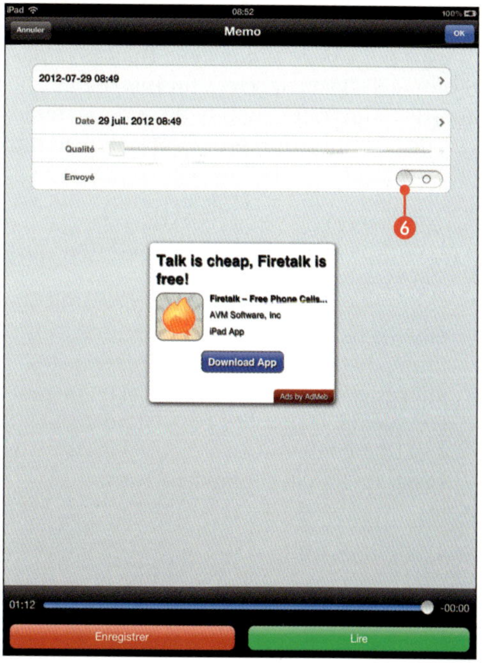

7 Touchez le bouton + pour ajouter un mémo et touchez le bouton **Audio Memos Free** pour afficher la liste des mémos enregistrés. Pour en écouter un, touchez-le puis touchez son bouton de lecture. L'enregistrement que vous sélectionnez s'ouvre dans la fenêtre principale et vous pouvez également utiliser les boutons **Envoyer** et **Lire**.

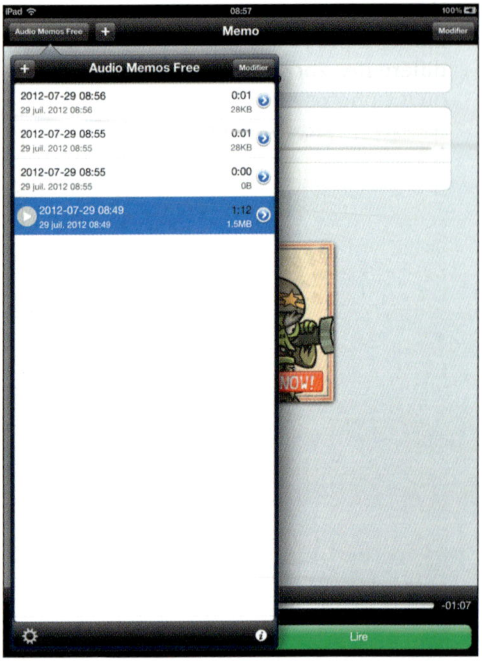

Utiliser un traitement de texte

Si vous possédez uniquement un iPad et pas d'ordinateur, vous pouvez tout de même accéder à un traitement de texte de qualité. En effet, Apple propose une version iPad de son application Pages qui a vu le jour sur Mac. L'application n'est pas gratuite, elle est vendue 7,99 euros (recherchez **Pages** sur l'App Store).

- Pages offre une interface adaptée à l'iPad et vous permet de saisir et de mettre en forme du texte, mais aussi d'insérer des images et de réaliser des mises en pages complexes. Pour aller plus vite dans la création de documents, vous pouvez vous servir de l'un des modèles fournis.

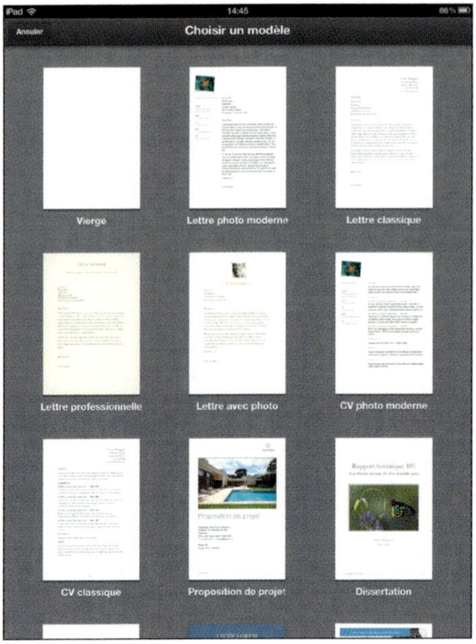

- Une fois que vous avez choisi l'un des modèles proposés, il suffit de toucher les différentes zones et de remplacer le texte ou les photos qui s'y trouvent.

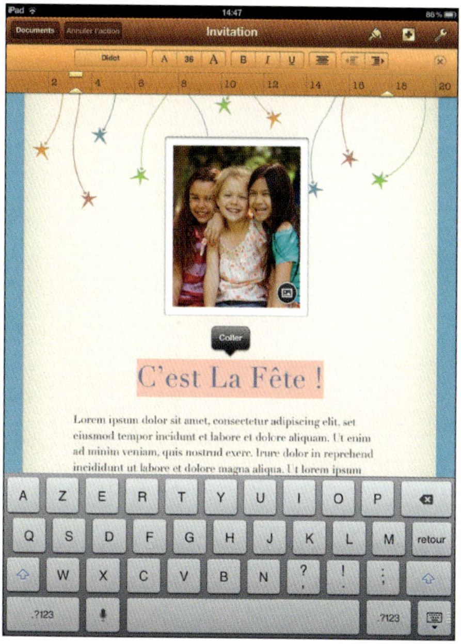

- Les documents que vous créez sont automatiquement placés dans iCloud (si vous possédez un compte iCloud).

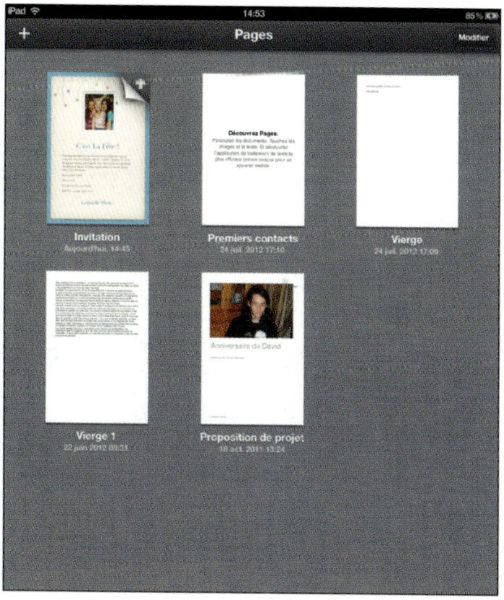

- Si vous possédez un iPhone, vous pourrez également utiliser la version iPhone de Pages et modifiez vos documents indifféremment sur l'iPad ou sur l'iPhone, si vous possédez un compte iCloud.

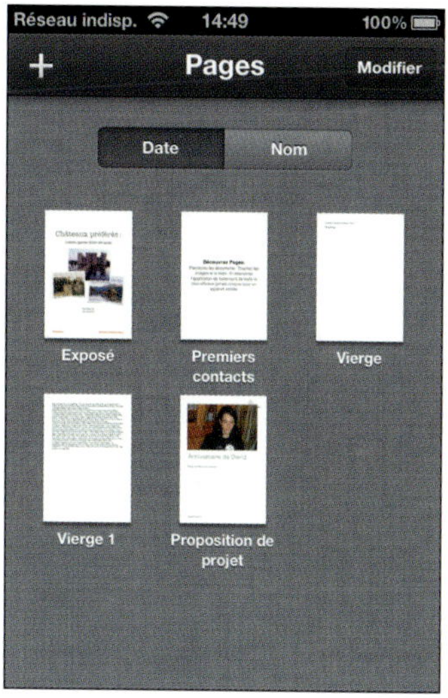

- Si vous possédez un Mac équipé de Moutain Lion et que vous avez fait l'acquisition de Pages, vos documents peuvent, ici encore, être synchronisés à l'aide d'iCloud ; vous les modifiez sur votre iPad, votre iPhone ou votre Mac, selon le matériel que vous avez à portée de main.

> **NOTE** En plus de Pages, le traitement de texte, Apple commercialise Numbers, un tableau et Keynotes, une application de présentation. Ces deux autres applications existent également en version iPad, iPhone et Mac. iCloud sert également de lieu de dépôt des documents afin que vous puissiez toujours les avoir à portée de main.

Chapitre 16

Réglages importants

Dans ce chapitre :

- Passer en mode Avion
- Régler le Wi-Fi
- Régler les notifications et le mode Ne pas déranger
- Régler le Service de localisation
- Régler les données cellulaires
- Régler la luminosité et le fond d'écran
- Régler le cadre photo
- Découvrir le réglage Général
- Régler iCloud
- Régler Mail, Contacts, Calendrier
- Régler Twitter
- Régler FaceTime
- Régler Safari
- Régler Messages
- Régler la musique
- Régler la vidéo
- Régler les photos
- Régler les notes
- Régler le Store

Dans ce chapitre, je vous propose de passer en revue l'ensemble des réglages que vous trouvez en touchant l'icône Réglages sur l'écran d'accueil. Certains de ces réglages ont été vus dans les différents chapitres de cet ouvrage, en liaison avec les applications qu'ils concernent, mais d'autres pas…

Passer en mode Avion

Le mode Avion désactive les fonctions sans fil de l'iPad mini pour réduire tout risque d'interférences potentielles avec d'autres équipements électroniques.

Pour activer le mode Avion :

1. Touchez **Réglages**.
2. Activez l'interrupteur **Avion**.

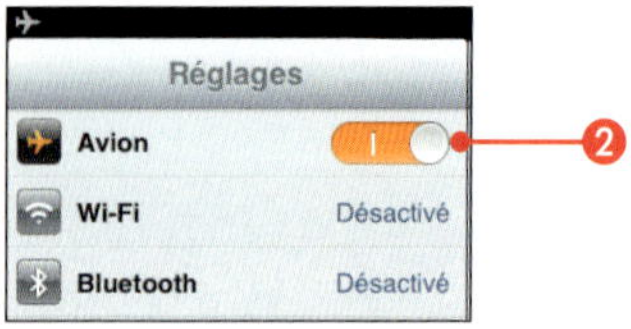

3. Lorsque le mode Avion est activé, un avion s'affiche dans la barre d'état, en haut à gauche de l'écran. L'iPad mini n'émet aucun signal Wi-Fi, cellulaire ou Bluetooth. Vous ne pouvez donc pas utiliser les applications, ni les fonctionnalités, qui dépendent de telles connexions.

> NOTE En avion, il est souvent possible d'écouter votre musique, de regarder des vidéos, ou de consulter vos messages électroniques, vos calendriers ou vos données précédemment reçues, mais également d'utiliser des applications qui n'ont pas besoin de connexion à Internet. Certaines lignes proposent des connexions Wi-Fi, pour les utiliser, touchez **Réglages** ▶ **Wi-Fi** afin de réactiver le Wi-Fi. De même, vous activez **Bluetooth** dans **Réglages** ▶ **Bluetooth**.

Régler le Wi-Fi

Les réglages Wi-Fi déterminent si l'iPad mini utilise des réseaux locaux Wi-Fi pour se connecter à Internet. Lorsque l'iPad mini est connecté à un réseau Wi-Fi, l'icône Wi-Fi située dans la barre d'état en haut de l'écran indique la puissance du signal. Le nombre de barres affichées est proportionnel à la qualité du signal.

Pour activer et désactiver le Wi-Fi, touchez **Réglages** ▶ **Wi-Fi**.

Une fois que vous avez rejoint un réseau Wi-Fi, l'iPad mini s'y connecte automatiquement chaque fois que le réseau est à portée. Lorsque vous êtes à portée de plusieurs réseaux déjà utilisés, l'iPad mini se connecte au dernier utilisé.

Si aucun réseau Wi-Fi n'est disponible, l'iPad mini se connecte *via* votre réseau de données cellulaires (pour les modèles équipés), si cela est possible.

Pour plus d'informations sur la connexion à un réseau Wi-Fi, consultez le chapitre 1.

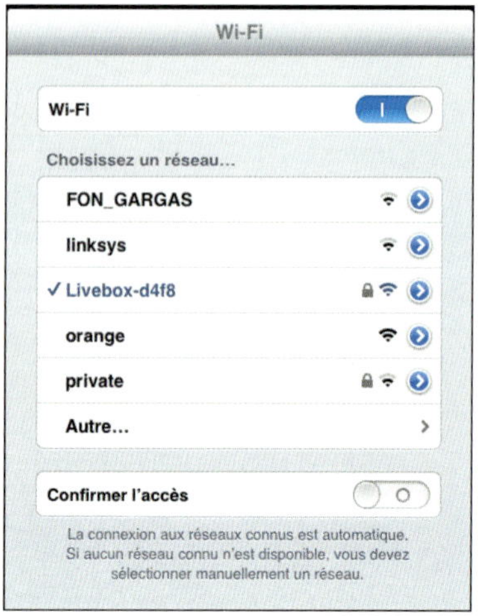

Bluetooth

L'iPad mini peut se connecter sans fil à des appareils Bluetooth, par exemple, des écouteurs. Vous pouvez également connecter un clavier sans fil Apple *via* Bluetooth.

❶ Activez ou désactivez le mode Bluetooth en touchant **Bluetooth**.

❷ Pour établir une connexion avec un appareil, touchez un appareil dans la liste **Appareils**, puis suivez les instructions à l'écran. Consultez la documentation qui accompagne l'appareil pour plus d'informations sur l'appareillage Bluetooth.

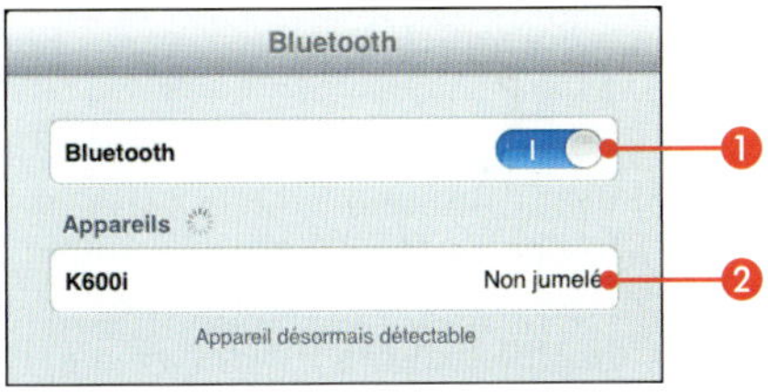

Régler les notifications et le mode Ne pas déranger

Touchez **Réglages** ▶ **Notifications**.

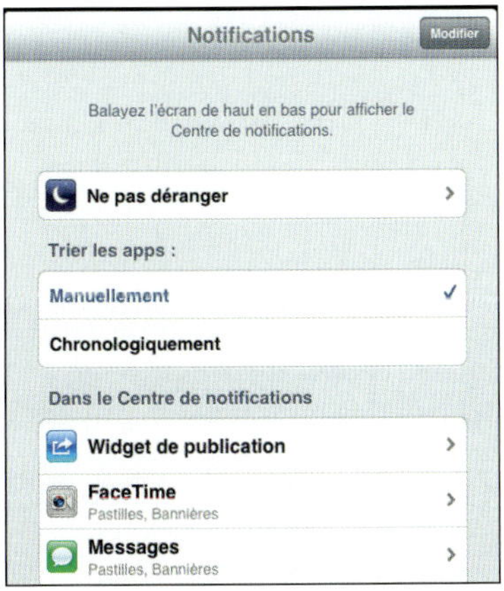

Les notifications apparaissent dans le Centre de notifications et vous préviennent de l'existence de nouvelles informations, même si une application n'est pas ouverte.

Le mode Ne pas déranger permet de définir une plage horaire pendant laquelle vous souhaitez ne pas être déranger par les alertes de votre iPad mini.

Le réglage des notifications et du mode Ne pas déranger est abordé en détail au chapitre 2.

Régler le Service de localisation

Le Service de localisation permet aux applications (par exemple, Rappels, Plans, Appareil photo ou des applications tierces utilisant la localisation), de recueillir et d'utiliser des données indiquant votre position.

Pour économiser l'autonomie de la batterie, désactivez **Service de localisation** lorsque vous ne l'utilisez pas. Pour cela, touchez **Réglages** ▶ **Confidentialité** ▶ **Service de localisation**, puis désactivez l'interrupteur **Service de localisation**.

Lorsqu'une application utilise le Service de localisation, une flèche s'affiche dans la barre d'état.

Les applications ou les services du système qui utilisent la localisation apparaissent dans l'écran de réglages **Service de localisation**. Vous pouvez activer ou désactiver le service pour chaque application ou service.

Régler les Données cellulaires

Sur les modèles prenant en charge les données cellulaires, touchez **Réglages** ▶ **Données cellulaires** pour :

- Activer ou désactiver le service de données cellulaires. Lorsque vous désactivez les données cellulaires, tous les services de données utilisent uniquement le réseau Wi-Fi.
- Ajouter un code PIN pour verrouiller la carte micro SIM.
- Activer ou désactiver les données à l'étranger afin d'éviter que votre iPad mini se connecte à un réseau cellulaire lorsque vous êtes à l'étranger, ce qui peut vous coûter cher, car facturé hors forfait.
- Utiliser une connexion VPN afin de vous connecter à un réseau d'entreprise en communiquant des informations privées de manière sécurisée. Si vous travaillez avec certaines entreprises, vous pouvez avoir à configurer un réseau VPN, par exemple, pour accéder à votre compte de courrier électronique professionnel. Lorsque vous avez configuré un réseau privé virtuel (VPN, en anglais *Virtual Private Network*) sur l'iPad mini, l'interrupteur VPN apparaît au premier niveau (**Réglages** ▶ **VPN**), ce qui vous permet d'activer ou de désactiver rapidement le VPN.

- Configurer le partage de connexion. Sur les modèles d'iPad mini cellulaires, vous pouvez utiliser le partage de connexion pour partager une connexion Internet avec un ordinateur ou un autre appareil, tel qu'un iPod touch, un iPhone ou un autre iPad mini, connecté à votre iPad mini *via* Wi-Fi. Vous pouvez aussi utiliser le partage de connexion pour partager une connexion Internet avec un ordinateur connecté à votre iPad mini *via* Bluetooth ou USB. Le partage de connexion fonctionne uniquement si l'iPad mini est connecté à Internet à l'aide du réseau de données cellulaires. Sachez que cette fonctionnalité n'est pas disponible auprès de tous les opérateurs ou qu'elle peut engendrer des frais supplémentaires ou nécessiter un abonnement particulier. Pour partager une connexion, touchez **Réglages ▶ Général ▶ Réseau** puis touchez **Configurer Partage de connexion** (si l'option apparaît) pour configurer le service. Une fois que le Partage de connexion est activé, d'autres appareils peuvent se connecter d'une des manières suivantes :
  - ***Via* Wi-Fi**. Sur l'appareil, choisissez votre iPad mini dans la liste des réseaux Wi-Fi disponibles.
  - ***Via* USB**. Connectez votre iPad mini à l'ordinateur à l'aide du câble Dock Connector vers USB. Dans les préférences Réseau de votre ordinateur, choisissez l'iPad mini et configurez les réglages réseau.
  - ***Via* Bluetooth**. Sur l'iPad mini, accédez à **Réglages ▶ Bluetooth** et activez le Bluetooth. Pour jumeler et connecter votre iPad mini avec votre appareil, reportez-vous à la documentation fournie avec votre ordinateur.

  Une fois que la connexion est établie, une bande bleue apparaît en haut de l'écran de l'iPad mini. Le partage de connexion demeure activé lorsque vous vous connectez *via* le port USB, même si vous n'utilisez pas activement la connexion à Internet.

  Pour modifier le mot de passe Wi-Fi de l'iPad mini afin de contrôler l'utilisation du partage, touchez **Réglages ▶ Partage de connexion ▶ Mot de passe Wi-Fi**, puis saisissez un mot de passe d'au moins 8 caractères.

Réglages Général

Dans **Réglages ▶ Général** vous trouvez les réglages de réseau, de partage, de sécurité ainsi que d'autres réglages du système. C'est aussi à cet endroit que vous obtiendrez des informations concernant l'iPad mini et que vous pourrez en réinitialiser différents réglages.

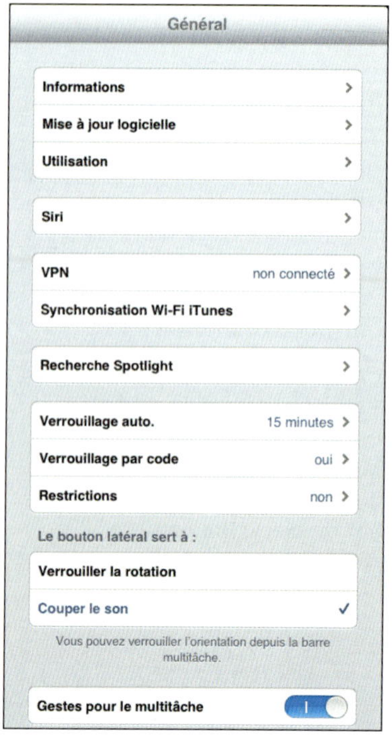

Informations

Touchez **Réglages ▶ Général ▶ Informations** pour afficher des informations sur votre iPad mini.

- L'espace de stockage disponible, les numéros de série, les adresses réseau ainsi que des informations légales et réglementaires. Vous pouvez également consulter les informations de diagnostic et désactiver leur envoi à Apple.
- Pour modifier le nom de votre iPad mini, touchez **Nom**. Le nom s'affiche dans la barre latérale lorsque l'iPad mini est connecté à iTunes. Ce nom est aussi utilisé par iCloud.

Mise à jour logicielle

La mise à jour logicielle vous permet de télécharger et d'installer les mises à jour d'iOS provenant d'Apple.

1 Pour vérifier si une nouvelle version existe, touchez **Mise à jour logicielle**. Un chiffre peut également vous indiquer qu'il existe une mise à jour.

2 Si une nouvelle version d'iOS est disponible, touchez **Télécharger et l'installer**.

3 Suivez les instructions pour continuer l'installation. Veillez à connecter votre iPad mini à une source d'alimentation avant de commencer l'installation d'une mise à jour.

Utilisation

Touchez **Utilisation** pour consulter votre espace de stockage disponible, le pourcentage d'autonomie restante de la batterie, et sur les modèles 3G, l'utilisation cellulaire, ainsi que l'utilisation d'iCloud. En touchant chacune des applications, vous pouvez consulter le détail de l'espace qu'elles occupent. Vous gérez votre stockage en touchant **Gérer le stockage** dans la section iCloud, et vous pouvez aussi consulter l'état des sauvegardes et éventuellement modifier votre formule d'abonnement.

En activant l'interrupteur **Niveau de la batterie**, vous activez l'affichage du pourcentage restant de la batterie.

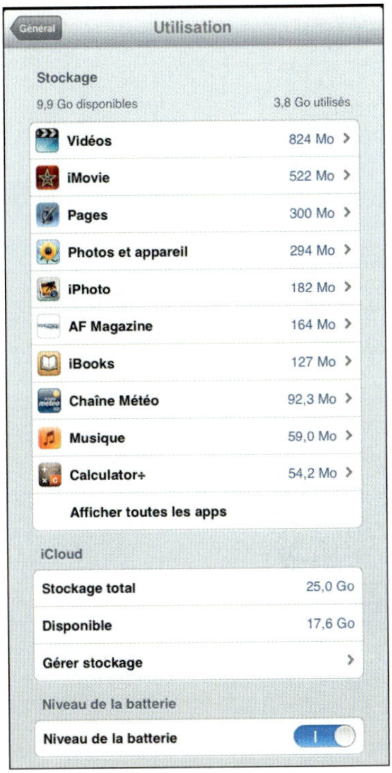

Siri

Touchez Siri pour afficher les paramètres de Siri. Activez ou désactivez la fonctionnalité et indiquez la langue utilisée pour la reconnaissance vocale et si vous souhaitez que Siri transcrive vos commandes.

VPN

❶ Pour ajouter une nouvelle configuration VPN, touchez **VPN**.

❷ Touchez **Ajouter une configuration VPN**.

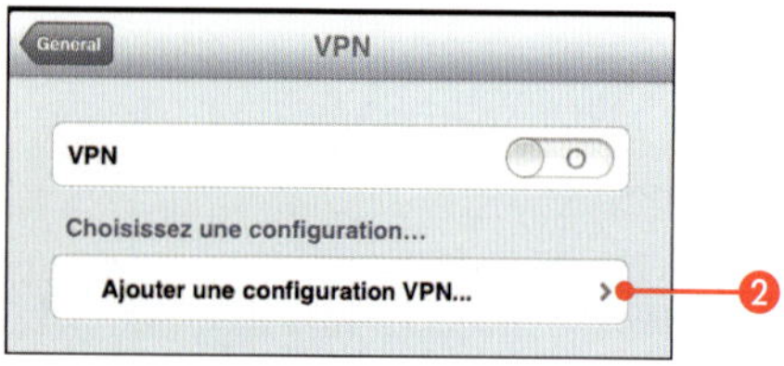

❸ Utilisez les informations fournies par votre administrateur réseau.

Synchronisation Wi-Fi d'iTunes

Vous pouvez synchroniser votre iPad mini avec iTunes lorsque l'ordinateur et l'iPad mini sont connectés au même réseau Wi-Fi.

❶ Pour activer la synchronisation Wi-Fi d'iTunes : Connectez l'iPad mini à votre ordinateur à l'aide du câble Dock Connector vers USB.

❷ Dans iTunes, touchez votre iPad mini dans la colonne de gauche.

❸ Dans l'onglet résumé, activez **Synchroniser avec cet iPad mini en Wi-Fi**.

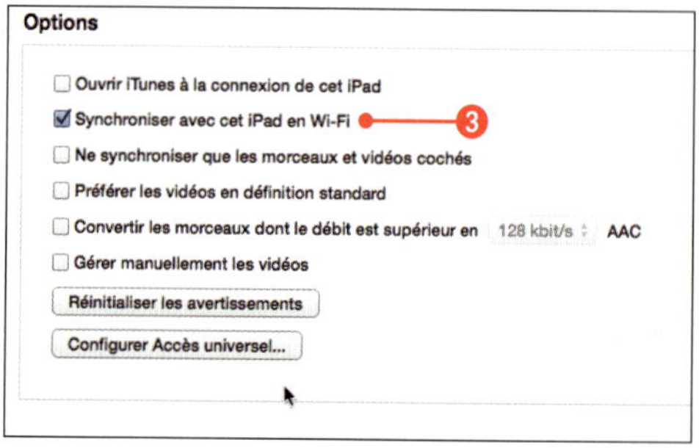

❹ Après la configuration de la synchronisation Wi-Fi, l'iPad mini se synchronise automatiquement avec iTunes (une fois par jour) lorsqu'il est connecté à une source d'alimentation et que :

- L'iPad mini et votre ordinateur sont connectés au même réseau Wi-Fi ;
- iTunes est ouvert sur votre ordinateur.

❺ Pour démarrer manuellement une synchronisation, touchez **Réglages** ▶ **Général** ▶ **Synchronisation Wi-Fi iTunes**, puis touchez le bouton **Synchroniser**.

Recherche Spotlight

Le réglage **Recherche Spotlight** permet de définir les zones de contenu dans lesquelles s'effectuent la recherche ainsi que l'ordre des résultats.

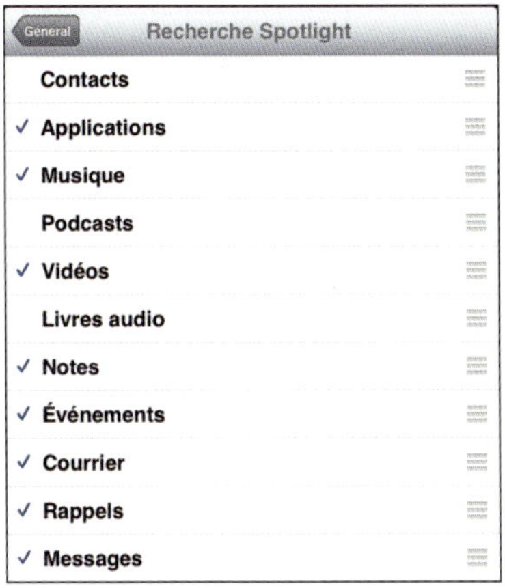

Pour plus d'informations sur Spotlight et sa configuration, consultez le chapitre 2.

Verrouillage automatique

Le verrouillage de l'iPad mini éteint l'écran afin d'économiser la batterie et d'éviter toute utilisation de l'iPad mini par inadvertance.

1. Touchez **Verrouillage auto**.

2. Choisissez la durée souhaitée avant que l'iPad mini se verrouille automatiquement.

> **NOTE**
>
> Lorsque l'écran est verrouillé, si vous écoutez de la musique, vous vous servez des boutons de volume sur le côté pour régler le volume de la musique. Vous pouvez aussi appuyer deux fois rapidement sur le bouton principal pour faire apparaître les commandes de lecture.

Verrouillage par code

Par défaut, il n'est pas nécessaire de saisir un code pour déverrouiller l'iPad mini, toutefois, pour protéger vos données, vous pouvez configurer un code. Consultez le chapitre 2 pour plus d'informations sur la configuration d'un code de verrouillage.

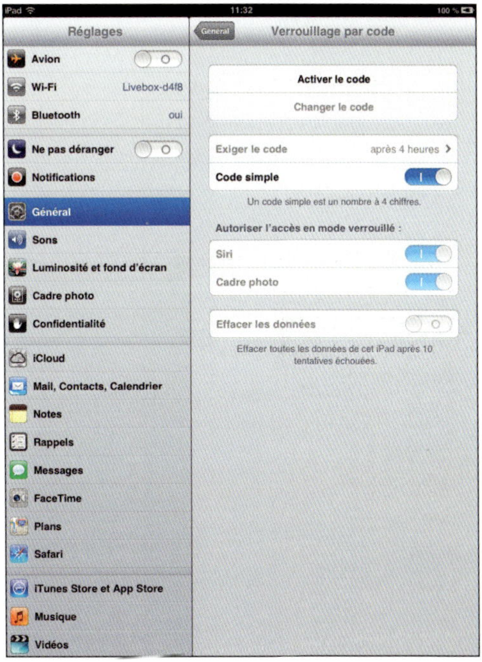

Restrictions

Vous définissez des restrictions afin d'éviter l'utilisation de certaines applications ou pour bloquer l'achat de contenu. Ainsi, les parents peuvent restreindre dans les listes de lecture l'accès à la musique dont le contenu est explicite ou encore ils peuvent désactiver les « achats intégrés ».

1. Pour activer des restrictions, accédez à **Réglages ▶ Général ▶ Restrictions**.

❷ Touchez **Activer les restrictions**.

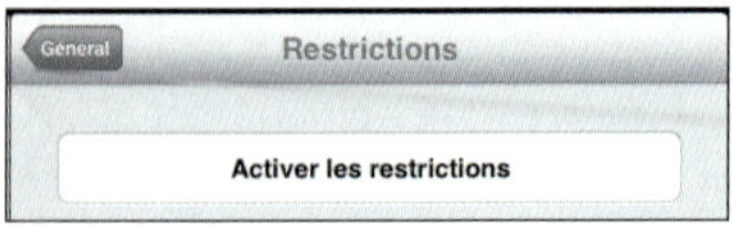

❸ Saisissez votre code de verrouillage.

❹ Configurez les restrictions dans les différentes sections.

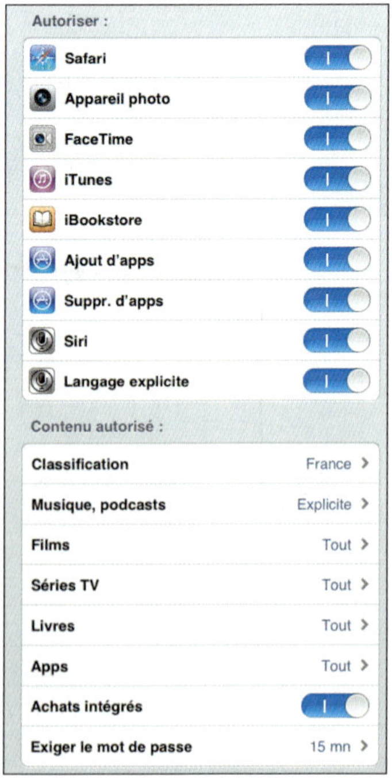

Bouton latéral

Vous pouvez utiliser le bouton latéral pour verrouiller l'orientation de l'écran ou pour faire passer en mode silence les notifications et effets sonores.

Dans la section **Le bouton latéral sert à**, touchez la fonction que vous lui attribuez.

Le bouton latéral ne coupe pas le son de l'audio ou de la vidéo. Utilisez les boutons de volume situés sur le côté de l'appareil pour ne plus entendre ces sons.

Gestes pour le multitâche

Les gestes pour le multitâche vous permettent de rapidement basculer entre les applications, d'afficher la barre multitâche et d'accéder à l'écran d'accueil.

Activez ou désactivez l'option. Les gestes pour le multitâche sont indiqués en dessous de l'interrupteur.

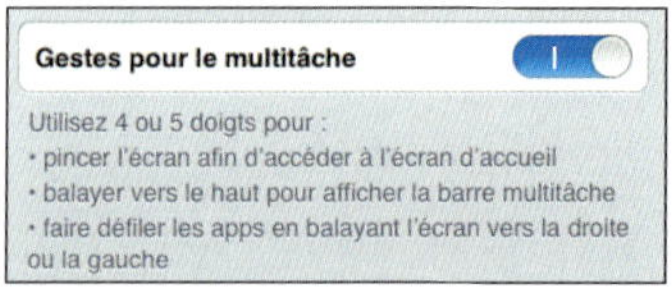

Date et heure

❶ Pour régler l'heure, touchez **Réglages** ▶ **Général** ▶ **Date et heure**.

❷ Indiquez si vous souhaitez un affichage sur 24 (bouton activé) ou sur 12 heures (avec AM et PM pour différencier le matin de l'après-midi).

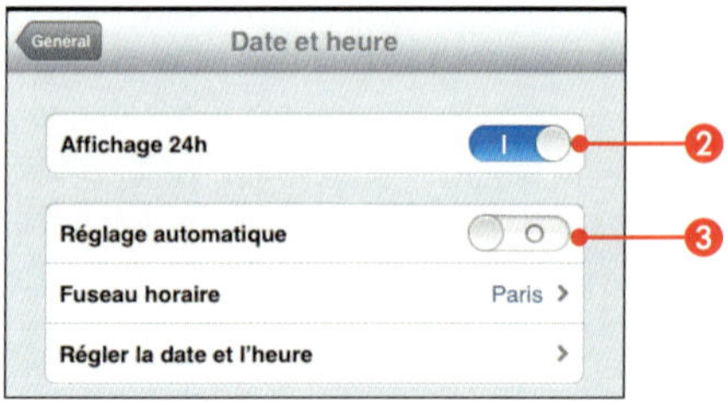

❸ Pour régler manuellement l'heure, désactivez **Réglage automatique**, puis indiquez le fuseau horaire et l'heure manuellement.

Clavier

Pour plus d'informations sur la configuration du clavier, consultez le chapitre 2.

International

❶ Touchez **Réglages** ▶ **Général** ▶ **International**.

❷ Touchez **Langue**, puis choisissez la langue d'affichage souhaitée, puis touchez **OK**.

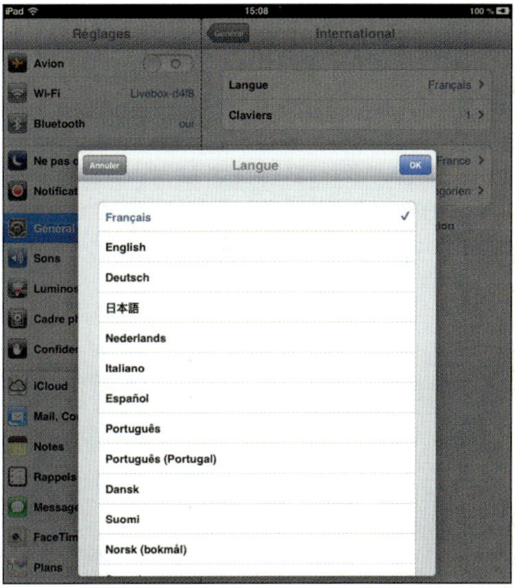

❸ Touchez **Claviers** puis choisissez les claviers internationaux que vous souhaitez ajouter. (Pour plus d'informations, consultez la configuration du clavier au chapitre 2.)

❹ Dans **Format régional**, indiquez le pays que vous souhaitez utiliser pour déterminer la manière de présenter et de trier les informations.

❺ Dans **Calendrier**, choisissez le type de calendrier à utiliser.

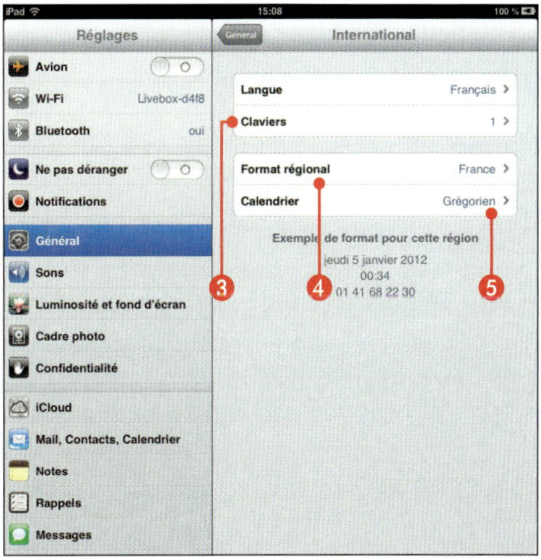

Accessibilité

Pour activer les fonctionnalités d'accessibilité, choisissez **Accessibilité**, puis sélectionnez les fonctionnalités souhaitées.

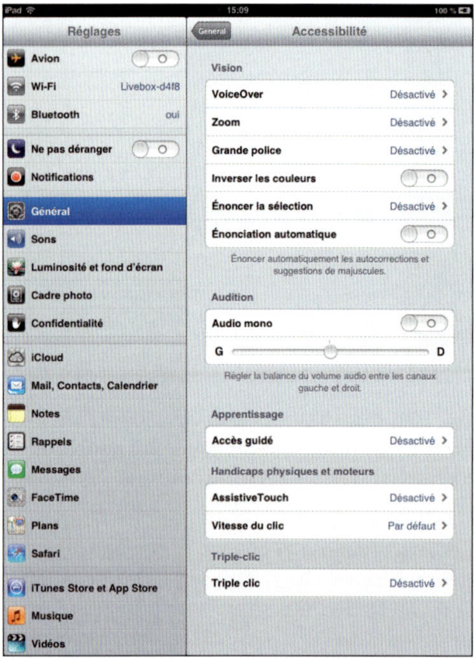

Réinitialiser

❶ Touchez **Réglages** ▶ **Général** ▶ **Réinitialiser**.

❷ Choisissez l'élément que vous souhaitez réinitialiser.

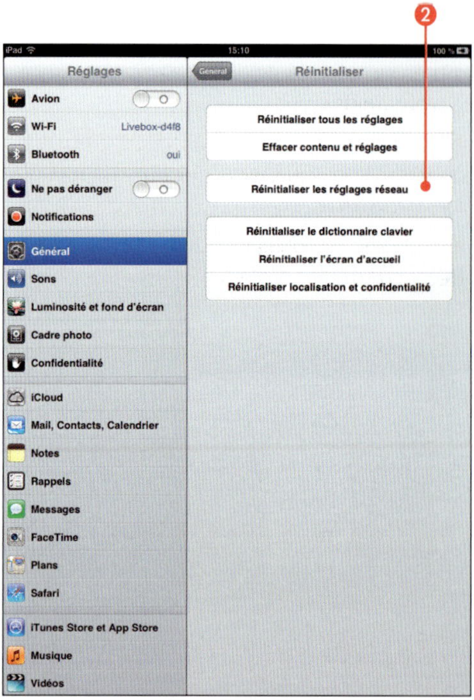

NOTE

Si vous choisissez **Effacer contenu et réglages**, vous effacez la totalité du contenu de votre iPad mini.

Sons

Vous configurez l'iPad mini de manière à émettre un son lorsque vous recevez un nouveau message, courrier électronique ou rappel. Vous pouvez également configurer des sons pour les rendez-vous, l'envoi de message électronique, les touches sur le clavier et le verrouillage de l'iPad mini.

❶ Touchez **Sons**, puis faites glisser le curseur.

❷ Si vous activez **Utiliser les boutons**, vous pouvez utiliser les boutons de volume situés sur le côté de l'iPad mini pour régler le volume des alertes.

❸ Touchez les différents éléments pour modifier les sons associés à chacun des événements.

❹ Activez ou désactivez les options **Sons de verrouillage** et **Clics du clavier**.

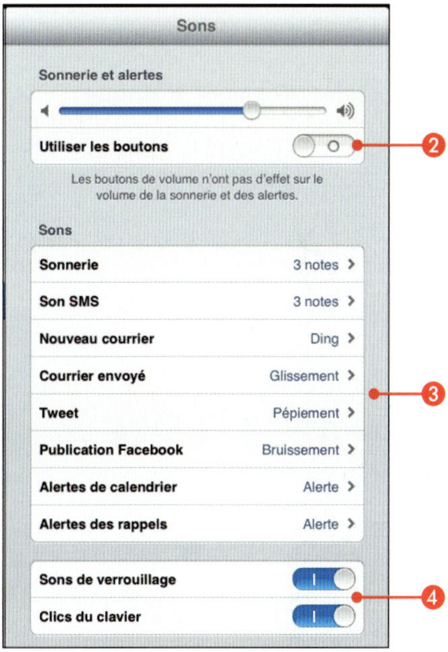

Réglages de la luminosité et du fond d'écran

Les réglages de la luminosité et du fond d'écran sont présentés en détail dans le chapitre 3.

Réglage du cadre photo

Le mode Cadre photo transforme l'iPad mini en un cadre photo animé. Le réglage et l'utilisation du cadre photo sont présentés en détail au chapitre 8.

iCloud

La section iCloud (**Réglages ▶ iCloud**) permet de configurer votre compte iCloud sur l'iPad mini. Les différents éléments d'iCloud sont présentés tout au long de cet ouvrage.

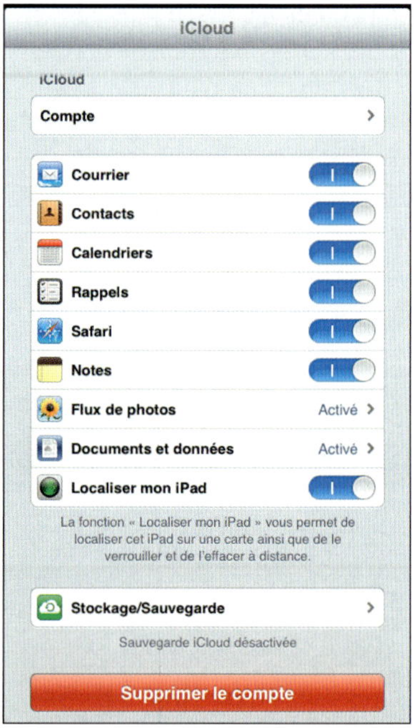

Mail, Contacts, Calendrier

Pour plus d'informations sur la configuration d'un compte de messagerie, consultez le chapitre 4.

Notes

Vous réglez ici la police utilisée pour les notes ainsi que le compte par défaut.

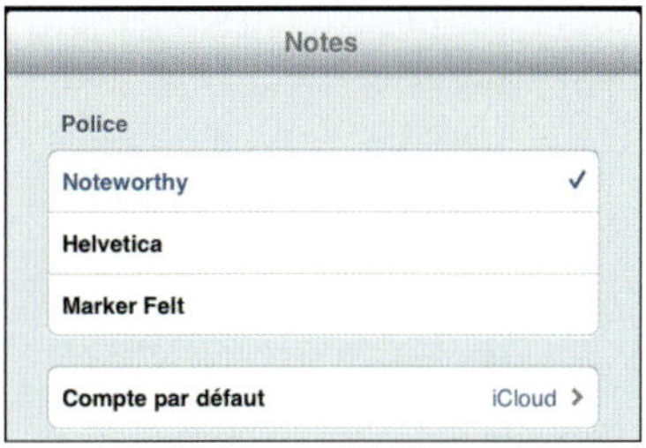

Rappels

Vous réglez ici la période de synchronisation ainsi que la liste utilisée par défaut.

Messages

Vous activez ou désactivez ici la fonction Messages. Pour plus d'informations, consultez le chapitre 6.

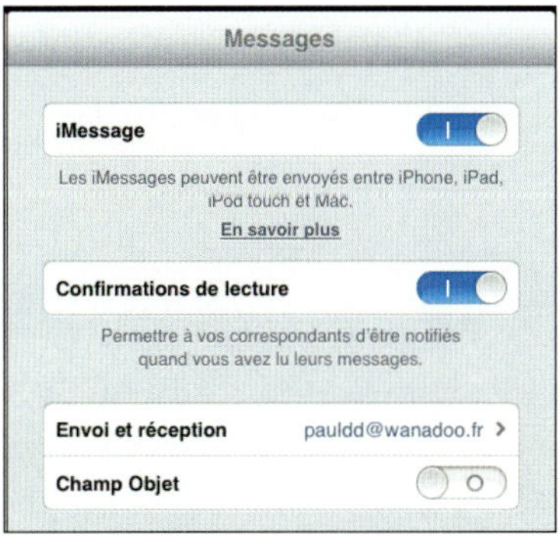

FaceTime

Pour plus d'informations sur la configuration de FaceTime, consultez le chapitre 6.

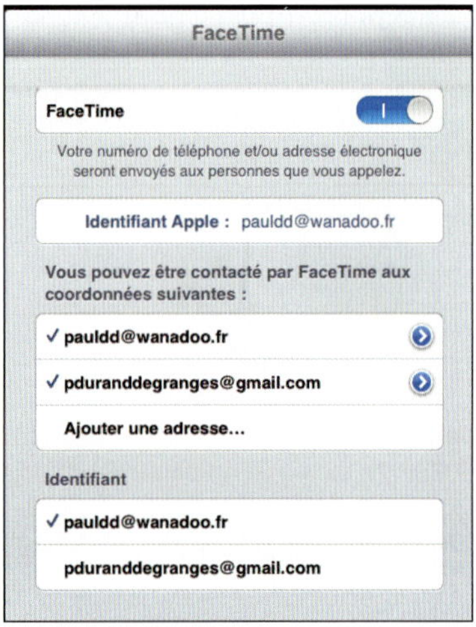

Plans

Indiquez ici vos préférences pour Plans : l'unité utilisée pour les distances, la langue des étiquettes et la taille de ces dernières.

Safari

Pour plus d'informations sur les réglages de Safari, consultez le chapitre 4.

iTunes Store et App Store

❶ Touchez **Réglages** ▶ **iTunes Store et App Store**.

❷ Vous avez la possibilité de saisir votre identifiant Apple pour la connexion au Store et si vous avez déjà indiqué cet identifiant, vous pouvez le toucher pour vous déconnecter.

❸ Indiquez si vous souhaitez activer iTunes Match (si vous êtes abonné au service). Lorsqu'iTunes Match est activé, indiquez si vous souhaitez afficher toute la musique ou uniquement celle qui est téléchargée.

❹ Indiquez si vous souhaitez activer les téléchargements automatiques pour la musique, les applications et les livres. Lorsque ces éléments sont activés, le téléchargement de musique, d'applications ou de livres que vous achetez sur un autre appareil (iPhone, Mac) s'effectue automatiquement sur votre iPad mini.

Musique

❶ Touchez **Réglages** ▶ **Musique**.

❷ Activez **Égaliseur de volume** si vous souhaitez que l'iPad mini harmonise le niveau sonore des morceaux afin de ne pas avoir des différences sonores trop importantes entre les morceaux avec un volume faible et ceux avec un volume fort.

❸ Touchez **Égaliseur**, puis choisissez le type de sonorité souhaité (acoustique, amplificateur de basses, *etc.*).

❹ Touchez **Volume maximum** pour régler le niveau de volume maximum de votre iPad mini.

❺ Activez ou désactivez **Regrouper par artiste d'album** pour modifier le mode de regroupement.

❻ Activez **iTunes Match** pour profiter de votre bibliothèque stockée dans iCloud (vous devez avoir pris un abonnement spécial).

❼ Si vous avez activé iTunes Match, activez **Afficher toute la musique** pour afficher la musique téléchargée sur votre iPad mini et celle qui n'est pas encore téléchargée. Désactivez cette option pour afficher uniquement la musique téléchargée.

❽ Si vous souhaitez accéder à une bibliothèque partagée sur votre réseau local (avec iTunes sur un ordinateur par exemple), indiquez l'identifiant Apple utilisé pour ce partage.

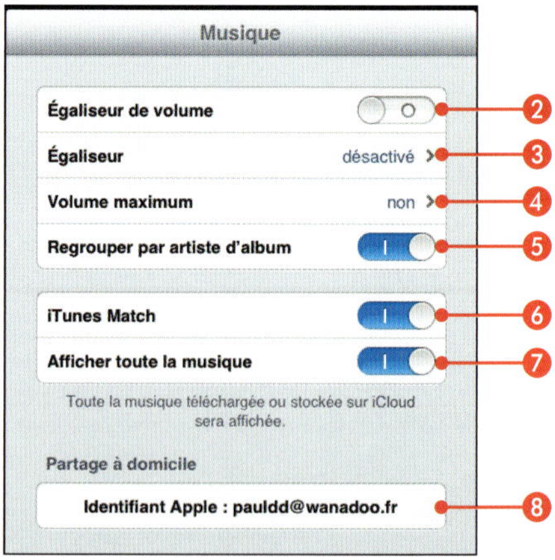

Vidéos

❶ Touchez **Réglages** ▶ **Vidéos**.

❷ Touchez **Démarrer** pour indiquer comment démarre la lecture d'une vidéo.

❸ Indiquez si vous souhaitez activer ou non les **Sous-titres codés**.

❹ Indiquez un identifiant Apple si vous souhaitez accéder à un partage à domicile sur votre réseau local.

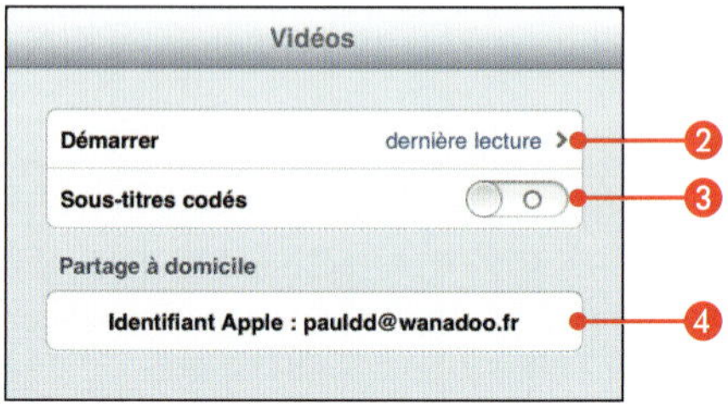

Photos et appareil

Pour plus d'informations sur le flux de photos et le diaporama, consultez le chapitre 8.

iBooks

❶ Touchez **Réglages** ▶ **iBooks**.

❷ Indiquez si vous souhaitez que le texte soit justifié et si vous autorisez la coupure de mot à l'aide des interrupteurs **Justification** et **Coupure de mot**.

❸ Si vous souhaitez tourner les pages en touchant les marges, activez l'interrupteur **Les marges tournent les pages**.

❹ Configurer les autres options qui permettent de synchroniser vos livres sur différents appareils.

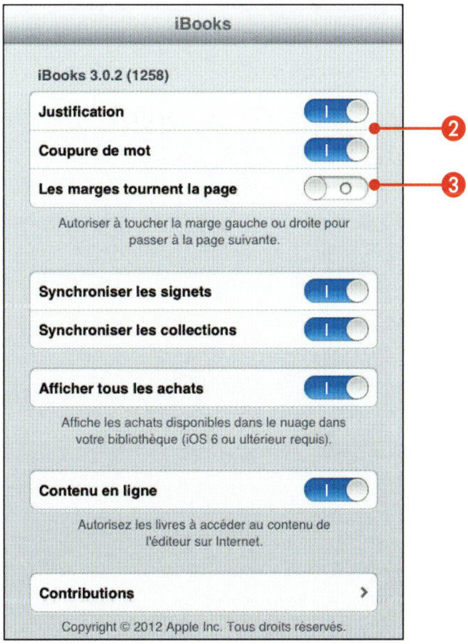

Kiosque

❶ Touchez **Réglages** ▶ **Kiosque**.

❷ Indiquez si vous souhaitez activer le téléchargement automatique des nouveaux numéros des magazines auxquels vous êtes abonnés.

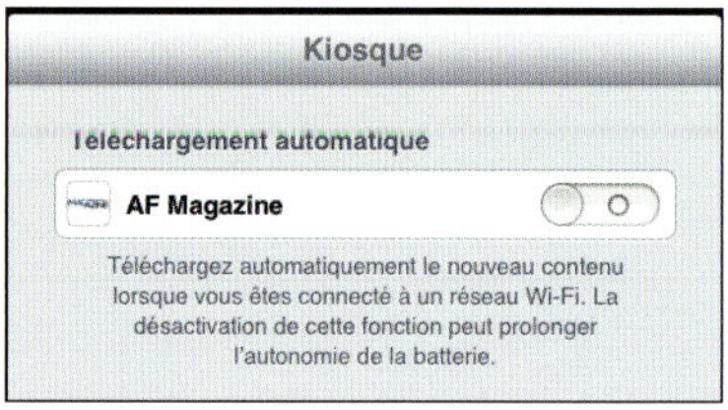

Twitter

Pour plus d'informations sur la configuration de Twitter, consultez le chapitre 7.

Facebook

Pour plus d'informations sur la configuration de Facebook, consultez le chapitre 7.

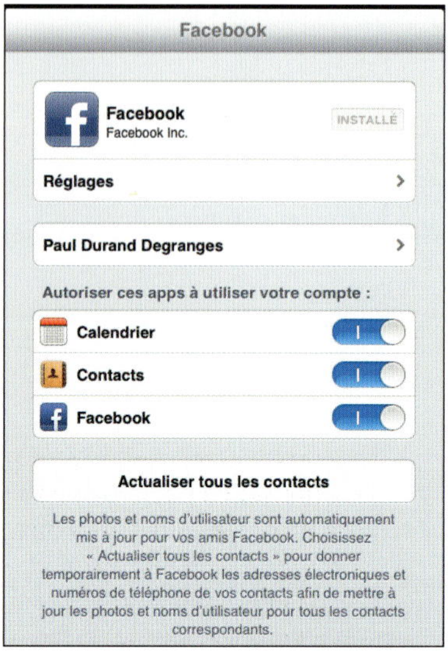

Chapitre 17

Synchroniser l'iPad mini

Dans ce chapitre :

- Connecter l'iPad mini à l'ordinateur
- Changer le nom de l'iPad mini
- Afficher le contenu de l'iPad mini
- Afficher les infos de l'iPad mini
- Rechercher les mises à jour
- Restaurer l'iPad mini
- Utiliser une copie de sauvegarde
- Configurer la sauvegarde
- Configurer les options d'iTunes
- Synchroniser les contacts
- Synchroniser les calendriers
- Synchroniser les comptes Mail
- Synchroniser les signets
- Remplacer les informations sur l'iPad mini
- Synchroniser les applications
- Gérer les fichiers partagés
- Synchroniser les sons
- Synchroniser la musique
- Ajouter des morceaux manuellement
- Synchroniser les films
- Synchroniser les séries TV
- Synchroniser les livres
- Synchroniser les podcasts
- Synchroniser les photos

Vous pouvez tout à fait profiter pleinement d'un iPad mini si vous ne possédez pas d'ordinateur. Pour le contenu, vous passez par les différents *Store* proposés sur l'iPad mini. Et vous utilisez iCloud (accessible gratuitement) pour sauvegarder vos données. En revanche, si vous disposez d'un ordinateur (Mac ou PC), vous pouvez synchroniser votre iPad mini afin d'effectuer des sauvegardes et de transférer du contenu.

Connecter l'iPad mini à l'ordinateur

1. Reliez l'iPad mini à votre ordinateur à l'aide du câble USB vers Dock connector fourni.

2. Si iTunes ne s'ouvre pas automatiquement, démarrez-le. Notez que sur les PC, il peut être nécessaire de télécharger iTunes. Pour cela, rendez-vous sur le site d'Apple à l'adresse :

`http://www.apple.com/fr/itunes/.`

3. Votre iPad mini apparaît dans le volet latéral de gauche. Pour accéder aux réglages, cliquez sur votre iPad mini. Si le volet latéral ne s'affiche pas, cliquez sur **Présentation ▶ Afficher la barre latérale**.

Vous accédez également à votre iPad mini, lorsque la barre latérale est masquée à l'aide du bouton **Appareils**, placé en haut à droite.

NOTE — La première fois que vous connectez votre iPad mini à l'ordinateur, un assistant peut s'afficher afin de configurer l'iPad mini et iTunes. Suivez les instructions affichées à l'écran.

Changer le nom de l'iPad mini

1. Connectez l'iPad mini à l'ordinateur.

2. Dans le volet de gauche d'iTunes, cliquez sur l'iPad mini pour le sélectionner.

3. Cliquez de nouveau pour passer en mode modification.

4. Saisissez le nouveau nom.

5. Appuyez sur la touche **Entrée**.

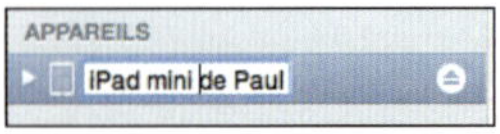

6. Sur votre iPad mini, touchez **Réglages ▶ Général.** Dans la colonne de droite, vous trouvez le nom de votre iPad mini. Vous constatez que celui-ci a changé, c'est le nom que vous avez saisi sur l'ordinateur qui s'affiche.

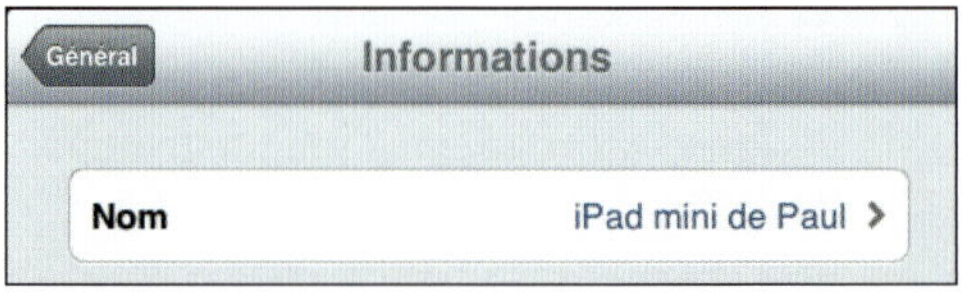

NOTE — Vous pouvez aussi renommer l'iPad mini en touchant son nom sur l'iPad mini.

Afficher le contenu de l'iPad mini

Sur votre iPad mini, vous pouvez synchroniser différents éléments : Musiques, Films, Séries TV, Livres, Sons (pour les alertes), photos et applications. À partir d'iTunes, vous pouvez vérifier quels sont les éléments présents sur votre ordinateur.

1. Connectez l'iPad mini à l'ordinateur.

2. Dans le volet de gauche d'iTunes, cliquez sur l'iPad mini pour le sélectionner. Si le volet n'est pas affiché, cliquez sur **Présentation ▶ Afficher la barre latérale.**

3. Si la flèche à gauche du nom de l'iPad mini ne pointe pas vers le bas, cliquez dessus.

4. La liste des éléments que vous pouvez consulter s'affiche.

5. Pour afficher le contenu des éléments, cliquez sur celui qui vous intéresse. Par exemple, cliquez sur **Musique** pour afficher, dans la partie de droite d'iTunes, l'ensemble des morceaux présents dans votre iPad mini.

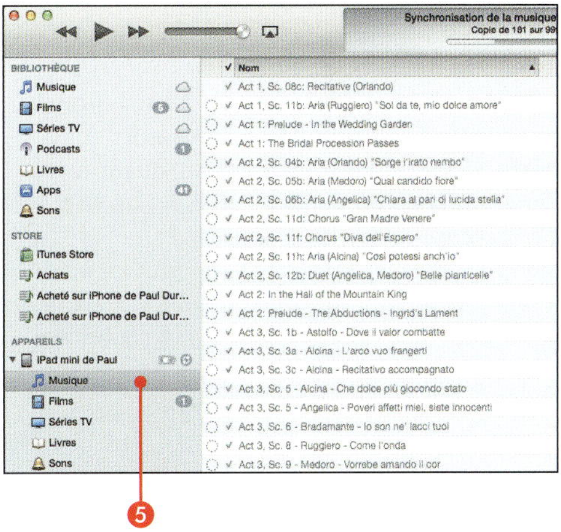

> Cette méthode permet uniquement de consulter les éléments placés dans l'iPad mini et en aucun cas d'en supprimer ou d'en ajouter.

Afficher les infos de l'iPad mini

Il est pratique d'afficher certaines infos de l'iPad mini sur l'ordinateur. Celles-ci peuvent être utiles si vous contactez l'assistance Apple. Mieux, si vous allez sur la page assistance du site Web d'Apple, vous devrez indiquer le numéro de série de votre iPad mini. iTunes vous offre la possibilité de le copier/coller.

1. Connectez l'iPad mini à l'ordinateur.

2. Dans le volet de gauche d'iTunes, cliquez sur l'iPad mini pour le sélectionner. Si le volet n'est pas affiché, cliquez sur **Présentation ▶ Afficher la barre latérale.**

3. Dans le volet principal d'iTunes, cliquez sur l'onglet **Résumé**.

❹ Les informations de l'iPad mini s'affichent dans la section iPad mini. Par défaut, vous obtenez le nom de l'iPad mini, sa capacité, le numéro de version du logiciel système ainsi que le numéro de série.

❺ Pour copier le numéro de série, cliquez sur **Édition ▶ Copier le numéro de série**. Vous pouvez également utiliser le raccourci clavier **Cmd + C** (OS X) ou **Ctrl + C** (Windows)

❻ Si vous cliquez sur le numéro de version du logiciel, vous obtenez l'élément **Version** qui est un autre numéro de version du logiciel.

❼ De la même manière, si vous cliquez sur le numéro de série, vous obtenez l'élément Identifiant (UDID). Cet identifiant peut-être nécessaire dans certains cas, il permet d'identifier de manière unique votre iPad mini.

❽ Notez que, dans le menu Édition, vous pouvez maintenant coller l'élément **Identifiant (UDID)**.

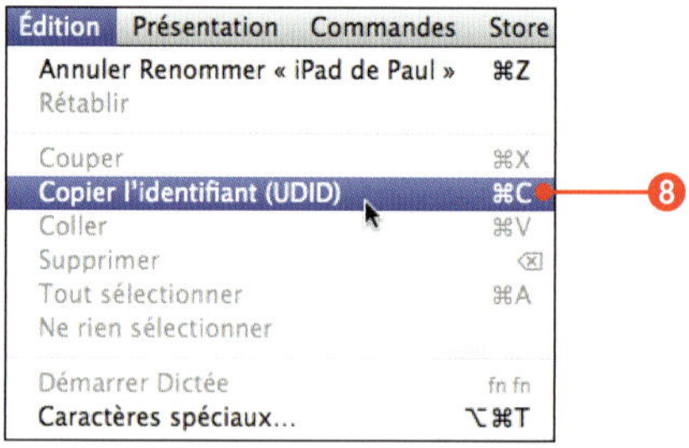

❾ Quel que soit l'onglet que vous affichez dans iTunes, vous trouvez au bas du volet principal une zone contenant une jauge indiquant l'utilisation de la mémoire ainsi que la place occupée par chacun des éléments : Audio, Vidéo, Photos, Apps, Livres, Autres (les données des applications par exemple).

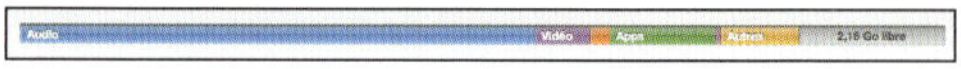

Rechercher les mises à jour

Dans le chapitre précédent, vous avez vu qu'il est possible de mettre à jour le programme de l'iPad mini à partir des réglages. Généralement, c'est à partir de l'iPad mini lui-même que vous effectuerez ces mises à jour puisque, lorsqu'elles seront disponibles, vous verrez s'afficher une pastille sur l'icône de l'application Réglages. De la même manière, lorsque vous connectez l'iPad mini à votre ordinateur, iTunes affiche une boîte de dialogue si une mise à jour est disponible pour votre iPad mini. Si vous souhaitez lancer manuellement la recherche d'une mise à jour, cliquez sur le bouton **Rechercher les mises à jour** dans l'onglet **Résumé**.

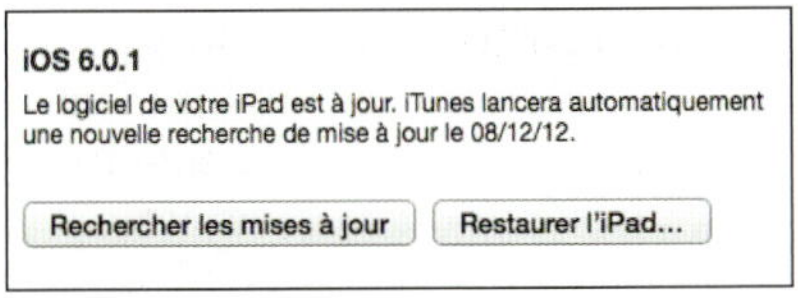

Si une mise à jour est disponible, un écran s'affiche pour détailler les améliorations apportées par cette mise à jour et vous indiquer la marche à suivre pour l'installation.

S'il n'y a pas de mise à jour, une boîte de dialogue s'affiche pour vous indiquer que vous possédez la dernière version.

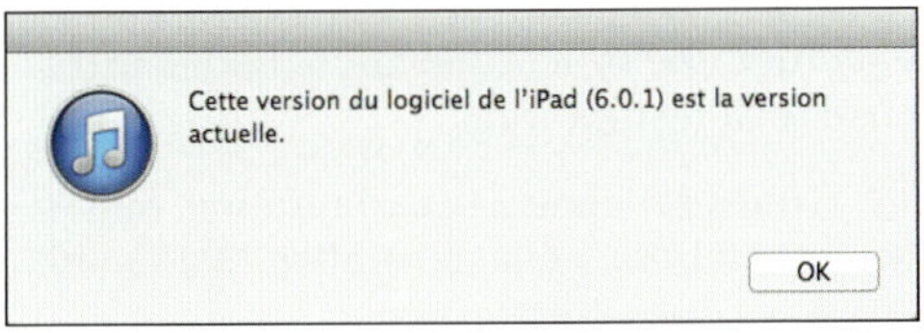

Les mises à jour, même si elles sont régulières, ne se font pas tous les jours ! Vous en rencontrerez peut-être trois ou quatre dans une année. Il existe également des mises à jour majeures que vous repérez par le changement du premier chiffre : par exemple, 6.X.X à 7.X.X. Dans ce cas, il ne s'agit pas de corrections de bogues ou d'améliorations mineures, mais d'une révision complète du logiciel de l'iPad mini avec très souvent de nombreuses nouvelles fonctionnalités.

NOTE

Vous avez tout intérêt à installer les mises à jour. Elles sont gratuites et corrigent souvent des bogues afin d'apporter plus de stabilité à votre iPad mini.

Restaurer l'iPad mini

Avec iTunes sur votre ordinateur vous pouvez effacer la totalité du contenu de votre iPad mini et réinstaller la dernière version du logiciel de l'iPad mini. Vous faites cela lorsque vous rencontrez de nombreux problèmes de fonctionnement.

1 Connectez l'iPad mini à l'ordinateur.

2 Dans le volet de gauche d'iTunes, cliquez sur l'iPad mini pour le sélectionner. Si le volet n'est pas affiché, cliquez sur **Présentation ▶ Afficher la barre latérale.**

3 Dans le volet principal d'iTunes, cliquez sur l'onglet **Résumé**.

4 Cliquez sur **Restaurer l'iPad**.

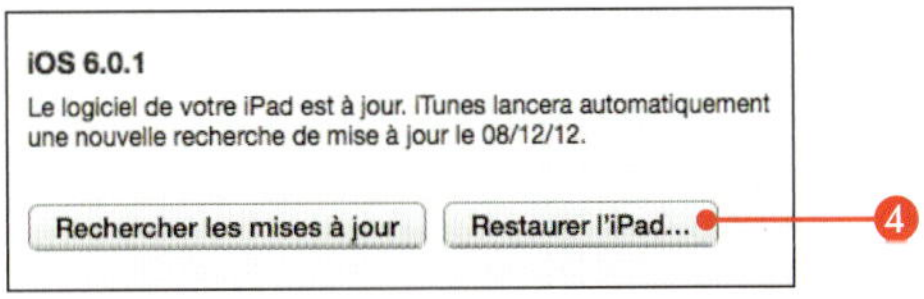

NOTE

Si vous effectuez une synchronisation avant de démarrer la restauration, les messages d'alerte présentés ici ne s'afficheront pas et vous démarrerez directement à l'étape 8.

5 Une boîte de dialogue s'affiche et vous demande si vous souhaitez sauvegarder les réglages de l'iPad mini. Vous pourrez restaurer ces réglages, une fois la restauration effectuée. Cliquez sur **Sauvegarder** sauf si vous êtes certain de posséder une sauvegarde de l'iPad mini qui vous convient.

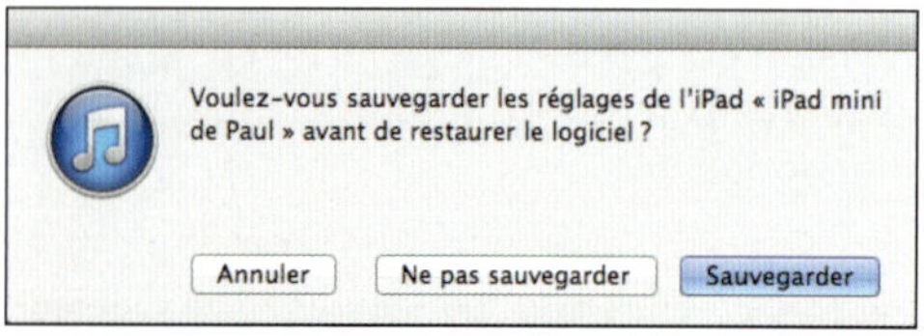

6 Une boîte de dialogue s'affiche et vous demande de confirmer que vous souhaitez restaurer votre iPad mini. Cliquez sur **Restaurer** pour lancer la procédure.

7 D'autres boîtes de dialogue peuvent encore s'afficher avant de commencer la restauration, par exemple, si vous possédez sur votre iPad mini des éléments achetés que vous n'avez pas synchronisés avec iTunes pour les placer sur votre ordinateur. Dans un tel cas, cliquez sur **Annuler** puis effectuez une synchronisation. Redémarrez ensuite la restauration.

8 iTunes procède à la restauration. Suivez les instructions pour réinstaller l'iPad mini, une fois l'opération terminée.

Utiliser une copie de sauvegarde

Généralement, vous récupérez une copie de sauvegarde après avoir effectué la restauration de votre iPad mini ou si vous installez un nouvel iPad mini (vous avez acheté un nouveau modèle ou, suite à une panne, Apple vous l'a changé). Vous pouvez toutefois récupérer une sauvegarde manuellement.

1 Connectez l'iPad mini à l'ordinateur.

2 Dans le volet de gauche d'iTunes, cliquez sur l'iPad mini pour le sélectionner. Si le volet n'est pas affiché, cliquez sur **Présentation ▶ Afficher la barre latérale.**

4 Dans la section Sauvegarder de l'onglet Résumé, cliquez **Restaurer la sauvegarde**.

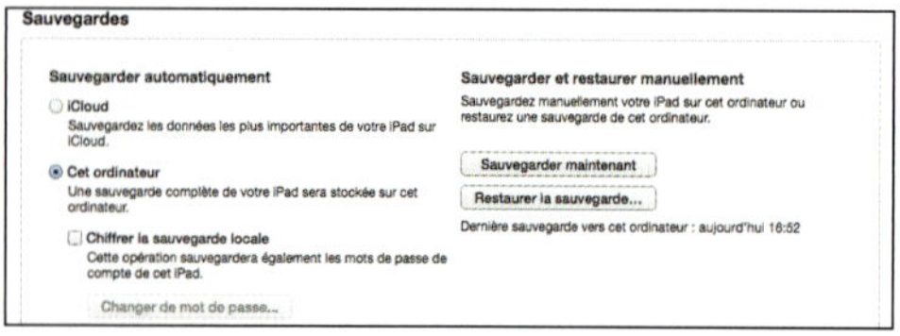

5 Dans la boîte de dialogue qui s'affiche, cliquez éventuellement sur la liste **Nom de l'iPad mini** et choisissez la sauvegarde que vous souhaitez utiliser. Notez que si vous possédez un iPhone, un iPod ou un autre iPad mini, ceux-ci apparaissent dans la liste (si vous avez changé le nom de votre iPad mini, il peut également apparaître avec les différents noms).

6 Cliquez sur **Restaurer** pour démarrer la restauration, puis suivez les instructions.

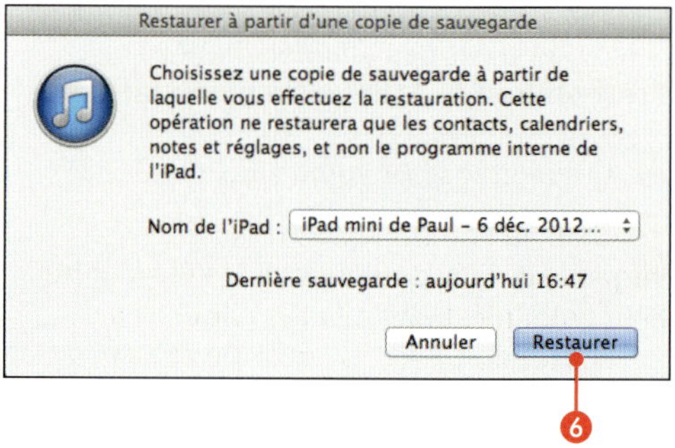

Configurer la sauvegarde

Si vous avez ouvert un compte iCloud, vous pouvez choisir d'y effectuer vos sauvegardes. Celles-ci s'effectuent directement à partir de votre iPad mini lorsque vous êtes connecté à un réseau Wi-Fi. Toutefois, l'espace de stockage gratuit d'iCloud est limité à 5 Go et si votre sauvegarde dépasse cette taille, vous devrez plutôt opter pour une sauvegarde sur votre ordinateur.

1. Connectez l'iPad mini à l'ordinateur.

2. Dans le volet de gauche d'iTunes, cliquez sur l'iPad mini pour le sélectionner.

3. Dans le volet principal d'iTunes, cliquez sur l'onglet **Résumé**.

4. Dans la section Sauvegarder, choisissez l'emplacement où vous souhaitez effectuer les sauvegardes.

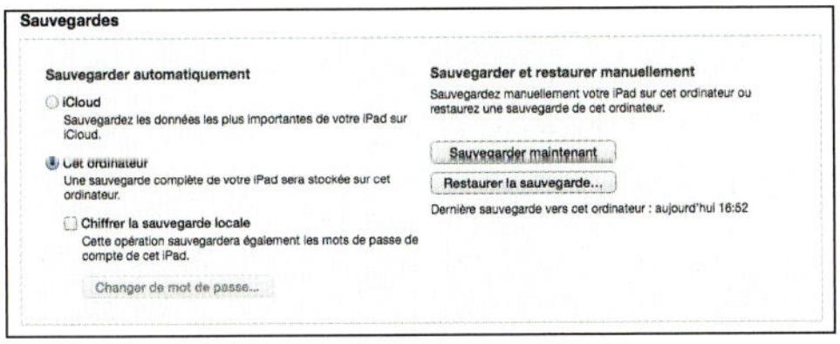

5. Si vous souhaitez chiffrer vos sauvegardes pour une meilleure protection de vos données, cochez la case Chiffrer la sauvegarde locale (cette option est valable uniquement pour les sauvegardes sur l'ordinateur).

6. Dans la boîte de dialogue qui s'affiche, saisissez et confirmez le mot de passe à utiliser pour vos sauvegardes. Celui-ci sera nécessaire si vous récupérez une sauvegarde.

7. Cliquez sur **Définir le mot de passe**.

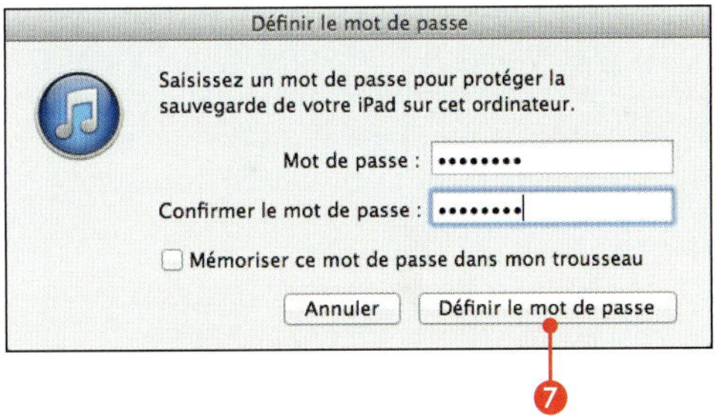

8. Si vous avez apporté des modifications dans l'emplacement de la sauvegarde, cliquez sur **Appliquer** (en bas à droite de la fenêtre d'iTunes). Cliquez sur **Revenir** pour annuler vos modifications.

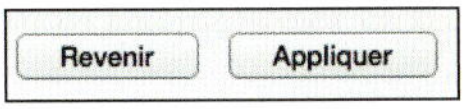

Configurer les options d'iTunes

1. Connectez l'iPad mini à l'ordinateur.

2. Dans le volet de gauche d'iTunes, cliquez sur l'iPad mini pour le sélectionner. Si le volet n'est pas affiché, cliquez sur **Présentation ▶ Afficher la barre latérale.**

3. Dans le volet principal d'iTunes, cliquez sur l'onglet **Résumé**.

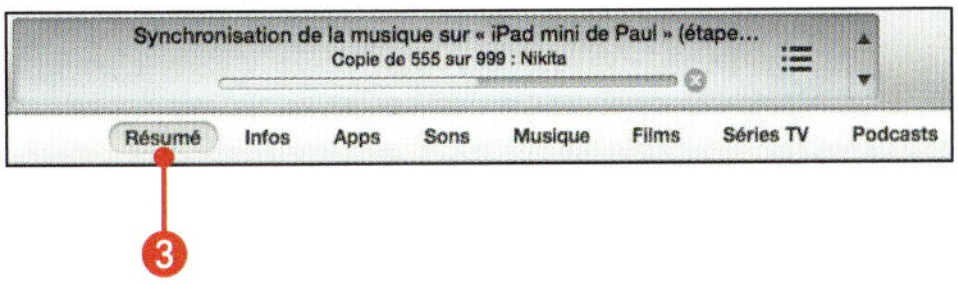

❹ Si nécessaire, faites défiler le contenu du volet principal d'iTunes afin d'afficher la section Options.

❺ Cochez ou décochez les options souhaitées :

- **Ouvrir iTunes à la connexion de cet iPad mini**. Décochez cette case si vous ne voulez pas voir iTunes s'ouvrir dès que vous connectez votre iPad mini.
- **Synchroniser cet iPad mini en Wi-Fi.** Cochez cette case pour autoriser la synchronisation de l'iPad mini en Wi-Fi. Pour que la synchronisation s'effectue, il faut que l'iPad mini soit connecté au secteur, connecté par Wi-Fi au même réseau local que votre ordinateur et enfin qu'iTunes soit démarré sur l'ordinateur (donc ce dernier doit être en marche).
- **Ne synchroniser que les morceaux et les vidéos cochés.** Chaque morceau de votre bibliothèque possède une case à cocher (à gauche) qui est cochée par défaut. Vous pouvez limiter les morceaux qui sont synchronisés à l'aide de cette option et en décochant les cases des morceaux.
- **Préférer les vidéos en définition standard.** Cette option permet de choisir les vidéos en définition standard plutôt qu'en haute définition.
- **Convertir les morceaux dont le débit est supérieur en.** En cochant cette case, vous pouvez convertir les morceaux de musique au format que vous sélectionnez dans la liste. Cela vous permet de réduire le poids des morceaux que vous synchronisez afin de réduire le taux d'occupation de la mémoire.
- **Gérer manuellement la musique et les vidéos.** Si vous cochez cette case, vous devrez faire glisser les morceaux ou les albums de votre bibliothèque vers votre appareil pour indiquer ce que vous souhaitez synchroniser.
- **Réinitialiser les avertissements.** Cliquez sur ce bouton si vous souhaitez afficher de nouveau toutes les boîtes de dialogue d'alerte que vous avez empêché de s'afficher.

❻ Cliquez sur le bouton **Configurer Accès universel**.

❼ Une boîte de dialogue s'affiche et vous permet de configurer les options pour les personnes ayant des déficiences visuelles ou auditives. Effectuez les réglages souhaités, puis cliquez sur **OK** ou cliquez sur **Annuler** pour fermer la boîte de dialogue sans apporter de modifications.

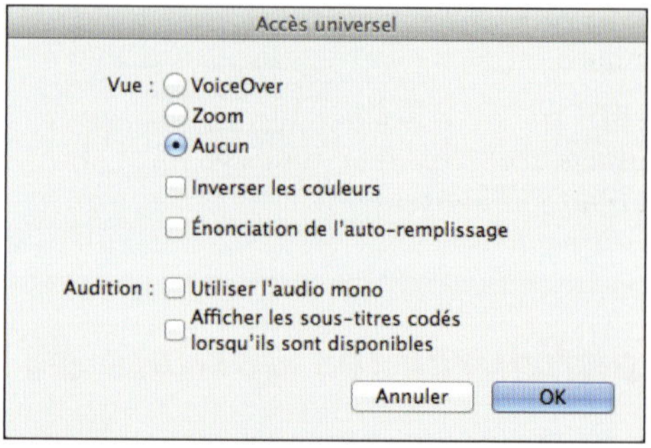

❽ Si vous avez apporté des modifications dans les options, cliquez sur **Appliquer** (en bas à droite de la fenêtre d'iTunes). Cliquez sur **Revenir** pour annuler vos modifications.

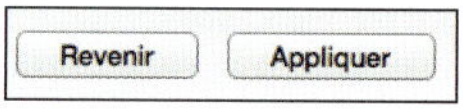

Synchroniser les contacts

Si vous avez configuré iCloud sur votre iPad mini et sur votre ordinateur, les contacts sont automatiquement synchronisés. En revanche, si vous n'utilisez pas iCloud, vous pouvez configurer différentes options de synchronisation.

1. Connectez l'iPad mini à l'ordinateur.

2. Dans le volet de gauche d'iTunes, cliquez sur l'iPad mini pour le sélectionner. Si le volet n'est pas affiché, cliquez sur **Présentation ▶ Afficher la barre latérale.**

3. Dans le volet principal d'iTunes, cliquez sur l'onglet **Infos**.

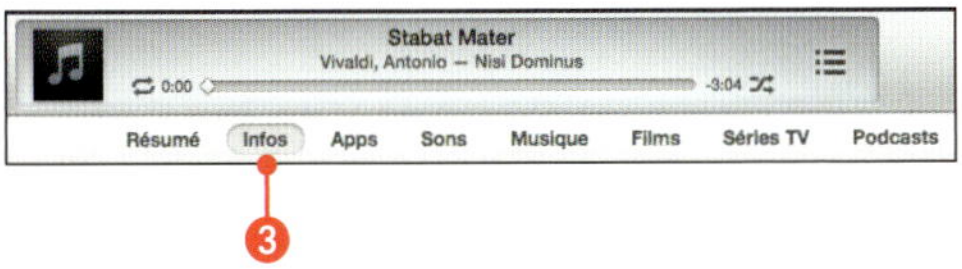

4. Cochez la case **Synchroniser les contacts**.

5. Indiquez si vous souhaitez synchroniser tous les contacts ou uniquement certains groupes.

6. Si nécessaire, cochez la case **Ajouter les contacts créés en dehors des groupes de cet iPad mini à**, puis choisissez un groupe.

7. Si vous possédez un compte Google sur lequel gérer vos contacts, vous pouvez cocher la case **Synchroniser les contacts Google**. Vous devrez ensuite saisir vos identifiants de connexion Google puis configurer la synchronisation. Si vous possédez un PC, l'écran est légèrement différent. En effet, lorsque vous cochez **Synchroniser les contacts**, vous devez indiquer avec quel logiciel vous effectuez cette synchronisation.

8. Cliquez sur **Appliquer** pour appliquer la modification à la synchronisation des contacts ou sur **Revenir** pour annuler.

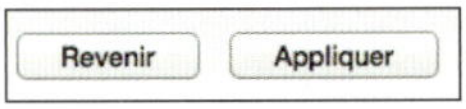

Synchroniser les calendriers

1. Connectez l'iPad mini à l'ordinateur.

2. Dans le volet de gauche d'iTunes, cliquez sur l'iPad mini pour le sélectionner. Si le volet n'est pas affiché, cliquez sur **Présentation ▶ Afficher la barre latérale.**

3. Dans le volet principal d'iTunes, cliquez sur l'onglet **Infos**.

4. Cochez la case **Synchroniser les calendriers**.

5 Indiquez si vous souhaitez synchroniser tous les calendriers ou uniquement une sélection.

6 Si nécessaire, cochez la case **Ne pas synchroniser les événements de plus de**, puis indiquez le nombre de jours. Ceci évite de transférer des événements qui datent de plus de 30 jours (ou du délai que vous choisissez). Si vous possédez un PC, l'écran est légèrement différent. En effet, lorsque vous cochez **Synchroniser les calendriers**, vous devez indiquer avec quel logiciel vous effectuez cette synchronisation.

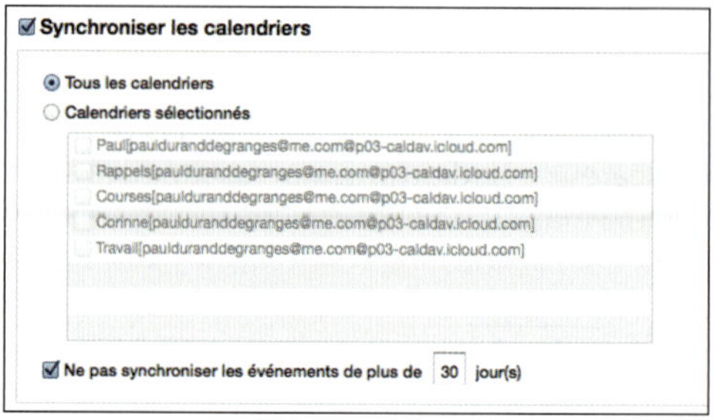

7 Cliquez sur **Appliquer** pour appliquer la modification à la synchronisation des contacts ou sur **Revenir** pour annuler.

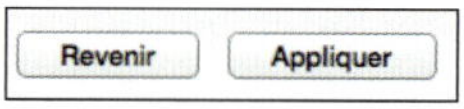

Synchroniser les comptes Mail

Vous utilisez la synchronisation des mails pour éviter d'avoir à reconfigurer manuellement les comptes de messagerie sur votre iPad mini, mais vos messages ne sont pas synchronisés.

1 Connectez l'iPad mini à l'ordinateur.

2 Dans le volet de gauche d'iTunes, cliquez sur l'iPad mini pour le sélectionner. Si le volet n'est pas affiché, cliquez sur **Présentation ▶ Afficher la barre latérale.**

3 Dans le volet principal d'iTunes, cliquez sur l'onglet **Infos**.

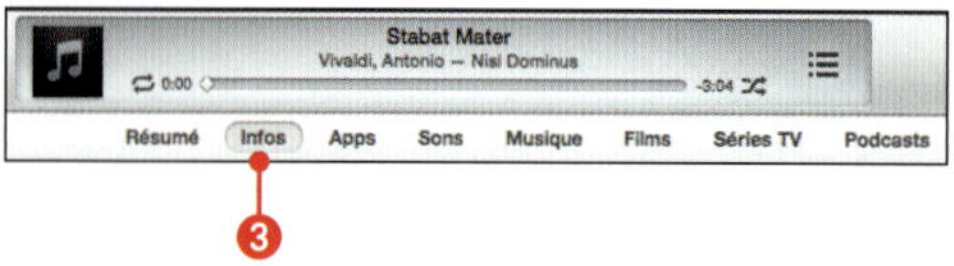

4 Cochez la case **Synchroniser les comptes Mail**.

5 Cochez les comptes à synchroniser.

6 Cliquez sur **Appliquer** pour appliquer la modification à la synchronisation des contacts ou sur **Revenir** pour annuler.

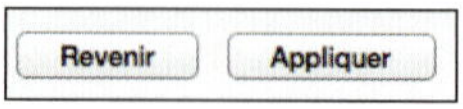

Synchroniser les signets

Vous synchronisez les signets de votre navigateur afin de retrouver rapidement sur votre iPad mini les sites que vous consultez le plus souvent.

1. Connectez l'iPad mini à l'ordinateur.

2. Dans le volet de gauche d'iTunes, cliquez sur l'iPad mini pour le sélectionner. Si le volet n'est pas affiché, cliquez sur **Présentation ▶ Afficher la barre latérale.**

3. Dans le volet principal d'iTunes, cliquez sur l'onglet **Infos**.

4. Cochez la case **Synchroniser les signets de Safari**. Si vous possédez un PC, vous trouvez une case équivalente (si vous avez installé le navigateur Safari Apple, vous pouvez choisir entre Internet Explorer et Safari, sinon seul Internet Explorer apparaît dans la liste) et vous pouvez également choisir de synchroniser les notes si vous possédez un logiciel pris en charge.

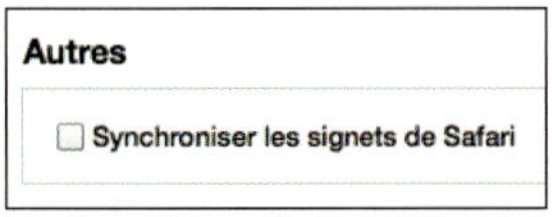

5. Cliquez sur **Appliquer** pour valider les modifications ou sur **Revenir** pour annuler.

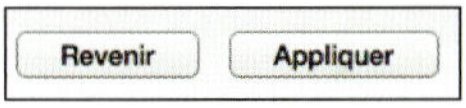

Remplacer les informations sur l'iPad mini

Lorsque vous avez configuré la synchronisation d'éléments, comme indiqué dans les sections précédentes, les cases à cocher correspondantes s'affichent au bas de l'onglet Infos. Cochez les cases des informations que vous souhaitez remplacer sur l'iPad mini. Dans ce cas, si des informations existent sur l'iPad mini, elles sont supprimées et remplacées par celles qui se trouvent sur votre ordinateur.

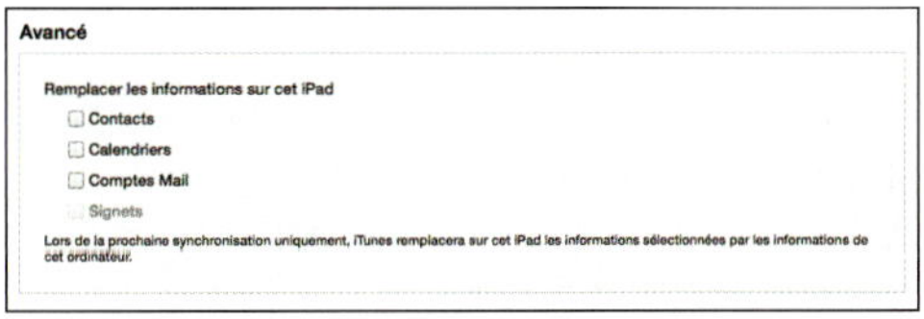

Synchroniser les applications

À partir d'iTunes vous pouvez choisir les applications qui se trouvent ou non sur votre iPad mini. En effet, vous pouvez avoir téléchargé des applications que vous n'utilisez plus et vous souhaitez les faire disparaître de votre iPad mini (notez que vous pouvez également les supprimer directement sur votre iPad mini).

1. Connectez l'iPad mini à l'ordinateur.

2. Dans le volet de gauche d'iTunes, cliquez sur l'iPad mini pour le sélectionner. Si le volet n'est pas affiché, cliquez sur **Présentation ▶ Afficher la barre latérale.**

❸ Dans le volet principal d'iTunes, cliquez sur l'onglet **Apps**.

❹ Dans la colonne présentant les applications, cliquez sur **Installer** pour installer les applications se trouvant sur votre ordinateur, mais pas sur votre iPad mini. Cliquez sur **Supprimer** pour supprimer une application de votre iPad mini (mais pas de l'ordinateur).

❺ Cliquez sur la liste pour afficher les différentes options de tri de vos applications.

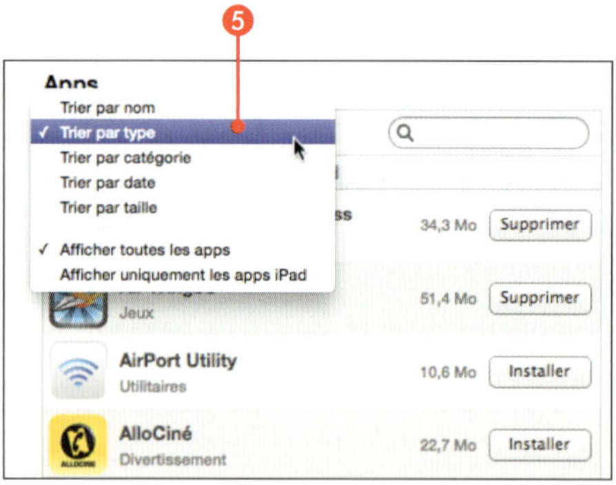

❻ Si vous souhaitez synchroniser automatiquement toutes les applications que vous achetez, même sur un autre appareil (par exemple, un iPhone), cochez la case **Synchroniser automatiquement les nouvelles apps**.

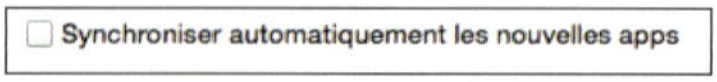

❼ Utilisez la représentation de l'écran de votre iPad mini, à droite, pour organiser vos icônes en les faisant glisser sur un écran d'accueil ou d'un écran à l'autre. Par exemple, pour passer une icône se trouvant sur l'écran d'accueil 1 vers l'écran 4, cliquez sur l'écran 1 pour afficher les icônes, cliquez l'icône à déplacer, faites-la glisser sur l'écran 4. Ce dernier s'affiche à la place de l'écran 1 et vous pouvez y déposer votre icône.

❽ Cliquez sur **Appliquer** pour valider les modifications ou sur **Revenir** pour annuler.

Gérer les fichiers partagés

Certaines applications utilisent des fichiers que vous pouvez transférer de ou vers votre ordinateur. Par exemple, avec Pages, le traitement de texte d'Apple, vous créez des documents que vous pouvez manipuler à l'aide de l'onglet Apps.

❶ Connectez l'iPad mini à l'ordinateur.

❷ Dans le volet de gauche d'iTunes, cliquez sur l'iPad mini pour le sélectionner. Si le volet n'est pas affiché, cliquez sur **Présentation ▶ Afficher la barre latérale.**

❸ Dans le volet principal d'iTunes, cliquez sur l'onglet **Apps**.

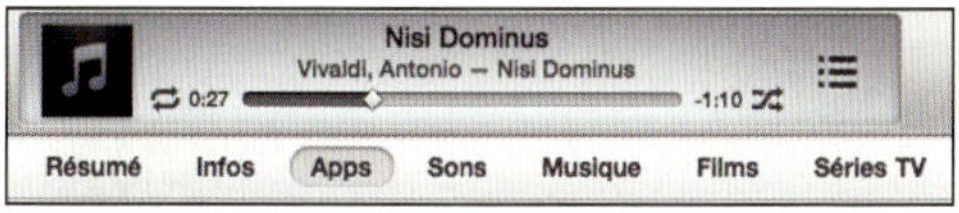

❹ Faites défiler le contenu de l'onglet afin d'afficher le bas.

❺ Dans la section Apps, cliquez sur l'application pour laquelle vous souhaitez ajouter ou enregistrer des fichiers.

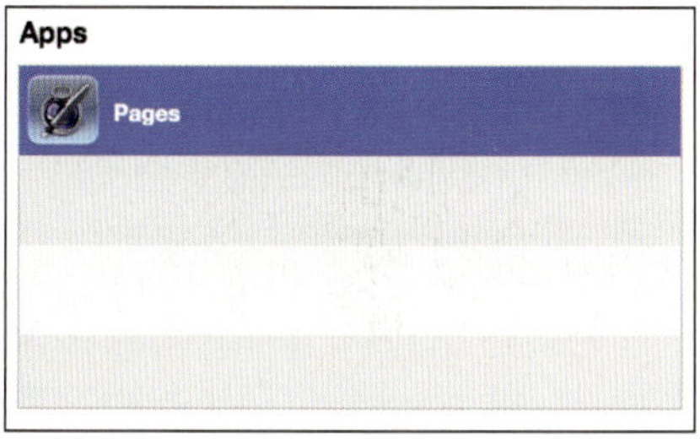

❻ Dans la partie de droite, nommée Documents *Nom de l'application*, cliquez sur le document que vous souhaitez enregistrer sur votre ordinateur.

❼ Cliquez sur **Enregistrer sous**.

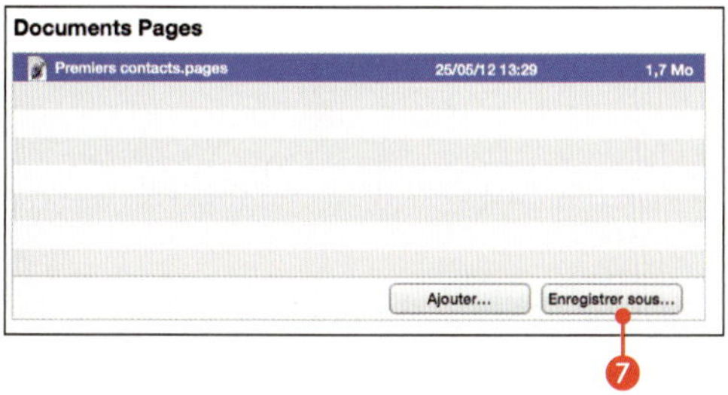

❽ Choisissez le dossier de destination pour le fichier, puis cliquez sur le bouton **Ouvrir**. Le fichier est enregistré dans le dossier choisi en conservant son nom.

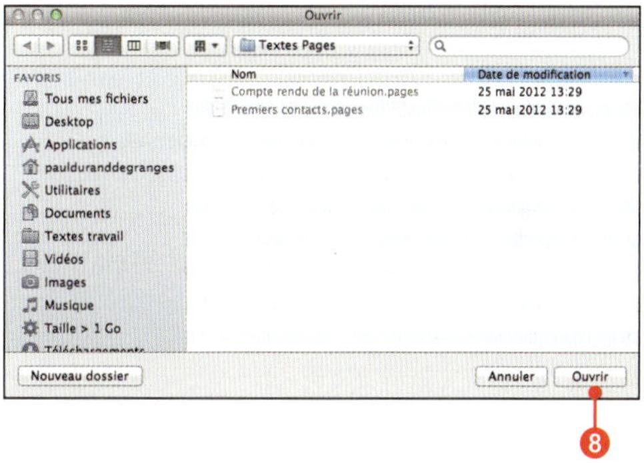

❾ Pour placer sur l'iPad mini un fichier se trouvant sur votre ordinateur, cliquez sur **Ajouter**.

❿ Dans la boîte de dialogue qui s'affiche, sélectionnez le fichier à transférer, puis cliquez sur **Ouvrir**.

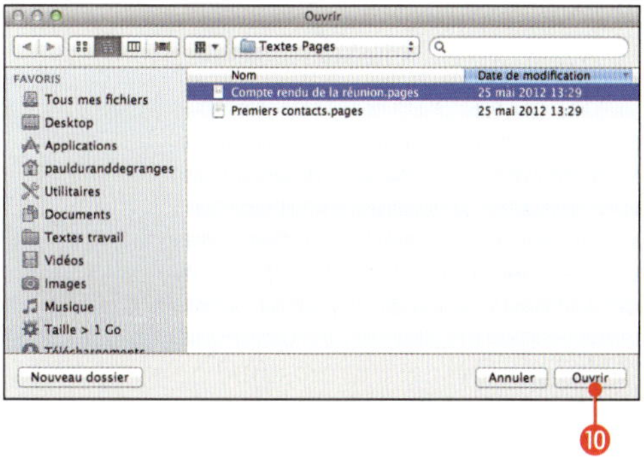

NOTE

Dans le cas de Pages, Numbers ou Keynote, les programmes de bureautique d'Apple, il est possible de placer les fichiers sur iCloud, ce qui vous évite d'effectuer des transferts manuels à l'aide d'iTunes.

Synchroniser les sons

L'onglet Sons vous permet de synchroniser les sons qui servent pour les sonneries et les alertes.

1. Connectez l'iPad mini à l'ordinateur.

2. Dans le volet de gauche d'iTunes, cliquez sur l'iPad mini pour le sélectionner. Si le volet n'est pas affiché, cliquez sur **Présentation ▶ Afficher la barre latérale.**

3. Dans le volet principal d'iTunes, cliquez sur l'onglet **Apps**.

4. Cochez **Synchroniser les sons**.

5. Choisissez **Tous les sons** ou **Sons sélectionnés**.

6. Si vous avez choisi Sons sélectionnés, cochez les sons à synchroniser.

7. Cliquez sur **Appliquer** pour valider les modifications ou sur **Revenir** pour annuler.

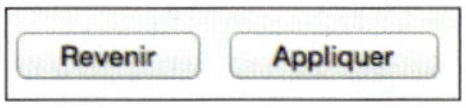

NOTE : Vous devez avoir des sonneries pour pouvoir les synchroniser. Pour en obtenir, vous pouvez les acheter sur iTunes Store. Effectuez également une recherche sur Internet pour trouver des méthodes permettant de convertir gratuitement vos musiques en sonneries.

Synchroniser la musique

Vous synchronisez la musique pour transférer sur votre iPad mini les morceaux présents sur votre ordinateur.

1. Connectez l'iPad mini à l'ordinateur.

2. Dans le volet de gauche d'iTunes, cliquez sur l'iPad mini pour le sélectionner. Si le volet n'est pas affiché, cliquez sur **Présentation ▶ Afficher la barre latérale.**

3. Dans le volet principal d'iTunes, cliquez sur l'onglet **Musique**.

4. Cochez **Synchroniser la musique**.

5 Si la quantité de musique sur votre ordinateur n'est pas importante et ne dépasse pas la capacité de votre iPad mini, vous pouvez sélectionner **Toute la bibliothèque musicale** pour transférer la totalité de votre musique (pensez que sur votre iPad mini, vous allez aussi placer des applications, des vidéos, des photos, des livres et des documents). Si vous souhaitez limiter les morceaux transférés sur votre iPad mini, sélectionnez **Listes de lecture, artistes, albums et genres sélectionnés**.

6 Cochez **Inclure les clips vidéo** pour placer également les vidéos musicales que vous avez pu acheter à partir de l'iTunes Store. Si vous souhaitez économiser de l'espace, décochez cette case.

7 La case **Inclure les mémos vocaux** permet de synchroniser les mémos vocaux que vous avez pu enregistrer. Notez que l'iPad mini ne permet pas l'enregistrement de mémos vocaux, mais votre bibliothèque iTunes peut être synchronisée avec un iPhone ou un iPod touch qui permettent de tels enregistrements.

8 Cochez **Remplir automatiquement l'espace libre avec des morceaux** si vous souhaitez qu'iTunes complète l'espace de stockage libre avec de la musique. Si vous activez cette option, vous risquez de ne plus avoir de place sur votre iPad mini pour installer de nouvelles applications, prendre des photos ou réaliser des films, par exemple.

9 Si vous n'avez pas choisi de synchroniser toute votre bibliothèque musicale, vous devez sélectionner les éléments à synchroniser. Les listes de lecture sont très pratiques pour sélectionner les morceaux qui vous intéressent, vous faites des listes classiques dans lesquelles vous placez manuellement les morceaux souhaités ou vous réalisez des listes intelligentes dont le contenu est créé automatiquement en fonction de critères que vous spécifiez. Dans la section Listes de lecture, cochez les listes de lecture que vous souhaitez transférer sur votre iPad mini.

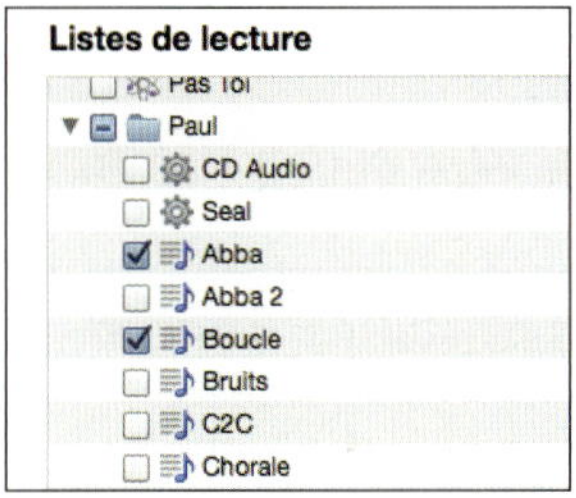

10 En plus, ou à la place, des listes de lecture, vous pouvez cocher une sélection d'artistes à transférer sur votre iPad mini.

11 Si vous préférez, vous cochez les genres musicaux à transférer, là encore, à la place ou en plus d'autres types de sélection.

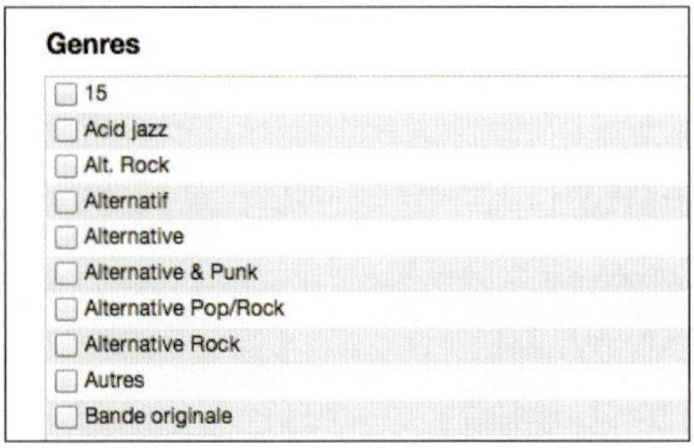

⓬ Dans la section Albums, vous cochez les albums que vous souhaitez retrouver sur votre iPad mini.

⓭ Cliquez sur **Appliquer** pour valider les modifications ou sur **Revenir** pour annuler.

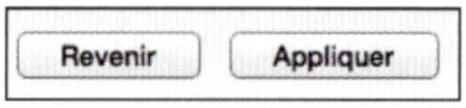

Ajouter des morceaux manuellement

Si vous avez opté pour ne pas synchroniser la totalité de votre bibliothèque musicale, vous avez sélectionné les morceaux à transférer en cochant l'une des options de classement. Il est également possible de placer manuellement des morceaux sur l'iPad mini.

❶ Connectez l'iPad mini à l'ordinateur.

❷ Dans le volet de gauche d'iTunes, cliquez sur **Musique** pour afficher votre bibliothèque musicale. Si le volet n'est pas affiché, cliquez sur **Présentation ▶ Afficher la barre latérale.**

❸ Choisissez le mode d'affichage qui vous convient pour trouver les morceaux à placer sur l'iPad mini.

❹ Sélectionnez les morceaux et faites les glisser sur l'icône de l'iPad mini, puis relâchez le bouton de la souris.

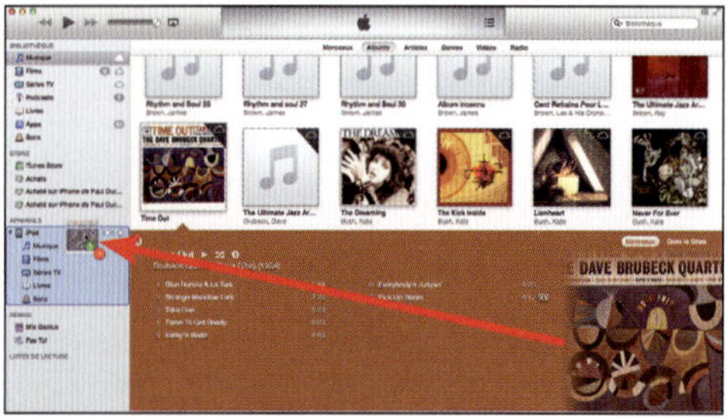

❺ Cliquez sur l'icône de l'iPad mini dans la colonne de gauche.

❻ Cliquez sur l'onglet **Musique**.

❼ Faites défiler la fenêtre principale pour afficher la section **Morceaux ajoutés manuellement**. Les morceaux que vous avez fait glisser sur votre iPad mini doivent s'y trouver.

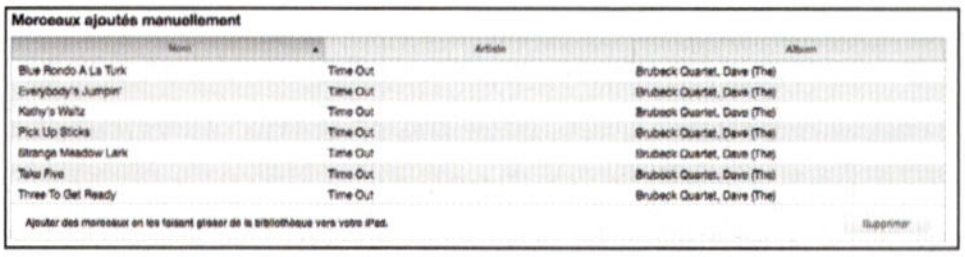

❽ Pour retirer un morceau de la liste, cliquez dessus pour le sélectionner (il est possible de sélectionner plusieurs morceaux), puis cliquez sur **Supprimer**.

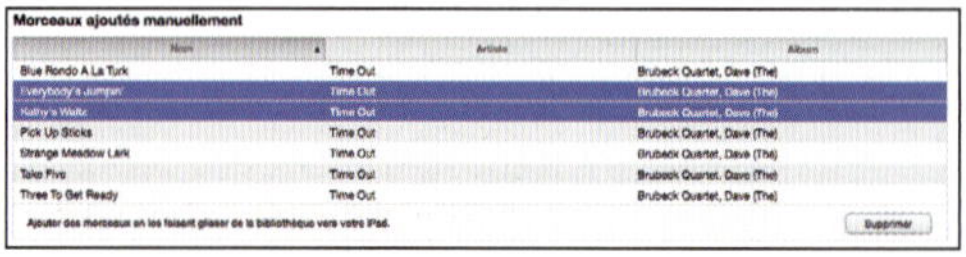

❾ Cliquez sur **Appliquer** si vous avez supprimé des morceaux afin de valider cette suppression ou cliquez sur **Revenir** pour replacer les morceaux dans la liste.

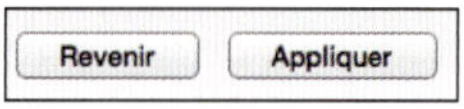

Synchroniser les films

❶ Connectez l'iPad mini à l'ordinateur.

❷ Dans le volet de gauche d'iTunes, cliquez sur l'iPad mini pour le sélectionner. Si le volet n'est pas affiché, cliquez sur **Présentation ▶ Afficher la barre latérale.**

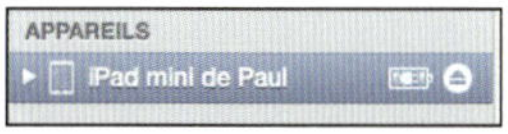

❸ Dans le volet principal d'iTunes, cliquez sur l'onglet **Films**.

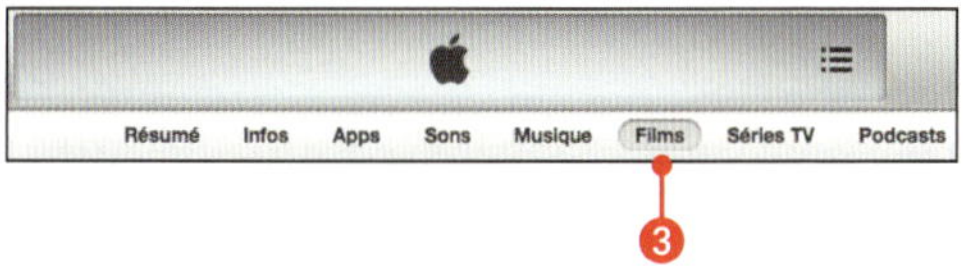

❹ Cochez **Synchroniser les films**.

❺ Pour une synchronisation automatique, cochez **Inclure automatiquement** (notez que le nombre de films à synchroniser s'affiche en haut à droite).

❻ Pour limiter le nombre de films, ouvrez la liste en regard de **Inclure automatiquement**, puis sélectionnez l'une des options.

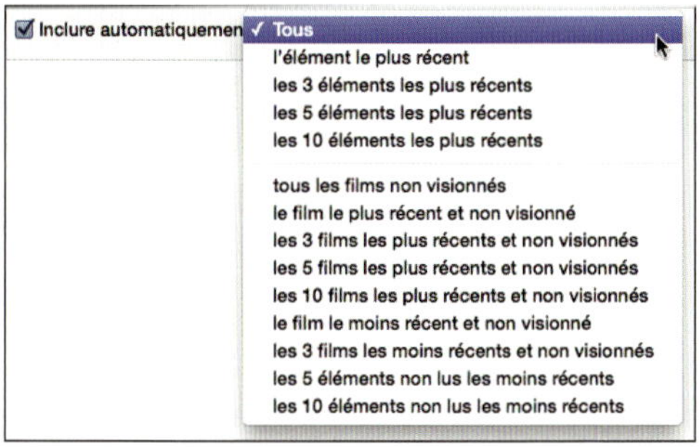

❼ Pour choisir les films à synchroniser, décochez la case **Inclure automatiquement**.

❽ Dans la section Films, cochez les films à transférer sur l'iPad mini.

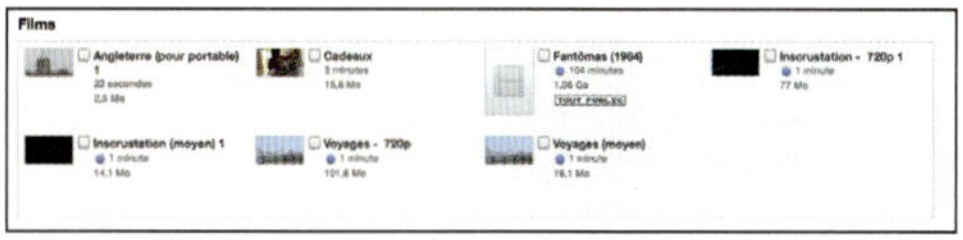

❾ Dans la section Inclure les films des listes de lecture, cochez éventuellement les cases des listes de lecture que vous avez créées pour vos films (en plus ou à la place de votre sélection de films).

❿ Cliquez sur **Appliquer** pour valider les modifications ou sur **Revenir** pour annuler.

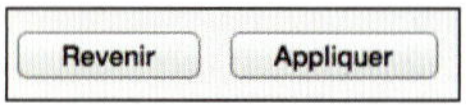

Synchroniser les séries TV

❶ Connectez l'iPad mini à l'ordinateur.

❷ Dans le volet de gauche d'iTunes, cliquez sur l'iPad mini pour le sélectionner. Si le volet n'est pas affiché, cliquez sur **Présentation ▶ Afficher la barre latérale.**

❸ Dans le volet principal d'iTunes, cliquez sur l'onglet **Séries TV**.

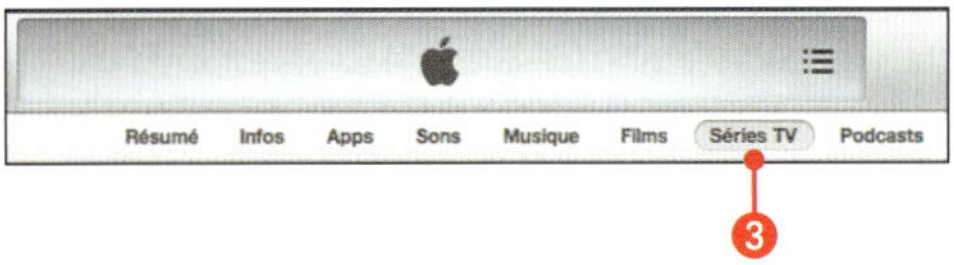

❹ Cochez **Synchroniser les séries télévisées**.

❺ Pour une synchronisation automatique, cochez **Inclure automatiquement** (notez que le nombre de séries à synchroniser s'affiche en haut à droite).

❻ Ouvrez la première liste pour sélectionner les épisodes à synchroniser.

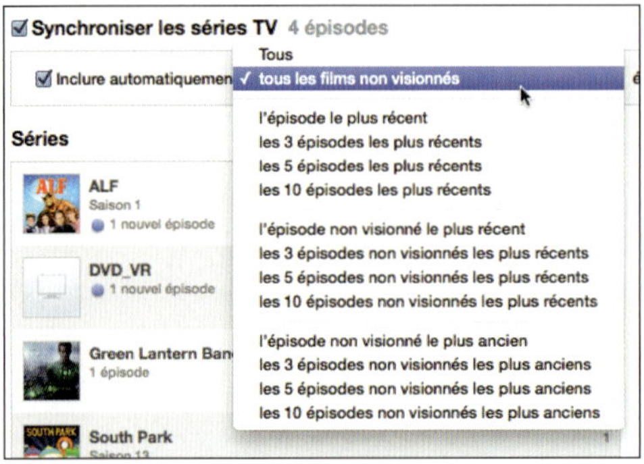

❼ Ouvrez la deuxième liste pour choisir les séries à synchroniser. Si vous choisissez **des séries TV sélectionnées**, cochez ensuite les séries à synchroniser.

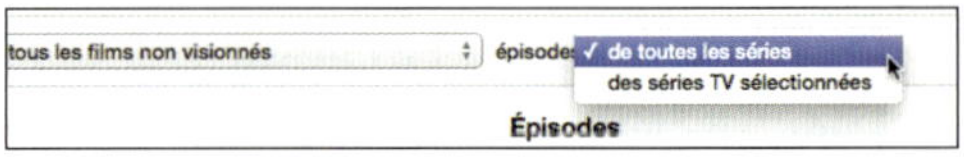

❽ Pour choisir manuellement les films à synchroniser, décochez la case **Inclure automatiquement.**

❾ Dans la section Séries, sélectionnez une série à transférer sur l'iPad mini.

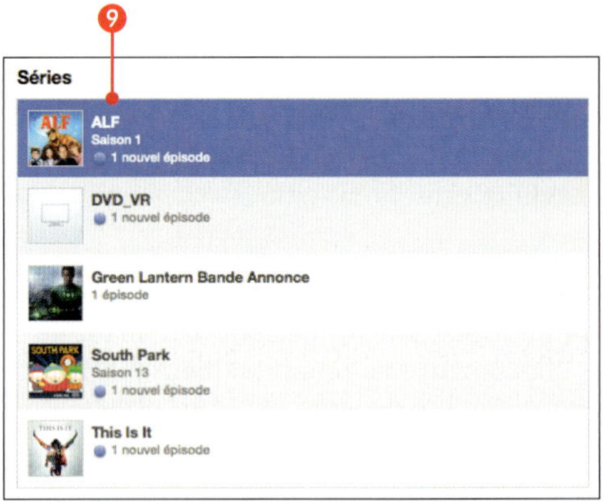

❿ Dans la section Épisodes de *Nom de la série*, cochez les épisodes à transférer sur l'iPad mini.

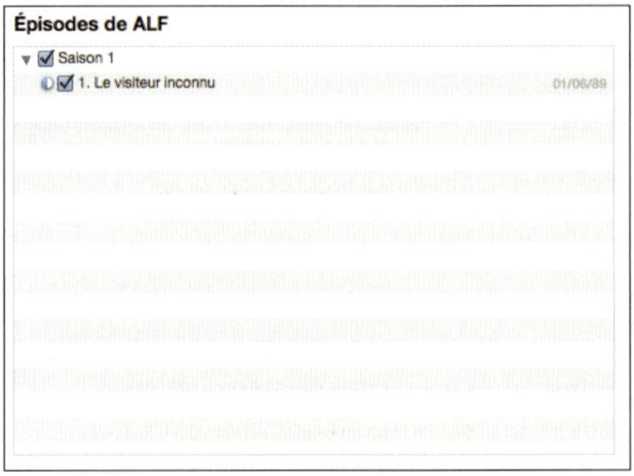

⓫ Répétez les étapes 8 et 9 pour toutes les séries et les épisodes que vous souhaitez transférer.

⓬ Dans la section Inclure les épisodes des listes de lecture, cochez éventuellement les listes de lecture à utiliser pour la synchronisation.

⓭ Cliquez sur **Appliquer** pour valider les modifications ou sur **Revenir** pour annuler.

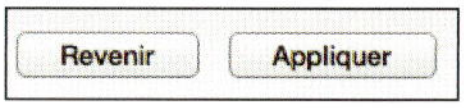

Synchroniser les livres

❶ Connectez l'iPad mini à l'ordinateur.

❷ Dans le volet de gauche d'iTunes, cliquez sur l'iPad mini pour le sélectionner. Si le volet n'est pas affiché, cliquez sur **Présentation ▶ Afficher la barre latérale.**

❸ Dans le volet principal d'iTunes, cliquez sur l'onglet **Livres**.

❹ Cochez **Synchroniser les livres**.

❺ Pour synchroniser l'ensemble de votre bibliothèque, sélectionnez **Tous les livres**, sinon sélectionnez **Livres sélectionnés**.

❻ Si vous avez choisi **Livres sélectionnés**, cochez les livres dans la section Livres. Utilisez la liste de gauche pour limiter l'affichage aux seuls livres, aux seuls PDF ou aux deux types de documents. Avec la liste de droite, vous sélectionnez l'ordre de tri des livres.

❼ Pour synchroniser des livres audio, cochez la case **Synchroniser les livres audio**.

❽ Pour synchroniser l'ensemble de votre bibliothèque de livres audio, sélectionnez **Tous les livres audio**, sinon sélectionnez **Les livres audio sélectionnés**.

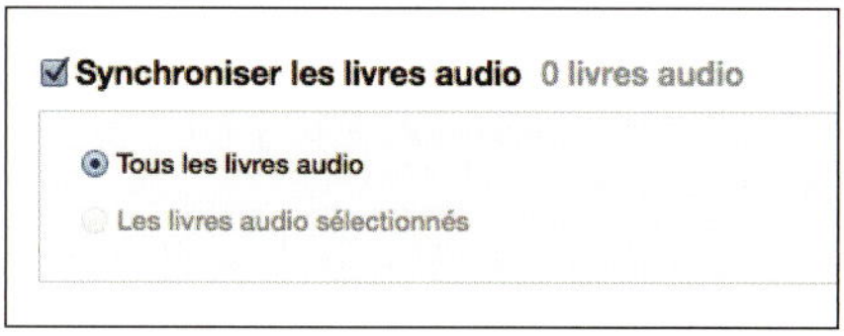

❾ Si vous avez choisi **Les livres audio sélectionnés**, cochez les livres dans la section Livres.

⑩ Dans la partie Sections de *Titre du livre*, cochez éventuellement les sections du livre audio à transférer.

⑪ Dans la section Inclure les livres audio des listes de lecture, cochez éventuellement les listes de lecture à utiliser pour la synchronisation.

⑫ Cliquez sur **Appliquer** pour valider les modifications ou sur **Revenir** pour annuler.

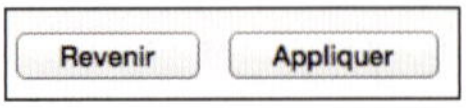

Synchroniser les podcasts

① Connectez l'iPad mini à l'ordinateur.

② Dans le volet de gauche d'iTunes, cliquez sur l'iPad mini pour le sélectionner. Si le volet n'est pas affiché, cliquez sur **Présentation ▶ Afficher la barre latérale.**

③ Dans le volet principal d'iTunes, cliquez sur l'onglet **Podcasts**.

④ Cochez **Synchroniser les podcasts**.

⑤ Pour une synchronisation automatique, cochez **Inclure automatiquement** (notez que le nombre d'épisodes de podcasts à synchroniser s'affiche en haut à droite).

⑥ Ouvrez la première liste pour sélectionner les épisodes à synchroniser.

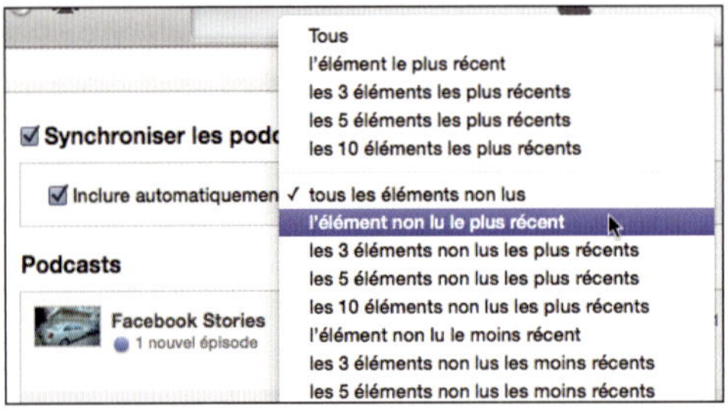

⑦ Ouvrez la deuxième liste pour choisir les podcasts à synchroniser. Si vous choisissez **des podcasts sélectionnés**, cochez ensuite les podcasts à synchroniser.

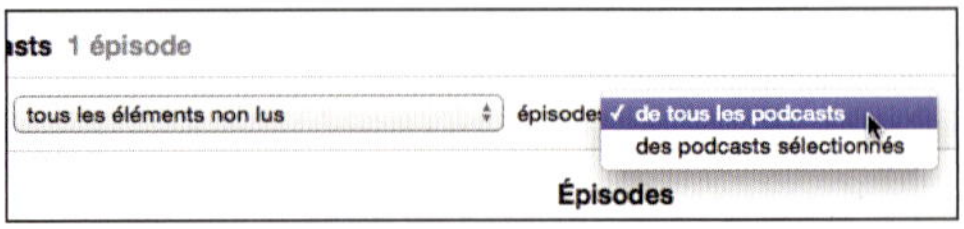

⑧ Pour choisir manuellement les podcasts à synchroniser, décochez la case **Inclure automatiquement.**

⑨ Dans la section Podcasts, sélectionnez un podcast à transférer sur l'iPad mini.

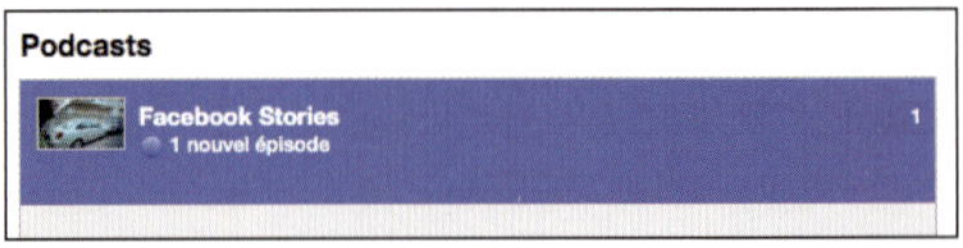

⑩ Dans la section Épisodes de *Nom du podcast*, cochez les épisodes à transférer sur l'iPad mini.

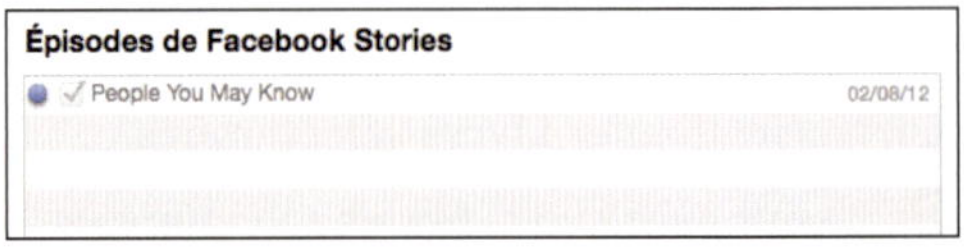

⑪ Répétez les étapes 8 et 9 pour tous les podcasts et les épisodes que vous souhaitez transférer.

⑫ Cliquez sur **Appliquer** pour valider les modifications ou sur **Revenir** pour annuler.

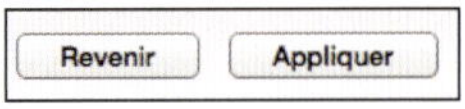

Synchroniser les photos

1. Connectez l'iPad mini à l'ordinateur.

2. Dans le volet de gauche d'iTunes, cliquez sur l'iPad mini pour le sélectionner. Si le volet n'est pas affiché, cliquez sur **Présentation ▶ Afficher la barre latérale.**

3. Dans le volet principal d'iTunes, cliquez sur l'onglet **Photos**.

4. Cochez **Synchroniser les photos depuis**.

5. Dans la liste, sélectionnez l'emplacement où se trouvent les photos : dans un dossier ou dans un programme compatible. Les choix varient selon que vous utilisez OS X ou Windows.

6. Cochez **Inclure les vidéos** si vous souhaitez synchroniser également les éventuelles vidéos se trouvant avec vos photos (que vous avez pu réaliser avec votre appareil photo numérique).

7. Si vous avez choisi **Dossiers sélectionnés**, choisissez les dossiers dans la section Dossiers.

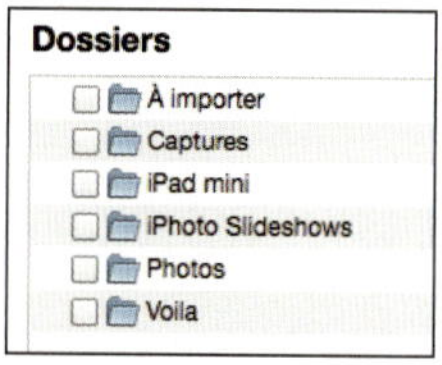

8. Si vous avez choisi un programme, par exemple iPhoto sur Mac, vous choisissez les photos à transférer dans un menu déroulant et vous cochez les albums, événement ou visages à synchroniser avec votre iPad mini.

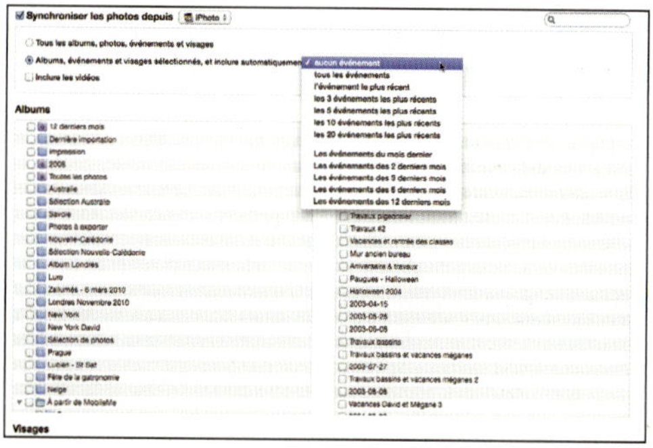

9. Cliquez sur **Appliquer** pour valider les modifications ou sur **Revenir** pour annuler.

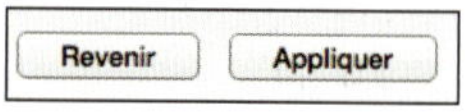

Configurer iCloud sur un PC

Si vous possédez un PC, vous avez la possibilité d'installer le tableau de bord iCloud et de synchroniser les informations de Windows avec iCloud.

❶ Rendez-vous à cette adresse `http://www.apple.com/fr/icloud/setup/pc.html` pour télécharger le tableau de bord iCloud. La page explique en détail l'installation de l'application.

❷ Une fois installé sur votre PC, vous indiquez votre compte iCloud et vous choisissez avec quels logiciels installés sur votre PC vous synchronisez les différents services.

Glossaire

3G
Norme de technologie permettant aux téléphones mobiles d'accéder à Internet avec un débit assez important. Les ancêtres sont les technologies GPRS et EDGE.

4G
Norme appelée à succéder à la 3G et offrant un débit encore plus important.

Accéléromètre
Capteur de mouvements placé dans l'iPad, qui détecte tout déplacement, rotation, inclinaison, *etc.*

App Store
Boutique d'applications disponible sur l'iPad ou depuis iTunes.

Bibliothèque iTunes
Collection de musiques ou de vidéos importée depuis votre ordinateur dans iTunes et permettant la synchronisation avec l'iPad.

Bouton Accueil
Bouton principal de l'iPad, en bas au centre de la face avant. Permet de quitter une application et de revenir à l'écran d'accueil.

Bouton Principal
Aussi appelé bouton Accueil.

Caméra frontale
Appareil photo/caméra placé du côté de l'écran de l'iPad, permettant de se filmer en regardant l'écran.

Cover Flow
Mode d'affichage par pochettes d'albums musicaux au sein de l'application Musique.

Défiler
Voir Glisser.

Dock de lancement rapide
Zone d'icônes placée en bas de l'écran et toujours visible, sur tous les écrans d'accueil. Cette zone est personnalisable et permet un accès rapide aux applications choisies.

Écarter
Voir Zoomer.

EDGE
Norme de technologie permettant aux téléphones mobiles d'accéder à Internet à bas débit. Il s'agit de l'ancêtre de la 3G, mais cette technologie reste active sur l'ensemble du territoire non couvert par la 3G.

FaceTime
Nom de l'application de visiophonie de l'iPad.

Feuilleter

Mode d'interaction avec l'écran tactile de l'iPad, consistant à faire glisser (voir Glisser) rapidement pour défiler dans un écran.

Fichiers pris en charge

Types de fichiers pris en charge par l'iPad et pouvant être affichés. Les formats sont les suivants : .jpg, .tiff, .gif (images) ; .doc et .docx (Microsoft Word) ; .htm et .html (pages Web) ; .key (Keynote) ; .numbers (Numbers) ; .pages (Pages) ; .pdf (Aperçu et Adobe Acrobat) ; .ppt et .pptx (Microsoft PowerPoint) ; .txt (texte) ; .rtf (texte enrichi) ; .vcf (coordonnées) ; .xls et .xlsx (Microsoft Excel).

Genius

Outil proposant des suggestions de téléchargement ou de création de listes dans iTunes en fonction du contenu de vos bibliothèques.

Géolocalisation

Fonction permettant de positionner l'iPad géographiquement.

Glisser

Mode d'interaction avec l'écran tactile de l'iPad, consistant à toucher l'écran puis à faire glisser le doigt sans relâcher.

iBooks

Application de gestion, lecture et achat de livres électroniques, à télécharger gratuitement sur l'App Store.

iBookstore

Librairie accessible depuis l'iPad et permettant de télécharger des livres électroniques pour l'application iBooks.

iCloud

Nom du système de stockage distant (dans le « nuage ») d'Apple.

iTunes

Logiciel « compagnon » de l'iPad, permettant de transférer des données de l'iPad vers un ordinateur et inversement, mais aussi d'acheter et de télécharger des contenus numériques (musiques, vidéos ou applications).

iTunes Store

Boutique de contenus numériques d'iTunes.

Micro SIM

Carte SIM, plus petite que les cartes SIM traditionnelles et promue par Apple.

Minuteur de veille

Fonction permettant de programmer la durée d'utilisation de l'iPod et sa mise en veille automatique au bout d'une durée définie. Pour obtenir cela sur l'iPad, il convient de télécharger un programme idoine sur l'App Store.

Mode Avion

Réglage qui permet d'utiliser uniquement les fonctionnalités de l'iPad qui ne sont pas liées aux réseaux sans fil.

Orientation paysage

Mode d'utilisation de l'iPad « en largeur », en le faisant pivoter d'un quart de tour. L'orientation paysage améliore certains usages (clavier plus large) ou donne accès à des fonctions supplémentaires.

Pichenette

Mode d'interaction avec l'écran tactile de l'iPad, consistant à faire glisser rapidement pour défiler dans un écran.

Pincer

Voir Zoomer.

Push

Système de notifications par message sur l'iPad. Une application ouverte peut tout de même émettre un message à l'utilisateur grâce à ce système.

Recherche Spotlight

Outil de recherche textuelle dans tout l'iPad.

Saisie vocale

Saisie de texte à l'aide de la reconnaissance vocale.

Synchroniser

Mettre à jour l'iPad et transférer du contenu (musiques, vidéos ou applications) de l'iPad vers un ordinateur ou vers un service sur Internet.

Toucher

Mode d'interaction avec l'écran tactile de l'iPad, consistant à appuyer sur l'écran.

Verrouillage

Mise en veille de l'iPad, avec désactivation de l'écran tactile.

Wi-Fi

Réseau Internet sans fil.

Zoomer

Mode d'interaction avec l'écran tactile de l'iPad, consistant à agrandir (zoom avant) ou réduire (zoom arrière) une partie de l'écran en touchant l'écran avec deux doigts puis en écartant ou en rapprochant les doigts (comme si l'on « pinçait » la surface de l'écran).

Index

D

E

K

L

M

R

S